KB080217

하루 하나 브랜딩

하루 하나 브랜딩

초판 1쇄 2023년 8월 10일
초판 5쇄 2023년 10월 14일

지은이 조연심
펴낸이 김채민
펴낸곳 힘찬북스
출판등록 제410-2017-000143호

주소 서울특별시 마포구 망원로 94, 301호
전화 02-2272-2554
팩스 02-2272-2555
이메일 hcbooks17@naver.com

ISBN 979-11-90227-29-2 03190

하루 하나
[Branding]
브랜딩

조연심 지음

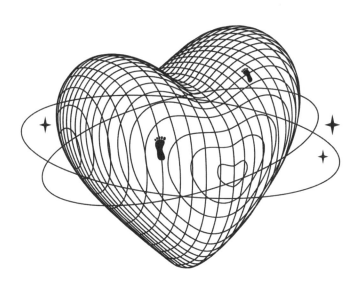

HCbooks

그냥 아이패드 사용법을 익히기 위해 시작했을 뿐이다.

언제부턴가 무언가를 배우는 것이 힘들어졌다. 특히 기술이나 기기와 관련된 것은 더욱 그랬다. 아무리 매뉴얼을 글로 읽고 동영상으로 봐도 그때뿐이었다. 그렇다고 아이패드를 구매하고 단순히 메일 확인하고 SNS나 조금 할 거였으면 굳이 비싼 기기를 살 필요가 없지 않은가! 전자책 읽고 유튜브나 티빙으로 지나간 드라마나 영화를 보며 아이패드의 용도를 제한할 마음도 없었다.

그냥 아이패드를 잘 사용하고 싶었다. 단지 그뿐이었다. 그럴 때 내가 배우는 방법은 일단 시작하는 거다. '딴짓 프로젝트'는 늘 그렇게 시작되었다.

메모장을 활용해 하루에 하나씩 콘텐츠를 만들고 온라인 채널을 통해 발행하기 시작했다. 그것이 하루 하나 브랜딩 100 프로젝트가 되었다.

난 뭐든 프로젝트로 만드는 것을 즐겨했다. 프로젝트 이름을 정하고, 기한이나 횟수를 정하고, 일정한 실행방법을 정한 후 시작일과 마감일에 맞춰 그냥 하면 그게 딴짓 프로젝트였다. 누가 시킨 일도 아니고 아무도 관심

주지 않는 일이기에 그냥 '딴짓'에 불과한 일이었다.

처음에는 아무도 관심을 주지 않았다. 주변 사람들의 호감 정도가 다였다. 그러다 10개, 30개, 50개가 넘어가자 사람들이 알아보기 시작했다. 내가 발행한 그림을 다운로드해서 책으로 만든 이도 있었다.

어떤 날은 '좋아요' 수백 개가 달렸고, 어떤 날은 몇십 개가 다인 날도 있었다. 하지만 다른 사람들의 반응에 일희일비하지 않는 것이 중요했다. 어차피 누군가에게 인기를 얻기 위해 시작한 게 아니라 아이패드 사용법을 익히는 게 나의 목적이었으니까.

100개 발행을 목적으로 시작한 콘텐츠가 50개를 넘어가니 아이패드 펜슬이 손에 익었다. 아무리 복잡한 그림이라도 어렵지 않게 정리해서 그려낼 수 있었다. 무조건 하루 하나 콘텐츠를 발행하겠다는 나와의 약속을 지키기 위해 중요했던 것은 시간관리였다. 외부 일정이 많았지만 모든 일정 중에 가장 중요한 우선순위로 지정해서 새벽이나 밤늦게라도 미루지 않고 실행했기에 완성할 수 있었던 프로젝트였다.

#초점에 맞게 하루 하나 브랜딩 100개

퍼스널 브랜딩 그룹 엠유 인턴들이 성장하는 법이 있다. 고객들의 퍼스널 브랜드 인지도와 영향력 향상을 위해 매니지먼트를 해야 하는 우리들은 브랜드, 브랜딩, 마케팅, 홍보, 디자인, 콘텐츠, 콘셉트, 카피, 채널 오픈 및 운영법 등을 훤히 알고 있어야 한다. 하지만 인턴들에게 이 모든 것을 단번에 알려주기에는 시간 부족이 늘 문제였다. 그래서 생각해 낸 방법이 관련 콘텐츠 100개를 발행하면 인턴 딱지를 떼 주는 거였다. 브랜드 & 브랜딩과 직접 관련된 콘텐츠를 일정기간 동안 꾸준히 발행하는 일은 스스로 공부하지 않으면 절대 할 수 없는 과제였다. 100개 프로젝트 완료 전까지 인턴 나부랭이라고 스스로를 칭하기도 했다.

기본 룰 : 프로젝트, 포트폴리오, 대표(조연심) 책, 엠유 필독서 등 관련 내용을 담아 1 데이 1 콘텐츠 발행하는 것.

1 Day 1 Contents Rules 3S 'Smart, Speed, Steady'

이런 방식 덕분이었을까? 인풋을 아웃풋으로 만들어내는 훈련법은 처음엔 시간도 오래 걸리고 서툴지만 일정 시간이 지나면서 퀄러티도 좋아지고 때론 '와우'하는 찬사를 받기도 했다. 그중 어떤 멤버는 따로 외주도 받고, 좋은 조건으로 다른 기업에 스카우트되기도 했다.

나 또한 퍼스널 브랜딩 분야의 고수가 될 수 있었던 것도 1 데이 1 칼럼을 썼기 때문이었다.

내가 만드는 콘텐츠는 모두 퍼스널 브랜딩과 관련된 것으로 한정하고, 연관성을 지켜 일관성 있고 지속성 있게 발행한 전략이 해당 분야의 전문가로 보이는 데 역할을 한 것이다.

이런 아웃풋 실행법을 프로젝트로 만들고 책까지 쓸 수 있었던 것이 바로 300 프로젝트다. 자신의 주력 분야를 정하고 관련된 책 100권을 읽고 후기를 남기고, 관련된 사람 100명을 만나 인터뷰하고, 관련된 글 100개를 쓰는 300 프로젝트는 온라인 포트폴리오가 되어 주었다.

여기서 핵심은 바로 자신의 주력 분야와 관련된 콘텐츠 100개를 발행하는 거다. 이것저것 관심 분야를 넓혀 콘텐츠를 발행하면 깊이가 생기지 않는다. 관심 영역은 인풋(읽기, 보기, 듣기 등)으로 채워지고 주력 분야는 직접 실행한 아웃풋(쓰기, 말하기, 실행하기 등)으로 뾰족해진다.

초점이 맞지 않으면 흐릿하기 마련이다. 명료하게 자신의 전문성을 보여주고 싶다면 주력 분야 하나에 초점을 맞추면 된다.

#공개된 약속은 신뢰로 가는 로드맵이 된다.

정치인들을 신뢰할 수 있는지 아닌지 알아보는 방법이 있다. 그들이 내건 공약이 지켜지는지 아닌지를 보면 된다. 그래서 공약을 만들 때 신중을 기하는 것이다. 그러나 일반인들은 어지간해선 약속을 공개하지 않는다. 지키지 않으면 자신의 평판에 어떤 영향을 미치는지 알기 때문이다.

누군가는 묻는다. "어떻게 지금의 일을 하게 되었나요?" 15년 전 나하고 했던 약속을 공개했기 때문이라고 말하고 싶다. 나이 서른에 학습지 교사로 시작해서 최연소 지국장, 국장 승진을 하고 교사 출신 관리자로 승승장구하던 시절을 거쳐 서너 곳의 회사를 옮겨 다니다 결국 다시 혼자가 된 나는 서른여덟이 된 나에게 물었다.
"도대체 넌 뭘 하고 싶은 거야?"
다시는 평생 잘리지 않는 기업에 입사하고 싶었다. 그렇게 '조연심컴퍼니'에 들어갔다. 회사는 매년 신제품을 만들어야 한다는 생각에 1년에 1권 책을 발간하겠다는 나와의 약속을 했다. 그 약속을 지키기 위해 '1 데이 1 칼럼'을 7년 이상 지켰다. 그런 과정을 거쳐 퍼스널 브랜딩 관련 책 10권을 냈고, '퍼스널 브랜딩하면 아하! 조연심'하고 알아보는 사람이 될 수 있었다.
'1년에 1권 책쓰기'는 조연심을 조연심답게 보이게 했던 나의 공개된 약속이다. 공약을 지키는 모습을 보며 나를 믿고 지지하고 응원해주는 고객뿐만 아니라 제자, 멘티 그리고 팬까지 생기게 되었다.

내 꿈은 놀고, 먹고, 글 쓰며 여행하듯 삶을 즐기는 것이다. 하지만 이 꿈이 이루어지기 위해서는 내가 쓴 글이 잘 팔리는 게 먼저다. 그러려면 팔릴 만한 책을 쓰는 게 먼저다. 해마다 책을 쓰면서 나는 퍼스널 브랜딩에 대해 점점 깊어질 수 있었다. 깊어지니 일을 더 잘할 수 있게 되었고 해당 분야 브랜드로 인정받을 수 있었다. 이젠 하는 일마다 '조연심 답다'는 인정을 받는다. 10여 권의 책 중 《퍼스널 브랜딩에도 공식이 있다》는 베스트셀러가 되었고, 지금도 잘나가는 책이다. 하지만 아직 나의 때가 온 것은 아니다. 그렇다고 조급해하지도 않는다. 어차피 나의 때는 나에게 올 거라는 걸 아니까.

아마도 이 책이 나의 꿈을 이뤄주는 데 큰 힘이 되어 줄 거라 믿는다. 아니면 말고. 내년에 또 쓰면 되니까. 그러다 진짜 100만 부 베스트셀러가 되면 나는 나답게 살 수 있을 것이다. 놀고먹고 글 쓰며 여기저기 여행하는 나를 만나고 싶다. 나다움은 자기(브랜드)다움을 거쳐 다시 나다움으로 돌아오는 것이다.

바쁜 일정에도 책을 낼 수 있게 독려해주신 힘찬북스 오종운 대표님, 좋은 원고를 위해 까다롭게 글 다듬어주신 전석구 편집장님, 100개의 디자인을 하느라 고생 많으신 박성현 디자이너님 외 관계자 모두에게 감사드립니다.

이 책을 쓰는 동안에도 암 투병하며 생사를 오갔던 남편, 아픈 아빠를 마다치 않고 돌아가며 간병해준 두 딸에게 이 책을 바칩니다.

목차

2장 퍼스널 브랜딩의 쓸모

3장 퍼스널 브랜딩의 의미

4장 퍼스널 브랜딩의 정의

5장 퍼스널 브랜딩의 과정

6장 퍼스널 브랜딩의 기술

퍼스널 브랜딩의 필요

중국 속담에 이런 말이 있다. "세상에서 두 번째로 어려운 일은 남의 지갑에서 돈을 **빼** 오는 일이다. 세상에서 가장 어려운 일은 남의 머릿속에 내 생각을 넣는 일이다." 이 속담대로라면 타인의 지갑을 여는 '마케팅'은 세상에서 두 번째로 어려운 일이고, 타인의 생각 속에 자리 잡는 '브랜딩'이 가장 어려운 일인 셈이다. 그 어려운 브랜딩을 선택이 아닌 필수로 해야 한다고 하는 시대에 우리는 살고 있다.

여기서 퍼스널 브랜딩은 무엇일까? 퍼스널 브랜딩은 자신을 브랜드로 마케팅하고 홍보하는 것이다. 그것은 특정 산업이나 분야에서 자신을 다른 사람들과 차별화하기 위해 자신의 고유한 기술, 경험 및 자질을 식별하고 전달하는 것을 포함한다. 퍼스널 브랜딩은 개인이 자신의 분야에서 전문가로 자리매김하고 신뢰를 구축하며 새로운 기회를 유치할 수 있게 해주기 때문에 중요하다.

그렇다면 퍼스널 브랜딩은 어떻게 하면 되는 것일까?

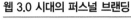

웹 3.0 시대의 퍼스널 브랜딩

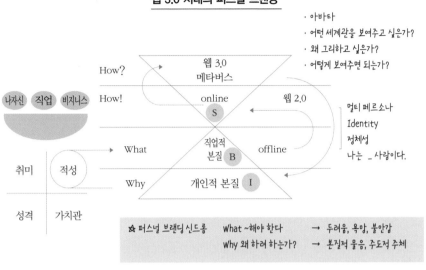

· 아바타
· 어떤 세계관을 보여주고 싶은가?
· 왜 그리고 싶은가?
· 어떻게 보여주면 되는가?

How?　웹 3.0 / 메타버스

How!　online　S　웹 2.0

나자신　직업　비지니스

What　직업적 본질　B　offline

취미　적성

Why　개인적 본질　I

멀티 페르소나
Identity
정체성
나는 _ 사람이다.

성격　가치관

✿ 퍼스널 브랜딩 신드롬　What ~해야 한다　→ 두려움, 욕망, 불안감
Why 왜 하려 하는가?　→ 본질적 물음, 주도적 주체

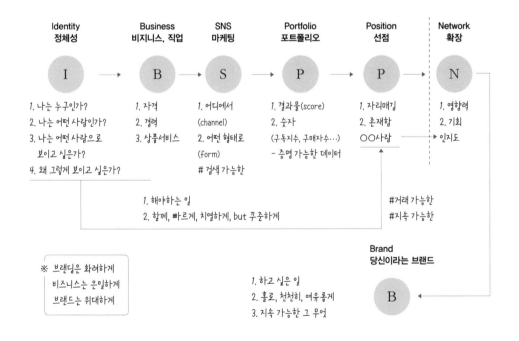

Identity 정체성	Business 비지니스, 직업	SNS 마케팅	Portfolio 포트폴리오	Position 선점	Network 확장
I	B	S	P	P	N

1. 나는 누구인가?
2. 나는 어떤 사람인가?
3. 나는 어떤 사람으로 보이고 싶은가?
4. 왜 그렇게 보이고 싶은가?

1. 자격
2. 경력
3. 상품서비스

1. 어디에서 (channel)
2. 어떤 형태로 (form)
#검색 가능한

1. 결과물(score)
2. 숫자 (구독지수, 구매자수…)
- 증명 가능한 데이터

1. 자리매김
2. 존재함
○○사람

1. 영향력
2. 기회
→ 인지도

1. 해야하는 일
2. 함께, 빠르게, 치열하게, but 꾸준하게

#거래 가능한
#지속 가능한

Brand
당신이라는 브랜드

B

※ 브랜딩은 화려하게
비즈니스는 은밀하게
브랜드는 위대하게

1. 하고 싶은 일
2. 홀로, 천천히, 여유롭게
3. 지속 가능한 그 무엇

개인 브랜드를 만드는 데는 여러 단계가 필요하다. 첫 번째 단계는 자신의 고유한 기술과 경험을 식별하는 것이다. 이것은 자신의 강점, 약점 및 성취에 대한 개인적인 목록을 작성함으로써 수행할 수 있다. 이 과정에서 정직한 자기 성찰이 중요하다.

두 번째 단계는 대상 청중을 정의하는 것이다. 여기에는 개인 브랜드로 도달하려는 사람이나 그룹을 식별하는 것이 포함된다. 여기에는 잠재 고객, 고용주 또는 업계 동료가 포함될 수 있다.

세 번째 단계는 브랜드 메시지를 개발하는 것이다. 여기에는 대상 청중에게 자신의 고유한 가치 제안을 전달하는 명확하고 간결한 메시지를 작성하는 것이 포함된다. 브랜드 메시지는 소셜 미디어, 웹 사이트 및 네트워킹 이벤트를 포함한 모든 커뮤니케이션 채널에서 일관되어야 한다.

네 번째 단계는 강력한 온라인 입지를 구축하는 것이다. 여기에는 기술, 경험 및 브랜드 메시지를 보여주는 전문 웹 사이트 및 소셜 미디어 계정을 만드는 것이 포함된다. 이러한 플랫폼에서 정기적으로 새로운 콘텐츠를 업데이트하고 팔로워와 소통하는 것이 중요하다.

다섯 번째 단계는 네트워크를 구축하고 관계를 구축하는 것이다. 여기에는 업계 행사 참석, 전문 조직 가입, 동료 및 멘토와의 연결이 포함된다. 관계를 구축하면 개인이 자신의 분야에서 전문가로 자리매김하고 새로운 기회를 유치하는 데 도움이 될 수 있다.

결론적으로 퍼스널 브랜딩은 자신의 분야에서 전문가로 자리매김하고자 하는 개인에게 중요한 관행이다. 자신의 고유한 기술과 경험을 식별하고, 대상 청중을 정의하고, 브랜드 메시지를 개발하고, 강력한 온라인 입지를 구축하고, 네트워킹을 통해 개인은 새로운 기회를 끌어들이고 자신의 분야에서 신뢰를 구축하는 강력한 개인 브랜드를 구축할 수 있다.

이상은 챗GPT가 알려준 퍼스널 브랜딩의 정의 및 구축 방법이다. 이보다 더 똑똑하고 명확하게 퍼스널 브랜딩에 대해 잘 알려주는 전문가를 본 적이 없다. 아마 앞으로도 그 기록을 깨기는 어려울 듯싶다. 스스로 정보와 지식을 생성하는 AI는 막대한 데이터를 흡수하면서 전무후무한 정보량을 바탕으로 보다 더 명료한 정답을 알려줄 테니까.

웹2.0 시대에서 웹3.0 시대를 오가는 요즘 가장 눈부신 기술이 바로 생성형 AI다. 이 책을 쓰는 과정에서 구글의 챗GPT 모니카의 도움을 받았다. 아마도 요즘 전문가라 불리는 사람들 상당수는 생성형 AI의 도움으로 얼마든지 그럴듯한 이론과 지식을 세상에 내놓을 줄 안다. 그것도 아주 쉽게 말이다. 생성형 AI는 인공지능의 한 종류로, 인공신경망을 이용하여 새로운 데이터를 생성하는 기술을 말한다. 이 인공지능은 글, 이미지, 영상, 음성, 음원, 스토리, 기획, 문서화, 큐레이션 등 인간의 고유영역이라 생각했던 거의 모든 활동을 대체하고 있다. 실제로 미국 기업 5월 감원보고서에 의하면 AI에 밀려 4천 명이 실직했다는 뉴스도 나왔다. 2027년까지 사무, 비서, 회계사 등 일자리 8,300만 개가 생성형 AI라 불리는 챗GPT, 코파일럿, 모니카 등에 의해 사라지거나 대체될 전망이다.

앞으로 우리는 더 똑똑하고 더 성실하고 더 저렴하게 일하는 디지털 기술에 밀려나게 될 것이고 이는 원하든 원하지 않든 어차피 모두에게 다가올 미래이고 어쩌면 이미 다가온 현재인지도 모른다.

웹 3.0시대를 대표하는 3가지 키워드는 토큰 이코노미, NFT, 메타버스라고 할 수 있다.

사실 웹2.0 시대나 웹3.0시대나 중요한 것은 기술의 문제가 아니라 그 기술을 활용하여 살아가게 될 나 자신과 일자리의 문제다. 어지간한 지식으로는 명함 한 장 내밀지 못할 정도로 무언가를 알고 있다는 사실이 그다지 경쟁력이 되지 못하는 시대가 된 것이다.

"일자리를 **빼앗는** 것은 AI가 아니라 AI를 더 잘 활용하는 사람"이라고 젠슨 황(엔비디아 최고경영자)은 말했다.

모든 것이 인터넷으로 연결된 요즘은 누구라도 전문가처럼 말을 할 수 있다. 얼마나 오랜 시간 해당 분야에 있었는지 어지간해선 드러나지 않는다. 현란한 말솜씨와 수려한 글솜씨만 있으면 할 말은 얼마든지 만들어낼 수 있다. 지식이 없어도 문제가 아니다. 생성형 AI의 도움을 조금만 받으면 얼마든지 할 말을 만들어낼 수 있는 시대이기 때문이다.

그렇다면 이제 누구든 얼마든지 자신의 브랜드를 찾고, 그에 필요한 브랜딩을 하는 것은 식은 죽 먹기처럼 쉬워야 한다. 하지만 SNS에서 이렇게 해라, 저렇게 해라 말해주는 사람들은 넘쳐나는데 정작 해당 분야 퍼스널 브랜드로 기억나는 전문가가 몇 안 되는 이유는 뭘까?

해당 분야의 전문가가 되기도 어려운 일인데 각자가 가진 브랜드를 다른 사람들의 머릿속에 집어넣는 것은 다른 영역의 일이기 때문이다. 타인의 생각 속에 포지셔닝하는 것이 브랜딩인데 방대한 정보로 피로감에 지친 우리의 뇌는 어지간해선 무언가를 기억하려 하지 않는다. 결국 브랜딩을 위한 그저 그런 시도 대부분은 눈길 한 번 받지 못한 채 방대한 데이터 속에 묻혀버리기 일쑤다. 당연히 그 사람이 누구인지 무엇을 하는 사람인지 알아볼 수도 없다. 그렇게 평범한 누군가가 된다.

이제 브랜딩하는 방법을 몰라 못하는 사람은 없다. 챗GPT에게 키워드

몇 개만 입력해도 얼마든지 필요한 정보와 지식을 정답처럼 알려 줄 테니 말이다.

문제는 직접 해 보았는가 아닌가로 갈린다. 앞으로는 단순한 지식이 아닌 경험적 지식의 차별화로 승부수를 던져야 한다. 당신이 다른 사람들이 알아보고 존경받으며 높은 가치로 거래가 되느냐 아니냐는 당신 자신에게 달렸다. 당신이 아직 특정 분야의 전문가로 자리매김하지 않았다는 것은 자신의 주력 분야를 특정하고 스스로를 브랜드로 만들고 인지도와 영향력을 갖겠다고 결정하지 않았기 때문이다. 그리고 해야 할 것은 주력 분야와 연관된 콘텐츠를 꾸준하고 일관되게 지속적으로 발행하는 성실함이다. 그 일을 히트작이 나올 때까지, 다른 사람이 알아볼 때까지 해야 한다.

내가 무슨 말을 하느냐가 아닌 상대방이 무슨 말을 들었느냐가 브랜딩의 핵심이다.

각자의 브랜드, 모두의 브랜딩

여기 4조각으로 나뉘어진 그림을 맞춰보면 무엇이 될까요? 알맞은 그림을 찾아보세요.

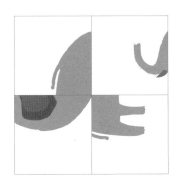

자신이 분홍 코끼리가 되겠다고 결정했다면 각각의 퍼즐 조각은 분홍 코끼리와 연관된 것이어야 하고 모두가 아는 기법으로 브랜딩해도 되지만 모든 조각의 합은 분홍 코끼리여야 한다. 퍼스널 브랜딩의 핵심은 각자의 브랜드를 위해 모두의 브랜딩 노하우를 적용해 보는 데 있다. 각자의 브랜드, 모두의 브랜딩 시대에는 결국 스스로 해 본 사람들이 쌓은 데이터의 총량과 타인의 머리와 마음을 두드린 숫자의 차이가 승부를 가른다.

우리 인생의 상당 부분을 차지하는 것은 직업과 관련된 선택으로 갈린다. 이름하여 진로.

어느 길로 가야 할 지 모를 때 우리 대부분은 언제나 안전지대에 속한 익숙한 길을 택한다. 어쩌면 지금 오십 대에 접어든 내가 직업을 찾는 일은 쉬웠는지도 모른다. 학교에서 선생님이 가이드해준 문과나 이과 둘 중 어느 한 방향 어딘가에서 대학을 졸업하면 나오는 2급 자격증으로 선택할 수 있는 그럭저럭 인정받을 수 있는 직업들이 다수 있었으니까. 물론 그 길을 일찌감치 내팽개치고 내 맘대로 산 덕분에 인생이라는 것이 교과서에서 알려준 대로 그리 녹록지 않고 사회에서 나를 도와주고 인정해주는 사람이 반드시 내가 아는(가족, 친구, 동료, 스승, 멘토 등) 가까운 사람들이 아니라는 사실까지도 너무 빨리 알게 되었다는 게 현실이지만 말이다.

내가 살아왔던 시대는 영화 〈아이 로봇〉과 같았다. 같은 진로를 위해 같은 방법으로 공부를 하고 같은 방식으로 일하면 되었다. '이 직업을 원한다

달라진 직업관, 변화하는 인간관계

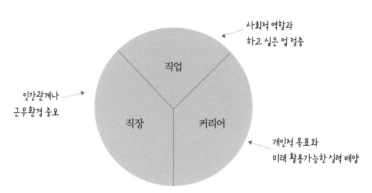

인간관계나
근무환경 중요

사회적 역할과
하고 싶은 업 절충

직업

직장   커리어

개인적 목표와
미래 활용가능한 실력 배양

〈앞으로 사라지거나 대체될 사람들〉 Data
어정쩡한 중간
실무능력 없는
단순반복하는
평균적인
무능한
성장을 멈춘
집단에 속한
일하지 않는
무례한
성실하지 않은
성과없는
숟가락 얹는
투명하지 않은

영화 〈아이, 로봇〉 vs 만화 〈스머프〉 vs 영화 〈어벤저스〉

아이덴티티(Identity) → 항구적인 인간의 관심사

과거   관계   현재   나 자체
      김대리   '너 누구니?'
      ○○회사

이미 검증되고
  완성된 사람들
프로페셔널
  집합체

대체 불가능한 '나'가 되는 것, 내 것을 만드는 법

Platform Provider → 첫째 플랫폼 소유주가 되기

Contents Creator → 둘째 나만의 작은 비즈니스를 하되, 장인의 수준으로 끌어올리기
이쪽이든 저쪽이든 1등이어야 한다. 우리는 '완전체'가 되어야 한다.

– 송길영 《그냥 하지 말라》 중에서

면 이 길로 오면 된다'라는 정해진 로드맵이 있었다. 경쟁하는 동료보다 조금 더 암기하고, 조금 더 노력하면 기회는 얼마든지 만들 수 있었다. 70년생인 나는 중고등학교 문과를 택해 대학은 무사히 영어교육과를 나왔다. 내 친구 대부분은 임용고사에 합격해 중, 고교 교사가 되었고, 학원이나 학습지, 과외 등 가르치는 일을 시작했다. 물론 과목은 전공과 무관하지 않은 영어가 대부분이었다. 다른 진로를 선택한 내 친구들도 마찬가지였다. 외교관, 변호사, 한의사 등이 되기 위한 자격을 갖추기 위해 무조건 공부하는 시간이 기본 10년이었다. 특별한 자격증이 필요 없는 일들은 대학교 졸업장을 가지고 기업에 들어가 시간이 지나면 과장, 부장, 차장과 같은 직급으로 불리는 것을 당연하게 여기며 살아왔다.

그렇게 세상이 인정하는 직업(돈을 많이 벌 수 있고, 심지어 존경까지 받을 수 있는)은 정해져 있었고 그 직업으로 진입하기 위해 해야 할 공부와 방법도 정답이 나와 있어서 족집게처럼 스파르타식으로 가르쳐주는 고가의 학원이나 과외가 인기 있던 시절이었다. 어쨌거나 어렵게 선택한 직업에서 열심히 일하면 그럭저럭 성공했다고 누구나 여겼고, 그 일이 재미있냐는 질문에 '그냥 하는 거지'라는 답변이 일반적인 시대였다.

그러나 지금은 90학번이었던 내가 90년대생을 직원으로 두고 일해야 하는 시대다. 마치 만화 〈스머프〉에서처럼 말이다. MZ세대라 불리는 90년대생은 아무리 어렵게 선택한 직업이라도 본인 마음에 들지 않으면 언제든 '굿바이'를 외칠 수 있는 세대다.

"내년에도 진급 못하면 승진 누락자라는 꼬리표까지 붙게 될 텐데. 그러면 진짜 끝이야."

"그게 어때서 말입니까?"

"나랑 친하면 후배에게 마이너스란 말이야. 그러니 가까이하지 마."

"그까짓 진급 안 하면 어때요. 원래 높은 곳에서 떨어지면 아프기만 하답니다. 전 얇고 길게 가는 게 좋은데. 잘 됐습니다. 앞으로 선배와 완전 친하게 지내야겠습니다."

이는 JTBC 드라마 〈킹더랜드〉 4화 중에 상사에게 밉보여 승진에서 누락 중인 여자 선배와 그런 그녀에게 호감을 가지고 있는 남자 후배의 대화다. 직장에서 승진이 아니고 자신의 이상형과 친한 것만으로도 충분하다는 MZ 후배의 말에 직장이 가진 의미가 달라졌음을 확인할 수 있다

먹고 사는 현실적인 문제를 고민하면서도 동시에 '이 일이 나와 맞는 걸까?'와 같은 이상을 끊임없이 고민한다. 특별히 누구를 위해서랄 것도 없이 일단 일부터 선택했던 나와는 달리 요즘 젊은이들은 '나를 위해' 일할 곳을 찾느라 무척 분주하다. 사실 직장이라는 곳 자체가 내가 아닌 다른 사람을 위해 일하는 대가로 돈을 주는 곳임에도 말이다.

문제는 '먹고 살기 위해' 일했던 70년대생 나나 '나를 위해' 일하고자 노력하는 90년대생 모두에게 일하는 방식이 바뀌었다는 사실이다. 영화 〈어벤저스〉의 무대로 말이다. 대학 졸업장이나 자격증을 준비했고 호기심과 열정도 준비했으니 뽑아만 주신다면 뼈를 갈아 넣겠다는 자기소개가 전혀 통하지 않는 시대가 된 것이다. 그건 알았으니 '무엇을 어떤 수준으로 해낼 수 있는지'를 포트폴리오로 증명하라는 것이다. 가능성이 아니라 검증된 실력이 필요해진 시대가 된 것이다.

여기서 달라진 변화는 검증을 위해 거치는 절차가 자격증이 아니라 검색이라는 사실이다. 언젠가 공기관에서 강의할 강사를 추천해달라는 요청에

관련 자격증을 가지고 다수의 강의를 하던 강사의 이력서를 보냈는데 은근하게 거절당했다. 이유는 온라인 검색 결과가 충분하지 않아서였다. 실력만으로는 기회가 연결되지 않는 시대라는 것을 알 수 있는 대목이었다. 실력도 중요하지만 해당 일을 잘한다는 것을 증명할 만한 명성 또한 필요하다. 그것도 온라인 검색으로 확인 가능한 명성 말이다.

일은 문제를 해결하는 것이고 그 문제를 해결하기 위해 필요한 사람들만 모여 정해진 기한 내에 문제를 해결하고 받을 거 받으면 쿨하게 헤어지는 것이 당연하게 받아들여지는 시대다. 이를 프로젝트 사회라 하고 앞으로의 인재는 해당 프로젝트에 언제든 투입될 준비가 되어 있어야 한다. 그리고 내가 그런 인재라는 것을 실력은 물론 명성까지도 증명할 수 있어야 원하는 일을 하며 사는 게 가능해진 것이다.

시대는 변했는데 내가 변하지 못하고 있는 게 문제인 거다. 도대체 왜 그러는 걸까? 나를 포함한 내 친구들이 영어를 그리 잘하거나 좋아하지 않음에도 전공을 변경하는 일은 그리 쉽지 않다. 이 말은 전문 분야를 쉽게 바꾸지 못하는 것과 같은 이유다. 일명 경제학자들이 말하는 '매몰비용-sunk cost'과 비슷하다. 매몰비용이란 투자나 지출을 했을 때 회수할 수 없는 비용을 말하는데, 예를 들어 비싸게 산 옷이 나와 어울리지 않음에도 들인 돈이 아까워 내버리지 못하는 것이다. 특히 진로와 관련된 부분은 단순히 비싼 옷이나 신발과는 비교가 되지 않을 만큼 매몰비용이 비싸게 든다. 중고교 6년, 대학교 4년 해서 총 10년, 아니 어쩌면 임용고사 합격과 학교라는 공간에서 교사로서 적응하기 위한 밀도 높은 시간의 축적까지 포함해서 영어 교사가 되기 위해 공부했던 기나긴 '세월'이 얼마나 괴롭고 외롭고 힘들었는지 알기 때문에 함부로 진로를 바꿀 마음을 먹지 못하는 것이다.

문제는 나처럼 자격증을 가지고 직업을 택했지만 거기서 아무런 성취감을 느끼지 못하는 것도 모자라 더는 그 자격증으로 할 수 있는 선택지가 그리 많지 않다는 거다. 지금까지 애써 일궈놓은 업적이 시간 낭비라고 생각해보라. 망연자실한 그 마음을 어떻게 견디겠는가?

여기에 한 몫 더 하는 게 바로 생성형 AI다. 나는 서울미디어대학원대학교(SMIT) 미디어비즈니스 석사를 공부하고 있다. 수업 중 생성형 AI를 활용해 메타버스 UX 공간설계서를 만들었고, 멘토 교수인 유훈식 교수와는 롯데콘서트홀에서 열린 한국 가곡 콘서트에서 국내 최초 AI 무대 영상으로 대한민국 70년사를 구현해내기도 했다. 챗GPT에게 퍼스널 브랜딩이 무엇이고, 어떻게 하면 되는지를 물었더니 이론적으로는 더할 나위 없이 완벽한 답을 보여주기도 했다. 이제 어중간한 지식으로는 아무런 경쟁력도 없다는 것을 실감할 수 있었다.

시스코는 2025년의 삶에선 사물인터넷IOT으로 현실과 가상의 경계가 희미해질 것이라 전망했는데 실상은 코로나로 인해 2020년부터 이미 현실이 되었다. 이런 세상에서는 읽기와 쓰기 능력보다 컴퓨터 프로그램을 짜는 코딩이 더 중요하게 여겨지고, 실제의 '나'보다 디지털에 비친 모습persona이 더 가치 있게 받아들여진다는 관측도 내놨다. "모든 것이 연결된 세상에서는 디지털에서 보여준 행동이 인적 사항보다 중요하게 될 것"이라며 "데이터가 당신이 어떤 사람인지를 알려주고, 당신의 신용정보를 대신하게 될 것"이라고 덧붙였다.

우리는 일자리에 대한 생각이나 일하는 방식까지 모두를 바꿔야 한다. 데이터마이너 송길영의 《그냥 하지 마라》 책 속에 나온 대로 데이터로 본 미래는 상상 그 이상으로 냉정하다. 남들처럼, 남들만큼, 나름대로 일하는 사람들에게는 아무것도 허용되지 않는다. 남들보다, 누구보다, 자기답게 일하는 사람들에게만 무엇이든 가능한 세상이다.

이런 세상에서 살아남으려면 '대체 불가능한 나'가 되어야 한다. 그러기 위해서는 두 갈래 길 중 하나를 걸으면 된다. 네이버, 구글과 같은 플랫폼 소유주가 되거나 플랫폼에서 필요한 콘텐츠 제공자가 되거나. 경쟁력 있는 콘텐츠의 주인이 되려면 나만의 작은 비즈니스를 하되 나 아니면 안 될 만큼 장인의 수준으로 실력을 끌어올리는 게 중요하다. 이쪽이든 저쪽이든 1등이어야 한다. 어정쩡한 위치에서 겨우 버티는 수준을 버리고 나 스스로가 증명 가능한 '완전체'로 살아남아야 한다.

'할 수 있다' 가능성이 아닌 실제로 해낸 실무 능력이 거래된다. 영화 〈어벤저스〉 시대에는 스펙이 아니라 포트폴리오가 답이다.

당신의 시장은 어디를 향해 있나요?

필립 코틀러의 '마켓 4.0'에서 살아남아야 한다.

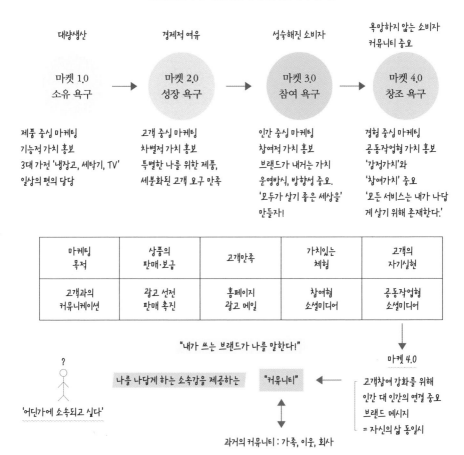

대량생산	경제적 여유	성숙해진 소비자	욕망하지 않는 소비자 커뮤니티 중요	

마켓 1.0 소유 욕구	마켓 2.0 성장 욕구	마켓 3.0 참여 욕구	마켓 4.0 창조 욕구

| 제품 중심 마케팅
기능적 가치 홍보
3대 가전 '냉장고, 세탁기, TV'
일상의 편의 담당 | 고객 중심 마케팅
차별적 가치 홍보
특별한 나를 위한 제품,
세분화된 고객 요구 만족 | 인간 중심 마케팅
참여적 가치 홍보
브랜드가 내거는 가치
운영방식, 방향성 중요.
'모두가 살기 좋은 세상을'
만들자! | 경험 중심 마케팅
공동작업형 가치 홍보
'감정가치'와
'참여가치' 중요
'모든 서비스는 내가 나답
게 살기 위해 존재한다.' |

마케팅 목적	상품의 판매·보급	고객만족	가치있는 체험	고객의 자기실현
고객과의 커뮤니케이션	광고 선전 판매 촉진	홈페이지 광고 메일	참여형 소셜미디어	공동작업형 소셜미디어

"내가 쓰는 브랜드가 나를 말한다!"

마켓 4.0

? → '어딘가에 소속되고 싶다'

나를 나답게 하는 소속감을 제공하는 "커뮤니티" ← 고객참여 강화를 위해
인간 대 인간의 연결 중요
브랜드 메시지
= 자신의 삶 동일시

과거의 커뮤니티 : 가족, 이웃, 회사

– 오바라 가즈히로 《프로세스 이코노미》 중에서

세상은 변하며 사람도 변한다. 양의 시대에서 질의 시대를 지나 망의 시대를 거쳐 격의 시대에는 어떻게 마케팅해야 하는 걸까? 내가 만나야 할 고객이 어떤 시장에 존재하는지 알고 있는가? 근대 마케팅의 아버지라 불리는 필립 코틀러는 말한다. 마켓 4.0시대에서 살아남아야 한다고.

만들기만 하면 팔리던 물건의 기능으로 승부하는 제품 중심 마켓 1.0 시대가 있었다. 마켓 1.0은 인터넷이 보편화되기 전, 오프라인에서 이루어지던 전통적인 시장의 형태를 의미한다. 이 시기에는 산업화가 진행되면서 제조업이 발전하였고, 수출이 증가하면서 경제 성장에 큰 기여를 하였다. 또한 대규모로 이루어진 공공사업이 일자리 창출과 경제 활성화에 큰 역할을 하던 시대였다. 이때는 무엇이든 만들면 잘 팔렸다. 특별히 마케팅이 필요 없고 생산자나 판매자 주도로 판매가 이루어졌다.

당신에게만 필요한 바로 그 무엇이라는 차별적 가치로 승부하는 고객중심 마켓 2.0 시대에는 싸고 잘 만들면 팔렸다. 마켓 2.0의 등장 배경은 인터넷과 스마트폰의 보급으로 인한 온라인 쇼핑 시장의 급성장이었다. 이에 따라 기존 오프라인 쇼핑몰에서는 제공하기 어려웠던 다양한 상품 정보와 가격 정보를 손쉽게 비교할 수 있는 온라인 쇼핑몰이 등장하게 되었다. 마켓 2.0은 기업이 고객의 니즈와 요구사항을 파악하고 그에 맞게 제품과 서비스를 개발하는 방식이다. 이는 기업이 고객 중심적인 마인드셋을 갖추게 되어 고객 만족도와 경쟁력을 높일 수 있었다. 또한, 기존의 제품과 서비스를 개선하거나 새로운 제품과 서비스를 개발하는 것으로 인해 새로운 시장을 개척할 수 있었다. 광고, 홍보, 이벤트와 같은 마케팅을 통해 더 싸게, 더 멋지게 하면 얼마든지 잘 팔 수 있는 시대이기도 했다.

이제 아무것도 필요하지 않은 사람들에게 공감과 제안으로 팔리는 마케팅 3.0시대가 되었다. 모두가 좋은 세상을 만들자고 어필하는 참여적 가치로 승부하는 인간중심 마켓 3.0 시대였다. 마켓 3.0은 고객 중심의 시장으로, 고객의 니즈와 가치를 파악하고 그에 맞춰 제품과 서비스를 개발하는 것을 의미한다. 마켓 3.0에서 가장 중요한 것은 고객 경험Customer Experience이다. 기존의 마켓 1.0과 2.0에서는 상품을 만들고 판매하는 것이 중심이었지만, 마켓 3.0에서는 고객의 니즈Needs와 가치Value를 중심으로 제품과 서비스를 개발하고 제공하는 것이 중요하다. 이를 위해 기존의 고객 만족도를 넘어 고객이 진정한 만족을 느낄 수 있는 경험을 제공해야 한다. 이를 통해 고객 충성도와 구매 재방문율을 높일 수 있으며, 기업의 경쟁력을 강화할 수 있다. 나와 관련 있고 특별한 의미와 가치, 재미뿐만 아니라 있어 보이는 그 무언가에 끌려 필요도 없는 제품과 서비스를 선택하는 시대다.

이제 나를 나답게 만들어주는 것을 함께 만들어가는 소속감에 어필하는 공동 작업형 경험중심 마켓 4.0 시대다. 이제 소비자는 수동적인 제품 구매가 아닌 모두가 행복한 세상을 만들기 위해 적극적으로 기업 활동에 참여하여 사회를 변화시키는데 도전하는 경험을 중요하게 여긴다. 이는 고객이 자기실현을 위해 스스로 창조하고자 하는 욕구를 이해해야 한다는 의미다. 내가 무엇을 만들고 파는가보다 내가 누구이고 어떤 사람인지가 더 중요해졌다는 의미다.

나의 브랜드는 어떤 고객과 만나야 하는가? 나는 고객에게 무엇을 하자고 제안해야 하는가? 고객과 나는 공동의 목적 달성을 위한 커뮤니티 안에서 소속감을 누리며 공존할 수 있어야 한다.

무조건 무엇이든 만들어 팔겠다고 속도를 낼 것이 아니라 선택할 사람들이 어떤 가치를 중요하게 여기는지에 더 집중해야 한다. 그러다 보면 '뭐야? 겨우 저런 걸 산다고?' 싶은 상품이나 서비스가 높은 가치로 거래되는 경험을 하게 될 것이다.

잦은 이직이 의미하는 것들

오즘 사람들이 한 곳에 머물거나 한 직장에 오래 다니지 못하는 이유는 지금 하고 있는 [일]에서 [행복]을 찾기 때문이다.

일 = 문제를 해결하는 것

고객의 문제의 크기 = 일의 크기 = 돈의 크기

즉, 돈을 많이 벌고 싶으면 세가지 중 하나여야 한다.

고객의 문제의 크기 = 일의 크기 = 돈의 크기 즉, 돈을 많이 벌고 싶으면 세가지 중 하나여야 한다.

하나   문제가 큰 고객의 문제를 해결한다. (생명을 살리는 일, 법적 문제를 해결하는 일 등)

둘   사소한 문제를 가진 고객 다수를 서비스할 수 있다. (청소대행, 민원대행, 쇼핑대행 등)

셋   돈이 돈을 벌게 한다. (투자, 사람은 8시간 일하지만 돈은 24시간 일할 수 있다.)

         ☆ 당신은 고객의 [어떤 문제]를 해결할 수 있는가?

         프로페셔널 세상에서는 '생존'의 세상에서 '자아실현'을 꿈꾸지 않는다.

         일은 어쨰거나 힘든 것이다.

요즘 사람들은 누구나 궁금해한다. '앞으로 뭐 해 먹고 살지?' 한편으로는 이런 생각도 한다. '평생 좋아하는 일을 하며 살고 싶다.'

문제는 '먹고 살기' 위해 하는 일은 '생존'이 걸린 일이고 '하고 싶어' 하는 일은 '자아실현'이 걸린 일이라는 데 있다. 둘은 결코 만날 수 없는 평행선을 걷는다. 생존은 하기 싫어도 해야 하는 것이고 자아실현은 하면 좋은 선택 영역의 문제이기 때문이다.

요즘 사람들이 한곳에 머물거나 한 직장에 오래 머물지 못하는 이유는 지금 하고 있는 일에서 행복을 찾기 때문이다. 그리고 직장에서 일하는 이유가 과거처럼 승진이나 성공이 아니라 관계 맺기나 행복 찾기가 더 일반적인 세대가 바로 MZ 이후 세대다.

일은 문제를 해결하는 것이고 고객은 문제를 가진 사람들이다. 문제해결을 통해 우리는 돈이나 승진 또는 인정과 같은 보상을 받는다. 대가가 있으려면 반드시 누군가의 문제를 해결해주어야 한다는 의미다. 고객의 문제의 크기가 일의 크기이고 이는 곧 돈의 크기와 연결된다. 결국 돈을 많이 벌고 싶다면 다음의 세 가지 중 하나를 하거나 그 이상을 하면 된다.

첫째, 문제가 큰 고객의 문제를 해결한다. 생명을 살리거나 법적 문제를 해결하거나 직업적 위상을 높여 몸값을 올리는 일 등이 여기에 포함된다.

둘째, 사소한 문제를 가진 고객 다수에게 서비스한다. 청소 대행, 민원 대행, 쇼핑 대행 등과 같은 일을 많은 고객을 대상으로 해주면 된다.

셋째, 돈이 돈을 벌게 한다. 사람은 아무리 열심히 일해도 하루 8시간을 넘게 일하지 않고 그 이상 일한다 해도 24시간이 최대치다. 24시간을 쉬지도 않고 일하는 사람은 없다. 하지만 돈은 다르다. 돈을 투자해 놓으면 그 돈이 돈을 벌게 된다. 돈은 24시간 쉬지 않고 일할 수 있다. 돈을 많이 버는 사람들 중 다수는 세 번째 방법을 현명하게 활용했음을 기억할 필요가 있다.

프로페셔널이 하는 일은 '타인을 위한 일'이고 아마추어가 하는 일은 '나를 위한 일'이다. 세상은 각자의 철칙으로 돌아간다. 프로페셔널한 완전체가 되어 제대로 일하거나 투자를 통해 벌어들인 돈으로 가슴 뛰는 일을 찾아 여유롭게 하면 행복할 수 있다. 전쟁터와 같은 직업으로는 돈을 벌고 그 돈으로 꿈을 이루라는 말이다. 물론 어쩌다 나를 위한 일이 타인을 위한 일이 되기도 한다. 그러나 지속가능한 일은 그런 식으로 만들어지지 않는다. 어떠한 경우라도 일은 힘든 것이다.

#005 설명하지 않아도 되는 사람들의 브랜딩은 다르다

당신은 '어떤' 사람인가요?

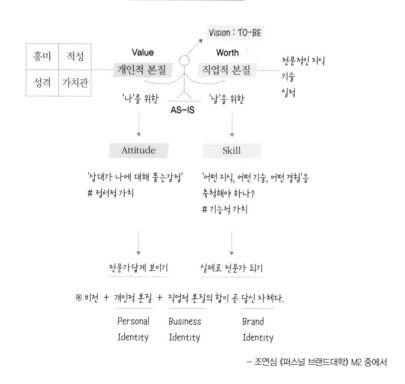

- 조연심 《퍼스널 브랜드대학》 M2 중에서

1장 퍼스널 브랜딩의 필요 **37**

"내가 누군지는 알면서 어떤 사람인지는 왜 몰라?"

tvN 드라마 〈마인〉에서 상대방의 머리에 총을 겨누면서 한지용이 하는 말이다. 극 중 주인공 서희수(이보영)의 남편 한지용(이현욱)은 30대 후반에 효원그룹 둘째 아들이다. 이는 그가 누구인지 누구나 쉽게 알아볼 수 있는 요소다. 하지만 그가 어떤 사람인지는 그가 행한 말과 태도로 갈린다. 일반 적으로 그는 천성이 여유롭고 부드러우며 스위트한 사람으로 보인다. 젠틀 함이 몸에 밴 상속자 1순위의 엄친아로 그를 평가한다. 그러나 다른 한편 으로는 직접 돈을 주고 사람들끼리 싸움을 시키고 피를 흘리는 것을 지켜 보며 쾌감을 느끼거나 직접 맘에 안 드는 사람 머리에 총을 겨누는 사이코 패스다.

다시 한번 묻겠다. 한지용, 그는 누구인가? 그는 어떤 사람인가?

우리가 누군가를 선택하는 이유가 무엇일까? 그 사람이 누구인지 알고, 그 사람이 어떤 사람인지 알기 때문이다.

내가 누구라는 것을 증명할 수 있는 것은 대학 졸업장, 자격증, 내 이름 으로 쓴 책, 논문, 내가 직접 수행한 프로젝트, 내가 나온 방송, 팔로워로 증명한 SNS 채널 등이다.

'조연심'은 누구인가라는 질문에 작가, 강사, CEO, 칼럼니스트, 토크쇼진 행자라고 답하는 것은 내가 그동안 관련 직업으로 수행했던 일이 있었기 때문이다. 특히 내가 퍼스널 브랜드 분야의 전문가라고 증명할 수 있는 데 이터는 《퍼스널 브랜딩에도 공식이 있다》, 《나는 브랜드다》, 《과정의 발견》 등과 같이 해당 분야와 관련된 책 10여 권과 관련 주제로 했던 강연, 네이 버TV와 오디오클립에서 브랜드방정식에 맞춰 진행하는 인터뷰 방송 〈조연 심의 브랜드쇼〉, 100만 명 이상이 다녀간 티스토리 '조연심의 블로그' 등이다. 이런 데이터는 내가 누구인지를 증명할 수 있으며 나를 선택하는 데 도움을 줄 수 있다.

하지만 이것만으로는 사람들이 '조연심'을 선택하는 데 부족함이 있다. 사람들은 이성적으로 나에게 필요한 사람을 선택하기보다 감성적으로 딱 끌리는 사람을 고르는 게 편하기 때문이다.

사람들에게 '조연심'하면 떠오르는 이미지에 대해 물었다.

"대단하다, 꾸준하다, 놀랍다, 존경한다, 멋지다, 배울 게 많다, 까다롭다, 확실하다, 무섭다."

나는 하기로 한 것은 끝까지 해 냈고, 돈이 되든 안 되든 기대한 수준 이상을 해내는 것을 반복했다. 약속한 것은 반드시 했고, 상황에 따라 말을 바꾸거나 책임을 회피하지도 않았다. 그렇게 사는 시간들이 결코 편하거나 넉넉하거나 좋기만 한 것은 아니었다. 물론 모든 순간이 완벽했다고 말할 수는 없다. 때론 잠수도 타고, 기대치만큼 성과를 내지 못한 것도 많았다. 그럼에도 나를 아는 사람들 대부분은 나를 퍼스널 브랜드 전문가이고 내가 하는 말과 행동을 전문가답게 하는 일이라고 생각했다. 결국 조연심이 어떤 사람이라고 사람들이 생각하는 것은 지난 10년 이상을 온오프라인 접점에서 행했던 나의 말과 행동의 누적된 이미지의 축적으로 만들어졌다. 브랜딩에서 중요한 것은 '실제 하는 것'이 아니라 '그렇다고 믿는 것'에서 비롯된다는 것이다.

내가 누구이고 어떤 사람인지를 알아볼 수 있으려면 두 개의 개념을 이해해야 한다. 내가 어떤 분야의 전문가인지를 증명할 수 있는 포트폴리오 데이터와 타인의 관점에서 나에 대해 긍정적인 감정을 품을 수 있어야 한다. 중요한 것은 나의 관점이 아니고 타인의 관점이다. 타인의 관점에서 신뢰감, 기대감, 유연함, 전문성, 지속성 등을 떠올릴 수 있어야 한다.

내가 누구인가는 개인적 본질과 직업적 본질이 복합적으로 섞여 만들어진다. 개인적 본질은 나를 위한 취미, 적성, 성격, 가치관과 같은 퍼스널 정체성을 통해 드러나고 직업적 본질은 타인을 위한 전문적인 지식, 기술, 실력과 같은 비즈니스 정체성으로 나타난다. 결국 상대방을 위해 무엇을 해줄 수 있는지를 보여주는 직업적 본질은 내가 누구인지를 알게 하고, 그 과정에서 드러나는 태도Attitude 대부분은 나의 개인적 본질로부터 기인한다.

나는 누구인가? 나는 어떤 사람인가? 내가 누군지는 내가 이룬 결과물로 정의되고 내가 어떤 사람인지는 내가 행한 태도로 정의된다. '어떤'은 나에 대한 복합적 데이터의 최적화로 나타난다. 나를 증명하는 데이터DATA는 선택의 확률을 높이지만 이미지 축적으로 만들어지는 직감INTUITION은 구매 결정을 높인다.

나는 나를 어떻게 규정하는가? 실제 전문가가 되는 것이 중요하지만 전문가처럼 보이는 것도 중요한 세상이다.

시간 가계부를 작성하라

나는 어디에 시간을 사용하고 있을까?

[시간 가계부] 최근 1주일 동안 자신이 시간을 사용한 내역을 적는다.

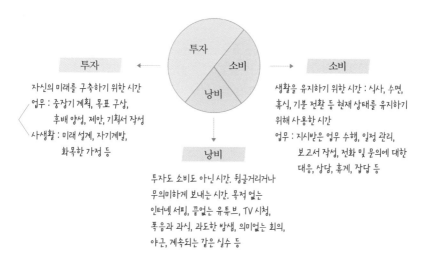

투자

자신의 미래를 구축하기 위한 시간
업무 : 중장기 계획, 목표 구상,
　　　후배 양성, 제안, 기획서 작성
사생활 : 미래 설계, 자기계발,
　　　　화목한 가정 등

소비

생활을 유지하기 위한 시간 : 식사, 수면,
휴식, 기분 전환 등 현재 상태를 유지하기
위해 사용한 시간
업무 : 지시받은 업무 수행, 일정 관리,
　　　보고서 작성, 전화 및 문의에 대한
　　　대응, 상담, 휴게, 잡담 등

낭비

투자도 소비도 아닌 시간. 뒹굴거리거나
무의미하게 보내는 시간. 목적 없는
인터넷 서핑, 끝없는 유튜브, TV 시청,
폭음과 과식, 과도한 방생, 의미없는 회의,
야근, 계속되는 같은 실수 등

※ '낭비' 시간을 '0'으로 만들라는 게 아니라 잉여시간을 만들어 미래에 대한 투자시간에 할애하는 것이 원하는 미래를 위한
시간관리 전략이 된다. '투자' 시간이 '0'이라면 '현재 상태 유지'이므로 바라는 미래는 절대 오지 않을 것이다.

－ 오히라 노부타카 《게으른 뇌에 행동 스위치를 켜라》 중에서

인터넷으로 모든 것이 연결된 세상에 사는 우리는 지금 '3분이 한계인 세상'을 살아가고 있다. 잠시라도 온전히 홀로 있기가 얼마나 어려운지 아는가?

책을 읽거나 글을 쓰려고 책상에 앉은 나는 3분도 채 지나지 않아 유튜브 알람에 유혹당했다. 영상 하나만 보려고 시작한 한눈팔기가 정신을 차려보니 어느새 한 시간이 훌쩍 지나 있었다. 내가 관심 있다고 표시한 데이터 덕분에 관련 영상은 점점 더 자주 강렬하게 내 시선을 사로잡기 위한 필사의 푸쉬push 버튼을 보내온다. 점점 더 나의 시간은 파편화되고 내 것이 아닌 게 되어간다. 결국 책도 제대로 읽지 못하고 글 한 편도 제대로 쓰지 못하는 것을 반복하고 있다. 당연히 5년 전이나 1년 전이나 지금이나 아무것도 달라지지 않았고 이렇게 살다 보면 앞으로도 아무것도 달라지지 않을 내 모습에 초조함만 쌓인다. 이는 시간을 낭비하고 있기 때문이고 그 사실을 나도 알고 있기 때문이다.

누군가는 생각과 동시에 행동을 하고 누군가는 다양한 이유와 핑계로 미루기를 반복한다. 바로 움직이지 못하는 이유는 당신이 게으르기 때문이 아니라 '귀차니스트'인 당신의 뇌 때문이다.

바로 행동하게 하는 스위치를 켜기만 하면 누구든 성과를 내며 원하는 미래를 만들 수 있다고 말하는 오히라 노부타카의 《게으른 뇌에 행동 스위치를 켜라》에 보면 시간 가계부 이야기가 나온다.

시간 가계부에는 시간의 소비, 낭비 그리고 투자 항목이 있다.
소비 항목은 생활을 유지하기 위한 시간이다. 식사, 수면, 휴식, 기분전환 등과 같이 현재 상태를 유지하기 위해 사용한 시간이다. 업무로 본다면 지시받은 업무를 수행하거나 일정 관리, 보고서 작성, 전화 및 문의에 대한 대응, 상담, 휴게, 잡담 등도 여기에 포함될 수 있다.

낭비 항목은 투자도, 소비도 아닌 시간이다. 뒹굴 거리거나 무의미하게 보내는 시간을 말한다. 목적 없는 인터넷 서핑, 끝없는 유튜브, TV 시청, 폭음과 과식, 과도한 밤샘, 의미 없는 회의, 야근, 계속되는 같은 실수 등이다.

투자 항목은 자신의 미래를 구축하기 위한 시간이다. 업무적으로는 중장기 계획, 목표구상, 후배 양성, 제안, 기획서 작성 등에 사용되는 시간이고 개인적으로는 미래 설계, 자기 계발, 화목한 가정 등이 포함된다.

최근 1주일 동안 자신이 시간을 사용한 내역을 적어 보라. 스스로 어디에 시간을 많이 사용하는지 알게 되고 나의 미래가 어떻게 될 것인지도 예측할 수 있게 된다. 나에게 필요한 결과물을 만들어내기 위해서는 '자발적 왕따'의 시간이 필요하다.

미래를 위한 투자 시간을 늘리다 보면 어느새 당신이 바라는 모습으로 살고 있을 것이다.

시간 관리도 전략이 필요하다.

모든 일에 생기가 넘치고 행동력이 강하며 많은 걸 성취하는 것처럼 보이는 사람이 있다. 브랜딩에서 중요한 것은 실제로 성취하는 것도 중요하지만 많은 걸 성취하는 것처럼 보이는 것도 중요하다고 앞에서 언급했던 것을 기억해 보라.

'일겸놀겸' 일하는 나를 부러워하는 사람들이 많다. 내가 온라인에 올리는 것은 언제나 무언가를 성취하는 것처럼 보이는 결과들이다. '일을 성공한 것처럼', '일이 많은 것처럼', '다른 사람들에게 사랑받고 있는 것처럼' 보이는 이미지들은 실제로 다른 사람들에게 자랑하기 위함이 아니다. 그저 온라인에 데이터를 남겨 언젠가 기억에 남게 하기 위함이다. 그렇다고 내가 매순간 모든 것이 잘되고 있다는 말은 아니다.

일과 삶의 균형work-life balance을 조절하고 싶은 사람들이 많다. 이때 파킨슨의 법칙을 활용하면 쉽다. 파킨슨의 법칙에 따르면 '일은 주어진 시간

당신은 자기취급설명서가 있나요?

'일겸놀겸' 일과 삶의 균형(Work-Life balance)을 조정하고 싶다면?

[파킨슨의 법칙] ——— '일은 주어진 시간에 따라 최대한 팽창한다'
15분만에 할 수 있는 업무도 30분이라는 시간이 존재하면
결과적으로 30분의 시간을 들이게 된다는 것.

시간제한 ——— 타이머를 활용하여 카운트다운하며 시간을 제한하면
뇌가 더 활성화되어 집중할 수 있게 된다.

'15분 안에 끝내겠어!'
'30분에 여기까지 끝내겠어'

↓

그렇다면 쉽게 기분이 가라앉고, 금방 스트레스가 쌓이는 사람은?
→ 기분전환이 필요하다 "언제, 어디에서나, 즉시"
　　　　　　　　　　　자기취급설명서 사용가능

〈기분전환 방법〉

몇 분	30분 정도	어느정도 시간 필요
심호흡·멍 때리기	낮잠	여행
스트레칭	청소	영화감상
산책	러닝, 싸이클	드라마 몰아보기
달달한 거 먹기	반신욕	호캉스
수다	드라마 시청	등산

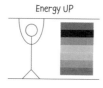
Energy UP

※ '언제나 최상의 컨디션'인 사람은 없다. 행동력을 높이려면 체력과 집중력을
회복하기 위한 리프레시 방법이나 우울한 감정을 바로잡는 방법.
즉 '자기취급설명서'대로 실행할 수 있어야 한다.

– 오히라 노부타카 《게으른 뇌에 행동 스위치를 켜라》 중에서

에 따라 최대한 팽창한다'고 한다. 15분 만에 할 수 있는 업무도 30분이라는 시간이 존재한다면 결과적으로 30분의 시간을 들이게 된다는 것이다. 이때 타이머를 활용하여 시간제한을 두고 카운트다운 하며 시간을 제한하면 뇌가 더 활성화되어 집중할 수 있게 된다. 사실상 업무에 집중하여 일을 마치고 나면 한결 감정도 홀가분해지고 스스로 해냈다는 마음에 자존감도 올라간다. 그 과정과 결과를 온라인에 기록하는 일 또한 나에게는 업무 중 하나에 속한다. 하고 싶어 한다기보다는 필요하니까 하는 것이다.

나는 드라마 몰아보기와 만 보 걷기, 땀 빼며 사우나 하기 등을 하면 기분이 좋아지고 에너지가 올라간다. 그래서 힘들고 지치면 사람들을 만나기보다는 혼자서 나만의 방식으로 기분전환을 하곤 한다. 그렇게 전환된 기분으로 다시 업무에 집중해 수많은 일을 처리해내곤 한다.

"저도 하고 싶은데 그럴 기분이 아니에요."

누구나 힘들고 지치고 우울해지는 때가 온다. 그럴 때 툴툴 털고 일어나 아무렇지 않게 일상으로 복귀하는 사람들에게는 공통점이 있다.

자신의 기분과 에너지를 끌어올리는 자기만의 기분전환 방법인 '자기취급 설명서'를 가지고 있다. 그리고 그것을 '언제, 어디에서나, 즉시' 꺼내어 사용할 줄 안다.

《게으른 뇌에 행동 스위치를 켜라》의 저자 오히라 노부타카는 기분전환을 위한 방법으로 3가지를 소개하고 있다. 짧게는 몇 분에서 길게는 몇 날 며칠이 걸릴 수도 있다.

몇 분 만에 기분전환을 하는 방법으로는 심호흡, 멍때리기, 스트레칭, 산책, 달달한 거 먹기, 가벼운 수다 등이 있다. 30분 정도의 시간이라면 낮잠, 청소, 러닝, 싸이클, 반신욕, 드라마 시청 등을 하면서 얼마든지 기분 전환을 할 수 있다. 어느 정도 시간이 필요하지만 여행, 쇼핑, 좋은 풍경 보며 식사하기, 영화감상, 드라마 몰아보기, 호캉스, 등산 등을 통해서도 좋은 기분으로 전환이 가능하다.

'언제나 최상의 컨디션'인 사람은 없다. 행동력을 높이려면 체력과 집중력을 회복하기 위한 리프레시 방법이나 우울한 감정을 바로잡는 방법, 즉 '자기취급설명서'대로 실행할 수 있어야 한다. 그것도 언제, 어디에서나, 즉시 실행할 수 있는 게 중요하다.

당신의 '자기취급설명서'는 언제든 사용 가능한가?

"배를 만들게 하려면 배 만드는 법을 가르치려 하지 말고 바다를 동경하게 하라."

《어린 왕자》의 작가인 생텍쥐페리가 한 유명한 명언이다. 바다를 꿈꾸게 되면 배 만드는 법은 가르쳐 줄 필요도 없기 때문이다.

오히라 노부타카의 《게으른 뇌에 행동 스위치를 켜라》에 보면 인간의 사고법은 3가지로 나뉜다. 머리의 소리는 평소 생각Think하고 있는 것으로 나타난다. '해야만 해', '하지 않으면 안 돼'와 같은 의무감이 따른다. 몸의 소리는 몸의 상태나 컨디션Condition으로 나온다. '어깨가 돌이야', '목이 아파'와 같이 몸의 불편한 상태를 알아볼 수 있도록 신호를 보낸다.

마음의 소리는 느끼고 있는 것이나 기분과 같은 욕망Desire을 통해 알아볼 수 있다. '하고 싶어', '정말 원해', '하기 싫어' 등의 기분으로 알아차릴 수 있다. '정말 나는 어떻게 하고 싶은가?'와 같은 자신과의 대화가 필요하다.

당신의 욕망은 안녕한가요?

인생을 바꾸고 싶다면, 내면의 소리 [욕망]에 귀기울여야 한다.

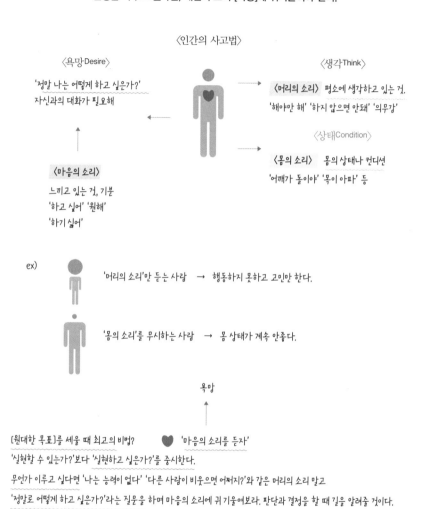

〈인간의 사고법〉

〈욕망·Desire〉

'정말 나는 어떻게 하고 싶은가?'
자신과의 대화가 필요해

〈생각·Think〉

〈머리의 소리〉 평소에 생각하고 있는 거.
'해야만 해' '하지 않으면 안돼' '의무감'

〈상태·Condition〉

〈몸의 소리〉 몸의 상태나 컨디션
'어깨가 돌아' '목이 아파' 등

〈마음의 소리〉

느끼고 있는 것, 기분
'하고 싶어' '원해'
'하기 싫어'

ex)

'머리의 소리'만 듣는 사람 → 행동하지 못하고 고민만 한다.

'몸의 소리'를 무시하는 사람 → 몸 상태가 계속 안좋다.

욕망

[원대한 목표]를 세울 때 최고의 비법? ♥ '마음의 소리를 듣자'

'실현할 수 있는가?'보다 '실현하고 싶은가?'를 중시한다.

무언가 이루고 싶다면 '나는 능력이 없다' '다른 사람이 비웃으면 어쩌지?'와 같은 머리의 소리 말고

'정말로 어떻게 하고 싶은가?'라는 질문을 하며 마음의 소리에 귀 기울여보라. 판단과 결정을 할 때 길을 알려줄 것이다.

− 오히라 노부타카 《게으른 뇌에 행동 스위치를 켜라》 중에서

원대한 목표를 세울 때 최고의 비법이 무엇인지 아는가?

'실현할 수 있는가?'보다 '실현하고 싶은가?'를 더 중시하라는 의미다. 이는 바로 마음의 소리에 귀 기울이는 것이다. 무언가 이루고 싶다면 '나는 능력이 없다', '다른 사람이 비웃으면 어쩌지?'와 같은 머리의 소리 말고 '정말로 어떻게 하고 싶은가?'라는 질문을 하며 마음의 소리에 귀 기울여보라. 판단과 결정을 할 때 길을 알려줄 것이다.

무언가 하고 싶다고 말하지만 아무것도 실행하지 않는 사람은 분명 머리의 소리에 귀 기울이고 있을 것이다. 하지 않을 이유를 수도 없이 찾을 것이니 당연히 아무 일도 일어나지 않을 것이다. 몸의 소리를 무시하게 되면 몸 여기저기가 아플 것이다.

생텍쥐페리의 명언에서 말한 대로라면 배 만드는 방법은 머리의 소리이고 바다를 동경하는 것은 마음의 소리다. 바다를 욕망하게 되면 어떻게든 배를 만드는 방법을 찾을 것이다.

원대한 목표를 꿈꾸고 있는가? 갖가지 이유로 안 된다고 말하는 머리의 소리 말고 '진짜 어떻게 하고 싶은가?'라는 내면의 소리에 답해 보라. 마음속 저 밑으로부터 정말 하고 싶다고 외치는 욕망의 소리를 듣게 될 것이다.

하겠다고 마음먹으면 그때부턴 잘 되는 방법을 스스로 찾게 될 것이다. 원대한 목표를 이루려면 '머리의 소리' 말고 '마음의 소리'를 들어라.

당신의 가치관은 무엇인가요?

가치관 = 행동하는 목적

'어디로 갈까?'

"당신이 중요하게 생각하는 가치관은?"

▶ 자신이 어떤 일에 기쁨을 느끼는지 탐구한다.

'왜 그 일을 하고 싶은가?'에 답하려면 자신의 가치관이 어떤지 알아야 한다.

〈가치관의 종류〉

① 다른 사람과의 관계

감사, 인연이 길어짐을 중시, '고마워'에 동기부여가 되는 사람, 부하나 후배의 육성, 성장에 관심

② 달성

목표 달성, 어려운 문제 극복을 중요하게 생각함. 신기록 달성, 자신의 성장과 승진, 승급, 성취에 의욕을 보임.

③ 기술의 추구

전문성, 자신의 의사나 개성이 존중 받는 걸 중요시함. 독창성, 독자성 추구, 개발과 연구, 창의적인 공부를 좋아함.

사고의 기본이기에 세 가지 모두 중요하지만 사람에 따라 우선순위가 다르다.

자신이 가장 중요하다고 생각하는 가치관을 바탕으로 '무엇을 위해서?',

'누구를 위해서'를 생각한다면 자신에게 맞는 목적을 설정할 수 있다.

ex) 다이어트   ① '다른 사람과의 관계' 가치관 → 살을 빼서 연애를 하고 싶다.

           ② '달성' 가치관 → 3개월 안에 체중 10kg 감량하여 개인 최저 몸무게를 갱신한다.

           ③ '기술의 추구' 가치관 → 식사를 조절하고 운동 계획을 세워 독자적인 다이어트 비법을 개발한다.

"그 일을 왜 하고 싶은가?"

이 질문에 확실한 답을 할 수 없다면 일을 하는 목적이 불명확하다는 증거다. 다른 말로 하면 자신만의 가치관이 어떤지 모른다는 말이기도 하다.

이럴 때 목적을 명확하게 하는 방법이 있다. 바로 자신이 우선시하는 가치관을 아는 것이다. 가치관은 행동하는 목적과 같고 자신이 중요하게 생각하는 가치관은 자신이 어떤 일에 기쁨을 느끼는지 탐구하면 알 수 있다.

가치관의 종류는 크게 세 가지가 있다.

첫째, 다른 사람과의 관계를 중시한다. 감사와 인연이 깊어짐을 중시하고, '고맙다'라는 말에 동기부여가 되기도 한다. 부하나 후배의 육성이나 성장에 관심이 많다.

둘째, 달성이나 성취에 집중한다. 목표 달성이나 어려운 문제 극복을 중요하게 생각한다. 신기록 달성, 자신의 성장과 승진, 승급이나 성취에 의욕을 보인다. 돈이나 명예를 중시하는 사람도 여기에 속한다.

셋째, 기술의 추구를 중시한다. 전문성을 추구하고, 자신의 의사나 개성이 존중받는 것을 중요하게 여긴다. 독창성, 독자성을 추구하고, 개발과 연구, 창의적인 공부를 좋아한다.

가치관은 인간이 사고하는 기본이기에 세 가지 모두 중요하지만 사람에 따라 '우선순위'가 다르다. 자신이 가장 중요하다고 생각하는 가치관을 바탕으로 '무엇을 위해서?' '누구를 위해서?'를 생각한다면 자신에게 맞는 목적을 설정할 수 있다.

예를 들어 다이어트를 하더라도 우선하는 가치관에 따라 사고하는 방법이 달라진다. 다른 사람과의 관계를 중시하는 사람은 살을 빼서 연애를 하고 싶다고 생각하고, 달성을 중요시한다면 3개월 안에 체중 10kg를 감량하여 개인 최저 몸무게를 달성한다는 목적을 세울 수 있다. 기술의 추구를 중시하는 사람이라면 식사를 조절하고 운동계획을 세워 독자적인 다이어트 비법을 개발한다.

당신이 어떤 가치관을 가진 사람인지 알아보려면 다른 사람과의 관계를 중시하는지, 목표 달성 자체를 즐기는지, 기술을 추구하는 것에 관심이 있는지를 보면 된다.

3가지 가치관 중 우선순위에 따라 당신이 하고자 하는 일의 목적을 명확하게 할 수 있다.

당신이 우선하는 가치관을 알면 행동하는 목표를 만들 수 있다.

퍼스널 브랜딩은 왜 그 일을 하는지에 대한 답을 찾아 증명해가는 과정으로 완성된다.

당신의 마음에는 '최고 결정권자'가 있나요?

"우리는 자신의 행위를 완전히 제어할 수 없을지도 모릅니다. 우리의 마음에는 자신의 행위를 결정할 수 있는 '최고 결정권자'가 없습니다. 우리의 마음은 오히려 여러 부분으로 나뉘어 있는데 부분마다 저마다의 생각이 있고, 때로는 각 부분의 의견이 서로 충돌하기도 합니다.

　　　　　　　　　　　　　　　　　　　　　 – 사회심리학자 조너선 하이트 《행복의 가설》

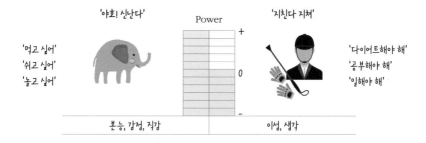

'야호! 신난다'　　　　　　Power　　　　　'지친다 지쳐'

'먹고 싶어'　　　　　　　　　　　　　　　　　　　　　 '다이어트해야 해'
'쉬고 싶어'　　　　　　　　　　　　　　　　　　　　　 '공부해야 해'
'놀고 싶어'　　　　　　　　　　　　　　　　　　　　　 '일해야 해'

　　　　　　본능, 감정, 직감　　　　　　　이성, 생각

"나의 기수가 나에게 어느 길이 맞는지 알려줬지. 하지만 마음 속 코끼리는 나를 잘못된 방향으로 데려갔어."

　　　　　　　　　　　　　　　　　　　　　　　　　　　 – 메레이아

∨ 욕망과 이성사이에서 배회하는 이유

∨ 계획이 항상 수포로 돌아가는지에 대한 대답.

계획은 이성(기수)이 세우지만, 계획을 실행할 때는 항상 감정(코끼리)의 영향을 받기 때문.

But, 코끼리를 탄 기수는 지쳤다!!

의지력을 발휘하면 코끼리를 통제할 수 있지만 유감스럽게도 [인간의 의지력]은 한계가 있다.

즉, 코끼리를 탄 기수가 오랜 시간 통제하면 지치게 된다.

　　　　　　　　　　　　　　　　　　　 – 황양밍·장린린 《심리학이 불안에 답하다》 중에서

'살 빼야 하는데', '공부해야 하는데', '일해야 하는데'.

원대한 포부를 가졌지만 현실은 어떤가?

'이것만 먹고 다이어트는 내일부터 할 거야', '이것만 보고 공부는 이따 할 거야', '잠시만 쉬고 일은 이따 할 거야'

우리는 충동과 유혹에 늘 주도권을 뺏기곤 한다. 이처럼 계획은 있지만 실행이 어려운 이유는 거칠고 고집 센 코끼리 때문이다.

"나의 기수가 나에게 어느 길이 맞는지 알려줬지. 하지만 마음속 코끼리는 나를 잘못된 방향으로 데려갔어."

사회심리학자 조너선 하이트는 《행복의 가설》에서 마음속 최고 결정권자에 대해 언급했다.

"우리는 자신의 행위를 완전히 제어할 수 없을지도 모릅니다. 우리의 마음에는 자신의 행위를 결정할 수 있는 '최고 결정권자'가 없습니다. 우리의 마음은 오히려 여러 부분으로 나뉘어 있는데 부분마다 저마다의 생각이 있고, 때로는 각 부분의 의견이 서로 충돌하기도 합니다."

황양밍, 장린린은 《심리학이 불안에 답하다》에서 고집 센 감정 코끼리를 다루는 이성적인 기수를 소개한다. 인간의 본능, 감정, 직감은 언제나 쾌락을 갈망하는 고집 센 코끼리고 언제나 신나는 일을 추구한다. '먹고 싶어', '쉬고 싶어', '놀고 싶어'는 힘이 센 감정 코끼리의 의지다.

한편 '다이어트 해야 해', '공부해야 해', '일해야 해'는 이성적인 기수다. 이성과 생각을 다루는 기수는 쾌락을 갈망하는 힘이 세고 고집 센 감정 코끼리를 통제해서 원하는 것을 이뤄내야 한다.

욕망과 이성 사이에서 배회하는 이유를 이제 알겠다.

계획이 항상 수포로 돌아가는 이유는 계획은 이성(기수)이 세우지만, 계획을 실행할 때는 항상 감정(코끼리)의 영향을 받기 때문이다.

문제는 코끼리를 탄 기수가 지쳤다는 것이다. 의지력을 발휘하면 코끼리를 통제할 수 있지만 코끼리를 탄 기수가 코끼리를 오랜 시간 통제하면 지치게 된다.

매 순간 코끼리를 통제할 수 있는 의지력을 가진 기수는 없다. 인간의 의지력에는 한계가 있기 때문이다.

재능은 있는데 재능만큼 성공하지 못하는 이유는 뭘까? 이유는 감정을 안정시키는 능력이 부족하기 때문이다.

정서 안정성Emotional stability은 감정을 평온하게 유지하는 능력으로 사람의 예민한 정도, 감정 조절 능력을 가리킨다. 정서 안정성에는 자기관리 능력, 강인한 의지, 스트레스 상황 시 유연한 업무 처리능력, 안정적인 업무 성과, 여러 상황에서의 행동 일치성 등이 포함된다.

"불필요한 감정 소모를 하지 않는 사람은 다른 이들에게 안정감을 준다. 그들은 다른 사람과 자신에게 상처를 주지 않는다. 문제를 일으키지 않고 다른 사람을 귀찮게 하지도 않는다."

중국의 저명한 학자인 린위탕의 말이다.

감정이 안정적인 사람은 목표에 더 잘 집중하고 지적받아도 감정적으로 흔들리지 않고 할 일을 한다. 충동을 잘 억제하고 부정적인 감정이 폭발해도 과격한 행동을 하지 않는다.

당신의 정서는 안녕하십니까?

자기관리능력　　　　　　　강인한 의지

정서 안전성
(Emotiional Stability)

안정적인 업무성과　　　　　　　스트레스 상황 시
유연한 업무처리능력

여러 상황에서의
행동 일치성

"불필요한 감정 소모를 하지 않는 사람은 다른 이들에게 안정감을 준다. 그들은 다른 사람과 자신에게 상처를 주지 않는다. 문제를 일으키지 않고 다른 사람을 귀찮게 하지도 않는다."

― 중국의 저명한 학자 린위탕의 말

[감정]을 안정시키는 방법은?

① 주의력 분산 : 감정이 화산처럼 폭발하기 전에 주의력을 분산시킨다.

　　　　ex) 게임을 하거나 영화를 보거나, 배 부르게 먹거나, 낮잠을 자거나, 글쓰기를 하거나 … 음악, 미술, 산책 등 뭐든 좋다.
　　　　집중할 수 있는 [다른 것]에 시간과 에너지를 쓴다.

② 곤경 탈출 5단계 : 3w2o 법칙

What　　내가 왜 그럴까? 어떤 감정에 놓였는가? 강도는 어떠한가?

　　　Why　　이 감정은 왜 생겼는가?

　　　　Wish　　나의 바람은 무엇이었는가?
　　　　　　　내가 필요한 것과 달성하고자 하는 목표는 무엇인가?

　　　How　　난 어떻게 해야 할까? 이제 어떤 행동을 해야 하는가?

Outcome　　계획대로 행동한 결과는 어떠한가?

― 황양밍, 장린린 《심리학이 불안에 답하다》 중에서

직원 채용이나 비즈니스 파트너로 정서 안정성이 높은 사람을 선호하는 것도 이 때문이다.

나 또한 감정 콘트롤에 서툰 편이다. 이 일을 시작한 초창기에는 퍼스널 브랜딩 관련 일은 알아서 잘하는데 누군가 지적을 하면 즉시 감정적으로 폭발하며 고객과 부딪히기 일쑤였고, 그런 일이 반복되면 일 자체에 대한 흥미가 확 떨어지는 게 문제였다. 시간이 지나 보니 감정관리를 잘 못 하는 것은 일에 대한 실력의 문제가 아니라 태도의 문제로 받아들인다는 것을 알게 되었다. 아무리 실력이 출중해도 '씨ㄱㅈ'가 없다고 소문이 나면 소개해 줄 방법이 없다는 말이다. 이제 이 분야에서 10년이 넘다 보니 어지간한 소문에도 흔들리지 않을 만큼의 검증된 실력과 경력을 인정받게 되었다. 그러나 나는 여전히 흔들리지 않는 감정관리가 어렵기만 하다.

이런 나에게 황양밍, 장린린의 《심리학이 불안에 답하다》는 안정적인 감정관리법을 제시한다.

첫째, 주의력을 분산하라.

감정이 화산처럼 폭발하기 전에 주의력을 분산시킨다. 게임을 하거나 영화를 보거나, 배부르게 먹거나, 낮잠을 자거나, 글쓰기를 하거나, 음악, 미술, 산책 등 뭐든 좋다. 집중할 수 있는 '다른 것'에 시간과 에너지를 쓴다.

둘째, 곤경 탈출 5단계, 3W2O 법칙을 활용하라.

1단계 : What - 내가 왜 그럴까? 어떤 감정에 놓였는가? 강도는 어떠한가?

2단계 : Why - 이 감정은 왜 생겼는가?

3단계 : Wish - 나의 바람은 무엇이었는가? 내가 필요한 것과 달성하고자 하는 목표는 무엇인가?

4단계 : How – 난 어떻게 해야 할까? 이제 어떤 행동을 해야 하는가?

5단계 : Outcome – 계획대로 행동한 결과는 어떠한가?

실제로 브랜딩에서는 전문가가 되는 것만큼 전문가처럼 보이는 게 중요하다. 하지만 감정 통제에 실패하면 전문가처럼 보이지 않는다. 전문가들은 어떤 상황에도 여유 있고 안정적인 감정을 유지하는 것처럼 보이기 때문이다. 일을 잘하는 것만큼 함께 일하고 싶은 사람이 되는 것도 중요하다.

#012   삶의 궁극적인 목적은 우월해지는 것이다

"자기가 타인에 대하여 우월한 것처럼 행동하는 모든 사람의 배후에는 열등감이 숨겨져 있다." 알프레드 아들러의 말이다. 우월이라는 감정은 모든 인간이 가지는 기본적인 열등감을 보상하려는 선천적인 욕구에서 비롯되었고 이것이 개인 발달의 동기가 되어 왔다.

인간은 기본적인 열등감이 있고 이를 극복하며 얻어지는 보상을 통해 우월감을 느낀다.

회사 내 사람들과 회사 밖 사람들 중 누가 더 우월하다고 생각하는가? 인간은 행복해지기 위해 무언가를 통제할 수 있는 힘을 가져야 한다. 우월감은 상황을 통제하는 권한의 소유로 얻어진다. 회사생활이 힘든 이유는 바로 시간 통제감의 상실 때문이다. 직업의 만족도를 높이기 위해서는 자신이 원하는 대로 시간을 쓰고 자신이 원하는 방식으로 일해야 한다. 이렇게 일하는 사람들을 우리는 프리랜서라 하고 이들 대부분은 아이디어로 승부를 보는 골드칼라 노동자Gold Collar Worker이다. 평생 고용이 아닌 평생 현역

당신은 지금 우월한가요?

삶의 궁극적인 목적은 "우월하게 되는 것"

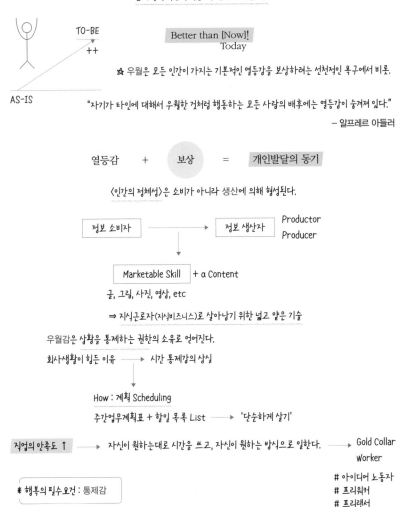

TO-BE
++

AS-IS

Better than [Now]!
Today

✿ 우월은 모든 인간이 가지는 기본적인 열등감을 보상하려는 선천적인 욕구에서 비롯.

"자기가 타인에 대해서 우월한 것처럼 행동하는 모든 사람의 배후에는 열등감이 숨겨져 있다."
— 알프레드 아들러

열등감   +   보상   =   개인발달의 동기

〈인간의 정체성〉은 소비가 아니라 생산에 의해 형성된다.

정보 소비자 ──────→ 정보 생산자   Producter
                              Producer

Marketable Skill + α Content

글, 그림, 사진, 영상, etc

⇒ 지식근로자(지식비즈니스)로 살아남기 위한 넓고 얕은 기술

우월감은 상황을 통제하는 권한의 소유로 얻어진다.

회사생활이 힘든 이유 ──────→ 시간 통제감의 상실

How : 계획 Scheduling

주간업무계획표 + 할일 목록 List ──────→ '단순하게 살기'

직업의 만족도 ↑ ──────→ 자신이 원하는대로 시간을 쓰고, 자신이 원하는 방식으로 일한다. ──────→ Gold Collar
                                                                                            Worker

✱ 행복의 필수요건 : 통제감

\# 아이디어 노동자
\# 프리워커
\# 프리랜서

— 신정철 《메모 습관의 힘》 중에서

의 시대에 프리워커로 일하는 사람들이 늘어나는 이유가 행복의 필수요건인 '통제감'을 소유하려는 똑똑한 개인이 많아져서가 아닐까 싶다.

인간의 정체성은 '소비가 아니라 생산'에 의해 형성된다. 소비자가 아닌 생산자가 정보를 통제할 수 있고, 시키는 대로 일하지 않고 주도적으로 일할 때 상황을 통제할 수 있으며 스스로 언제 어디서 무엇을 어떻게 할지 계획하고 실행할 때야 비로소 자신의 시간을 통제할 수 있다. 자신이 원하는 대로 시간을 쓰고, 자신이 원하는 방식으로 일하는 사람들의 직업 만족도가 우월하게 높다.

당신은 무엇을 통제할 수 있는가?
나 스스로를 지식근로자나 지식 비즈니스를 하는 사람으로 브랜딩하기 위해 콘텐츠를 생산하는 일은 퍼스널 브랜드의 정체성을 형성하는 데 효과적인 방법이고, 이 과정을 통해 얻어지는 칭찬과 인정, 몸값 상승 등과 같은 보상을 통해 개인은 점점 더 우월해진다.
지금보다 나은 내가 되어가는 과정 속에서 우리는 열등감과 보상 그리고 통제감으로 점점 더 우월해질 수 있다.

당신의 전성기는 어디를 지나고 있나요?

[21년 전성기 주기 그래프]

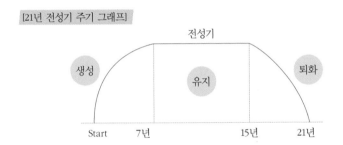

재능으로 먹고 사는 사람에게는 생성 - 유지 - 퇴화의 21년 전성기 주기가 있다.

〈전성기 설계 전략〉

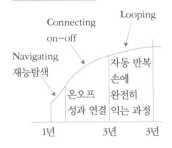

N - C -L 직업그래프

어떤 일이던 Navigating을 통해 찾으면 온·오프라인 성과를 연결 Connecting 하고, 최고의 때가 올 때까지 자동반복Looping 하면 누구든 전성기를 맞이할 수 있다.

– 조연심 《과정의 발견》 중에서

"온전히 자신의 이름으로 사는 포트폴리오 인생이라면 경제적으로 여유가 생기기까지 7년이 걸릴 수도 있다." - 찰스 핸디

예술가들에게 있다는 전성기 그래프는 21년 주기를 가진다. 7년을 서서히 올라가고 7년을 유지한 후 7년을 서서히 내려간다. 하나의 재능은 21년 주기를 가지며 생성 - 유지 - 퇴화의 3단계 과정을 거치며 전성기를 가진다. 다시 말하면 누구든 한 가지 재능으로 20년을 반복하면 전성기를 맞을 수 있다는 의미다. 우리가 하고자 하는 일에서 예술가처럼 21년 전성기 주기를 따라 산다고 하면 평균 100세를 넘어 산다고 할 때 평생 서너 번의 전성기를 가질 수 있다.

성공, 꿈, 직업을 위한 브랜딩 과정은 예술가의 전성기 주기 그래프 21년 중 생성 단계인 초기 7년에 집중하면 된다. 이 7년을 다시 3단계로 나누어 NCL Navigating-Connecting-Looping, 즉 탐색(적성 찾기 1년) - 연결(성과 및 온라인 연결 3년) - 자동 반복(그릿의 힘 3년)으로 21년 전성기 그래프의 2단계 유지 단계와 이어지도록 직접 설계하고 계획할 수 있다.

전성기 설계 전략은 의사가 되어가는 과정과도 닮아 있다.

의과대학에 들어가면 처음 1년은 전공을 정하지 않은 채 탐색하는 시간 Navigating을 갖는다. 다음 3년은 전공을 정해 열심히 공부하고 실습하며 지식과 경험을 축적Connecting해간다. 그리고 다음 3년은 수술을 하면서 손에 익을 때까지 무한 반복의 시간Looping을 거친다. 물론 사람의 목숨을 좌지우지하는 의사는 재능으로 먹고사는 예술가보다 훈련기간이 더 길다. 이 과정을 통해 전문분야 의사로서 인정을 받고 믿을 수 있는 의사가 되는 것이

다. 당연히 먹고 사는 문제는 해결이 되는 전성기 유지 단계에 들어섰음은 이미 알아차렸을 것이다.

당신은 어떤 분야에서 어떤 과정을 지나고 있는가?

아무리 재능이 있다고 해도 손에 익을 때까지는 시간이 걸린다. 누구든 한 분야에서 최고가 되기 위해서는 주력 분야를 찾은 후 자신의 재능을 훈련하면서 생성- 유지 - 퇴화의 21년 전성기 주기 그래프를 활용하면 된다.

당신의 Pole Star는 무엇인가요?

'북극성'

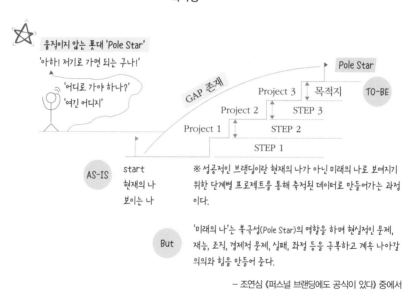

움직이지 않는 푯대 'Pole Star'

'아하! 저기로 가면 되는구나!'

'어디로 가야 하나?'
'여긴 어디지'

GAP 존재

Pole Star

Project 3　목적지　TO-BE

Project 2　STEP 3

Project 1　STEP 2

STEP 1

AS-IS　start
현재의 나
보이는 나

※ 성공적인 브랜딩이란 현재의 나가 아닌 미래의 나로 보여지기 위한 단계별 프로젝트를 통해 축적된 데이터로 만들어가는 과정이다.

But　'미래의 나'는 북극성(Pole Star)의 역할을 하며 현실적인 문제, 재능, 조직, 경제적 문제, 실패, 좌절 등을 극복하고 계속 나아갈 의의와 힘을 만들어 준다.

– 조연심 《퍼스널 브랜딩에도 공식이 있다》 중에서

"그건 우리의 아이덴티티가 아닌 거 같아요."

"남의 옷을 입는 거 같아요."

"편하지가 않아요."

브랜드 매니지먼트를 시작하고 나면 내부로부터 이런 이야기들을 듣게 된다. 왜 그럴까? 현재의 모습과 다른 이상적인 미래의 내 모습에 나조차 낯설기 때문이다. 성공적인 브랜딩이란 현재의 나 AS-IS가 아니라 미래의 나 TO-BE로 보여지기 위해 단계별 프로젝트를 통해 축적된 데이터와 이미지를 만들어가는 과정이다. 이때 흔들리지 않게 기준을 잡아주는 것이 북극성Pole Star이다.

북극성은 밤하늘에서 위치가 변하지 않고 일 년 내내 볼 수 있기 때문에 북극성을 보고 밤에 길을 찾을 수 있다. 북극성을 이용해서 방위를 찾을 수도 있다. 북극성은 나침반 역할도 한다. 지구의 자전축 위쪽에 있기 때문이다. 나침반이 없던 과거에는 지구의 북반구를 여행하는 나그네나 뱃사람들이 북극성을 보고 길을 찾을 수 있었다.

결국 북극성이 있으면 언제든 길을 잃지 않고 원하는 목적지를 찾을 수 있다는 의미다.

현재의 내 모습은 지금까지 내가 살아왔던 모습의 결과물이다. 바라는 모습이든 아니든 현재의 나를 인정하는 게 중요하다. 퍼스널 브랜드는 미래의 내가 어떤 모습이라고 정의하는 것부터 시작된다. 물론 현재의 나와 미래의 나 사이에는 엄청난 갭Gap이 존재한다. 그 차이를 좁혀가는 과정이 바로 퍼스널 브랜딩이다. 하지만 현재의 나와 연결되어 있는 대다수의 사람들은 나를 미래의 나로 봐주지 않는다. 그 과정에서 현실적인 문제, 재능, 조직, 좌절, 실망, 공포, 외로움, 가난 등의 열등감을 느낄 수 있다. 이때 흔들리지 않고 앞으로 나아갈 힘을 주는 게 바로 확고한 미래의 나의 모습이고, 북극성이 필요한 이유다.

브랜딩이란 당신이 인정받고 있고, 사랑받고 있고, 신뢰할 수 있는 사람이라는 긍정적 왜곡을 위해 상대방의 뇌에 조작된 기억을 만들어가는 과정이다. 이때 미래의 당신으로 가는 긴 여정에서 길을 잃지 않게 하는 푯대가 바로 미래의 내 모습, 당신이라는 브랜드다.

공자에게 〈퍼스널 브랜딩〉을 묻다

- 퍼스널 브랜드가 되는 세 가지 방법(feat. 논어) -

1단계 : '배우고 때때로 익히니 기쁘지 아니한가'

무엇을 하고 싶다면 일단 배우기를 시작하라
책을 읽고, 사람을 만나고, 직접 익혀라.

2단계 : '친구가 먼 곳에서 오니 즐겁지 아니한가'

함께 하는 사람들과의 관계를 소중히 하라
커뮤니티가 답인 세상에서 뜻을 함께 하는
사람을 만나고 함께 하는 것도 공부다.

3단계 : '남이 알아주지 않아도 서운해하지 아니하니 군자가 아니겠는가?'

잘 할 때나 못 할 때나 멈추지 않고 갈 수 있다면
당신이 원하는 바를 반드시 이룰 것이다.

∴ 공자가 말하길,

무엇이든 배우고 익히면 시작할 수 있고, 함께 하는 사람들을 즐겁게 할 수 있다면 잘 하고 있는 것이며,

남들의 칭찬이나 비난에도 멈춤 없이 나아갈 수 있다면 자신만의 [브랜드]를 가질 것이다.

– 최종엽 《오십에 읽는 논어》 중에서

누구나 퍼스널 브랜딩을 말하는 시대에 2500년 전 공자에게 퍼스널 브랜딩을 물었다.

"퍼스널 브랜딩, 어떻게 하면 되나요?"

최종엽의 《오십에 읽는 논어》 중 논어 학이편 1장에서 그 답을 찾았다.

첫째, 학이시습지 불역열호(學而時習之 不亦說乎) '배우고 때때로 익히니 기쁘지 아니한가'

무엇을 하고 싶다면 일단 배우기를 시작하라. 책을 통해 배우고, 스승을 찾아가 물어라. 그리고 직접 익혀라. 그러면 그 분야에 대한 지식을 얻게 될 것이다.

둘째, 유붕자원방래 불역락호(有朋自遠方來 不亦樂乎) '친구가 먼 곳에서 오니 즐겁지 아니한가'

함께 하는 사람들과의 관계를 소중히 하라. 커뮤니티가 답인 세상에서 뜻을 함께하는 사람을 만나고 함께 하는 것도 공부다.

모든 것을 혼자 이뤄낸 퍼스널 브랜드는 없다. 함께 하는 사람들이 없다면 오래 갈 수 없다.

커뮤니티 속에서 함께 성장하고 좋은 관계를 만들어가야 오래도록 일관성을 유지할 수 있다.

셋째, 인부지이불온 불역군자호(人不知而不慍 不亦君子乎) '남이 알아주지 않아도 서운해하지 아니하니 이 역시 군자가 아니겠는가'

잘할 때나 못 할 때나 멈추지 않고 갈 수 있다면 당신이 원하는 바를 반드시 이룰 것이다.

누구나 처음은 서툴고 어렵다. 그러니 좋은 반응을 기대하는 것도 무리일 때가 있다.

외부의 반응에 일희일비하지 않고 자신이 가고자 하는 바대로 묵묵히 가는 것이 중요하다.

결국 당신의 브랜딩 목적지는 당신 자체이기 때문이다.

공자가 말하길, 무엇이든 배우고 익히면 시작할 수 있고, 함께 하는 사람들을 즐겁게 할 수 있으면 잘하고 있는 것이며, 남들의 칭찬이나 비난에도 멈춤 없이 나아갈 수 있다면 자신만의 '브랜드'를 가질 것이다.

아이디어가 비즈니스가 되어가는 과정

비즈니스 스쿨 IBFS 모델

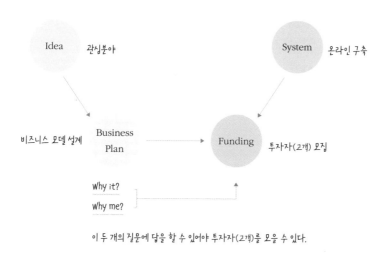

이 두 개의 질문에 답을 할 수 있어야 투자자(고객)를 모을 수 있다.

아이디어로 브랜드 창업을 꿈꾸는 사람들이라면 뭐부터 해야 할까?

우선 관심 분야와 관련된 아이디어가 있을 것이다. 강의 기술을 배운 사람이 요즘 핫한 퍼스널 브랜딩 강의를 전문적으로 하고 싶다는 아이디어를 찾았다. 그다음은 비즈니스 모델 설계를 위해 두 개의 질문에 답을 할 수 있어야 한다.

Why it? 왜 퍼스널 브랜딩을 배워야 하는가?
Why Me? 왜 나에게 퍼스널 브랜딩을 배워야 하는가?

왜 퍼스널 브랜딩을 배워야 하는가?

퍼스널 브랜딩의 필요성과 쓸모, 과정, 정의, 의미, 기술 등에 대해 어필할 수 있으면 된다. 이때 생성형 AI 챗GPT나 다른 전문가의 책 등의 도움을 받아 얼마든지 그럴듯한 이야기를 할 수 있을 것이다. 어쩌면 해당 분야 경력을 가진 전문가보다 더 수려한 언변으로 퍼스널 브랜딩에 대해 이야기할 수 있는 사람도 있을 것이다. 하지만 승부는 그다음 질문에서 갈린다.

왜 나에게 퍼스널 브랜딩을 배워야 하는가?

내가 그 분야 전문가이고, 얼마나 오랜 시간 경력을 쌓아왔으며 어떤 성과를 가지고 있는지 포트폴리오로 증명할 수 있어야 한다.

해당 분야의 전문가로 인정받기 위해서는 자격을 갖춰야 하고, 경력을 가지고 있어야 하며 검색 결과로 스스로를 증명할 수 있어야 한다. 모든 것이 인터넷으로 연결된 세상에서는 아주 잠깐은 누군가의 눈을 속일 수 있을지 몰라도 오랜 시간 많은 사람들을 지속적으로 속이기는 불가능하다.

퍼스널 브랜드에는 두 개의 정체성Identity이 존재한다.

정체성은 개인적 본질과 직업적 본질로 나눠진다. 개인적 본질은 취미, 적성, 성격, 가치관으로 나타나며 꿈과 이상을 실현할 수 있다. 직업적 본질은 내가 타인에게 판매하는 시간, 물건, 서비스, 업계 평판 등 사회적 목적에 부합하는가를 묻는다. 두 개의 정체성 중 직업적 본질로 자신을 증명할 수 있어야 성공적인 퍼스널 브랜딩이 가능해진다.

아이디어가 비즈니스 모델 설계를 거치고 나면 고객에게 선택을 받거나 투자자로부터 투자를 받는 펀딩의 과정을 거친다. Why it? Why Me?에 대한 답을 준비한 후 펀딩을 받는 과정은 크게 세 가지 단계로 나눌 수 있다.

첫째, 준비 단계다. 펀딩을 받기 전에 프로젝트를 준비해야 한다. 이 단계에서는 프로젝트의 목표와 내용, 예산, 마감일 등을 설정하고, 펀딩 플랫폼에 등록할 수 있는 소개 글과 이미지, 동영상 등을 제작한다.

둘째, 펀딩 모집 단계: 준비가 완료되면, 펀딩 플랫폼에 프로젝트를 등록하고 펀딩 모집을 시작한다. 이 단계에서는 프로젝트에 대한 설명과 보상, 목표 금액, 마감일 등을 상세히 안내하고, 홍보를 통해 많은 사람들이 프로젝트를 알게 해야 한다.

셋째, 성공 후 단계: 목표 금액을 달성하면, 펀딩이 성공한 것으로 간주한다. 이후에는 보상을 제공하고, 프로젝트를 완성하고 배송하는 등의 작업을 진행한다. 만약 목표 금액을 달성하지 못한다면, 펀딩은 실패하게 된다.

이렇게 준비, 모집, 성공 후의 세 가지 단계를 거쳐 펀딩을 받을 수 있다.

나의 브랜드 창업이 지속가능한 비즈니스가 될 수 있는지를 확인하기 위해 공식적으로 펀딩을 해 보기를 권한다. 실제로 목표 금액에 실패했다 하더라도 실망할 필요는 없다. 펀딩을 수행하는 과정에서 이미 브랜드 창업에 필요한 모든 것을 준비했기 때문이다. 물론 어느 정도 홍보도 진행된 셈이니 다음에 다시 도전하면 된다.

직업적 본질은 관련 분야 아이디어Idea가 비즈니스 모델Business Model로 설계되고 펀딩Funding을 거쳐 시스템System을 구축했을 때 강력해진다.

2장

퍼스널 브랜딩의 쓸모

"How to be a Brand"

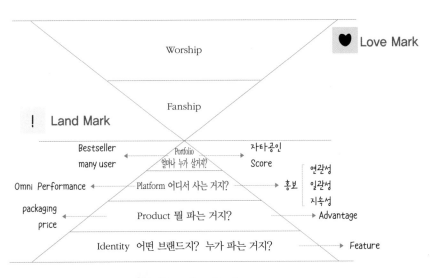

'저 사람이라면 무조건 믿을 수 있어.'

'저 브랜드라면 무조건 사야 해.'

충성도 높은 브랜드에는 어떤 공식이 숨겨져 있을까?

처음 보는 브랜드에는 누구나 고개를 갸우뚱하게 마련이다. 모든 브랜드는 퀘스천 마크(?)에서 시작한다. 그다지 관심도 없고 당연히 애정도 가지지 않는다. 그러다 브랜드 정체성이 나에게 맞는 것처럼 보이면 비로소 관심이 생긴다.

'어떤 브랜드지? 누가 파는 거지?'

상품에 눈길이 가고 패키징과 가격에 관심이 생긴다.

'상품과 관련된 홍보가 지속적으로 눈에 띄면 비로소 안심이 된다. 어디선가 본 것 같다는 느낌이 든다. 저렇게 자주 홍보하는 것을 보니 좋은 건가 보다. 다른 사람의 후기를 보니 나에게도 잘 맞을 듯한 기분이 든다. 사야겠다. 그런데 어떻게 사면 되는 거지?'

비로소 플랫폼에 접속해 구매 링크를 누른다.

'베스트셀러라고 하니 안심하고 사면 되겠네. 이미 다른 사람들도 많이 샀으니 더는 고민하지 않아도 되겠어.'

이제 이 브랜드는 어떤 브랜드이고 얼마이고 얼마나 많은 사람들이 샀는지를 알아보는 상태가 되었다. 이성적 이해 단계인 랜드마크(!)를 얻은 것이다.

막상 브랜드를 사용해보고 나니 기대한 것 이상으로 제품도 좋고 쓸수록 맘에 든다. 브랜드와 관련된 스토리도 지속적으로 눈에 띈다. 이 제품을 사용하는 사람들끼리 커뮤니티도 운영되고 있다. 브랜드를 사용하다가 궁금증이 생기면 언제든 질문할 수 있고, 즉각적인 피드백도 받을 수 있다.

브랜드 스토리와 관련된 사용법과 관련 콘텐츠도 주기적으로 업데이트된다. 제품을 사용하고 난 사람들이 자신이 얼마나 좋아졌는지를 공유하고, 주변에 추천하고, 이 제품을 사용하는 것을 자랑스러워한다. 이 브랜드를 선택하면 수익 중 일부가 환경을 살리는 곳에 기부된다는 것도 매력포인트 중 하나다. 점점 더 제품에 사랑이 생기고 심지어 존경하는 마음까지 생긴다. 브랜드는 점점 더 브랜드다운 행보를 이어간다. 이제 이 브랜드 없이는 못살겠다 싶은 마음이 든다. 드디어 브랜드에 러브마크 (하트)가 붙는다.

사랑받는 브랜드가 되는 것은 How to be a Brand is ? Question Mark 에서 출발해서 ! Land Mark를 지나 ♥ Love Mark로 기억되는 것이다. 즉 Question Mark Identity – Product (or Service) – Platform – Portfolio – Land Mark – Fanship – Worship – Love Mark 과정을 거친다.

이를 다르게 설명해보자. 해당 분야와 관련한 일관되고 지속적인 소통이 답이다. 거기에 긍정적인 평판이 축적되면 열광하는 팬층이 만들어진다. 어쨌거나 팔리는 브랜드에는 특별한 공식이 있다.

#018　고객의 지갑은 저글러스의 손에 달렸다

더 싼　Benefit　Feeling　# 이해 받고
더 편리한　# 격려 받고
존중 받고

I'm a Juggler.

성공하는 브랜딩 전략 = 기능적 편익 × 감성적 느낌

"우리 브랜드는 더 싸고, 더 편리하고, 더 간단하고, 더더더 ○○○ 합니다."

세상의 모든 마케팅은 자신의 제품이 최고이거나, 최신이거나, 최초이거나, 유일하거나, 가장 저렴하다는 말로 우리를 유혹한다. 기능적 편익 Benefit을 강조하며 우리의 좌뇌를 흔드는 마케팅으로도 얼마든지 고객은 지갑을 연다.

문제는 기능적 편익을 제공하는 브랜드는 오래가지 못한다는 거다. 자신이 제공했던 편익보다 더 싸고, 더 편리하고, 더 간단한 브랜드가 끊임없이 나오기 때문이다.

'내가 더 좋다, 내가 더 싸다, 내가 더 간단하다'와 같은 비교가치는 고객들 입장에서 보면 이거 아니면 저것 중에 얼마든지 선택 가능한 브랜드가 많으니 반길 수밖에 없다. 기능적 편익을 제공하는 브랜드가 오래가려면 광고를 해서라도 고객들의 눈과 뇌에 멈추지 않고 자신이 있음을 어필하는 방법뿐이다.

그렇다면 무형의 서비스를 제공하는 경우라면 어떨까?

우리와 같이 지식서비스를 제공하는 사람들이 기능적 편익에 어필하는 것은 잠시다. 같은 서비스를 제공하는 경우라면 싼 가격이 경쟁력이 된다. 하지만 내가 만든 서비스가 더 싸다고 강조한다면 어떤 생각이 드는가? '이 돈을 받자고 내가 이런 일까지 해야 하는가' 싶은 마음에 일 자체에 흥미를 잃고 말 것이다. 분명 나보다 더 싸게 할 수 있다고 자신하는 누군가도 나올 것이다. 그러면 나도 가격을 내려야 한다. 시간이 지나면 헐값에도 팔리지 않는 서비스가 될 것은 불을 보듯 뻔하다.

고객이 원하는 건 당신의 브랜딩으로 '실제 문제를 해결'해주고, 그 과정에서 사람들이 '이해받고 격려받는다고 느끼는 일'이다.

– 에밀리 헤이워드, 《미치게 만드는 브랜드》

고객의 입장에서 문제를 해결해주는 것은 기능적 편익에 해당한다. 하지만 그 과정에서 사람들이 '이해받고 격려받는다'라고 느끼는 것은 감성적 편익에 해당한다. 그런 감성적 편익을 제공하기 위해서는 그에 걸맞은 온-오프라인 격식을 갖추는 게 필요하다. 그런 태도와 매너는 향기와 같아서 눈에 보이진 않지만 오래도록 잔향을 남긴다. 그런 여운을 기억하는 고객은 자신이 충분히 대접받았다는 느낌 때문에 높은 가격도 당연하게 여긴다. 당신과 함께했다는 이유만으로도 안심이 되고, 편안해지고, 더 나은 사람이 된 것 같다는 느낌이 든다면 고객은 감성적 편익을 충분히 누린 것이다.

당신이라는 브랜드가 고객에게 선택받기 위해서는 고객은 저글러스라는 것을 잊지 말아야 한다. 퍼스널 브랜딩은 기능적 편익을 제공하는 이성과 소속감을 약속하는 감성이 합쳐져 완성되어간다.

	영상	이미지	텍스트	사진
포트폴리오 ─── 콘텐츠 형식				
메인채널 블로그	○	○	○	○
서브채널 선택	유튜브 틱톡	인스타그램	브런치	인스타그램

#검색 가능한   #거래 가능한   #지속 가능한
⇒ 포트폴리오 데이터 축적

∨ 자타공인 포트폴리오의 조건

자격   +   경력   +   검색
↓   ↓   ↓
자격증 말고 포트폴리오   열정, 노력 축적의 시간   데이터

학벌 없는 채용의 시대, 당신이 해당 분야의 전문가라는 것을 어떻게 증명할 것인가?

사람들이 원하는 전문가가 되기 위해서는 3가지 조건을 만족시켜야 한다.

첫째, 자격을 갖추어야 한다. 여기서 말하는 자격은 단순한 자격증을 말하는 것이 아니다. 예를 들어 교사자격증, 의사 면허증, 변호사 자격증 등과 같은 자격증에는 그 일을 할 수 있다는 공적인 권한을 담고 있다. 하지만 퍼스널 브랜딩 전문가, 비즈니스 다각화 전문가, 교육 최적화 전문가와 같은 지식 비즈니스를 다루는 전문가들의 자격은 어떻게 만들어지는 것일까? 이 책의 저자인 나의 경우에는 해당 분야, 즉 퍼스널 브랜딩과 관련된 책을 10권 쓰면서 자타공인 포트폴리오를 만들며 자격을 갖췄다.

둘째, 경력을 쌓아야 한다. 요즘 생성형 AI의 활약이 눈부시다. 어지간한 지식과 정보는 눈 깜짝할 사이에 정리해서 요약해준다. 퍼스널 브랜딩이 무엇이고, 어떻게 하면 되는지를 물어보면 정말 놀랍도록 완벽한 답안지를 내놓는다. 문제는 실제로 실행했을 때도 같은 결과를 만들어내는지는 별개다. 인스타그램, 블로그, 틱톡을 통해 퍼스널 브랜딩의 정답을 알려주는 전문가들이 점점 더 많아지는 요즘이다. 이렇게 하면 수익화를 할 수 있다, 이런 방식으로 하면 수익화를 할 수 있다 등의 How to 실행법들 속에서 그대로 안 하면 나만 뒤처지는 것 같은 불안감에 어찌할 바를 모르고 있을지도 모른다. 퍼스널 브랜딩 분야에서 2008년부터 책을 쓰고, 강의를 하고, 컨설팅을 하고, 기업을 운영한 지 거의 15년 경력을 가진 나는 실제로 SNS 채널 영향력이 거의 없다. 인스타그램 팔로워 수도 적고, 블로그 일일 방문자 수도 거의 없다. 물론 10년 넘게 운영한 블로그의 누적 방문자 수는 100

만 명을 넘었다. 어쨌거나 요즘 핫하다는 방식으로 마케팅하는 재주가 거의 없음에도 일을 의뢰받는 데는 전혀 문제가 없었기에 10년 넘게 이 일을 할 수 있었다. 경력은 거짓말하지 않는다. 얼마나 오래도록 그 일을 해왔는지가 그 사람의 실력을 증명할 수 있기 때문이다.

셋째, 검색이 되어야 한다. 여기서의 검색은 온-오프라인 모두에 해당한다. 실제로 어떤 일을 하려고 할 때 그 분야의 전문가 중 누가 떠오르는가? 그때 바로 머리에 떠오르는 사람은 다른 사람들의 생각 속에서 검색이 된 사람들이다. 주로 해당 분야에서 잘나간다고 생각되는 사람 서너 명이 고작일 것이다. 그 후에는 온라인 검색을 통해 해당 분야 전문가를 찾을 것이다. 그럴 때 #연관분야 #전문가를 검색해서 관련 책, 블로그, 뉴스, 이미지, 영상 등을 확인하고 연관된 전문가를 찾아 연락을 취하게 된다. 그러니 내가 어떤 분야에서 활약하고 있는지를 먼저 노출하지 않으면 디지털 세상에서 나를 찾기란 모래사장에서 잃어버린 반지를 찾는 것보다 어려울지 모른다.

온라인에서 나를 검색 가능하게 만들 수 있는 방법은 얼마든지 많다. 그 중 내가 10년 넘게 활용했고, 앞으로도 지속할 방법을 소개하겠다.

적. 자. 생. 존

적는 자만이 살아남을 수 있다. 그렇다면 어디에 적어야 할까?

나는 메인 채널로 블로그를 쓰고 있다. 그리고 사진과 이미지, 영상 등의 콘텐츠를 페이스북에 포스팅하면 저절로 인스타그램 피드에도 올라간다. 딱 여기까지가 내가 하는 일의 전부다. 그 후에는 좋아요, 댓글 등에 반응해서 좋아요와 댓글을 달아주는 정도다. 바쁠 땐 이마저도 바로 하지 못하고 하루 이틀 후에 하기도 한다.

"아니 그렇게 바쁜데 언제 블로그에 포스팅까지 하시는 거예요?"

많은 사람들이 가장 궁금해하는 부분이다.

사실 10여 년 전 블로그를 처음 시작했을 당시에는 그저 호기심 정도의 수준이었다. 난생처음 온라인에 글을 써보는 나로서는 그 자체로서 충분한 동기가 되었다. 그러다 내가 쓴 블로그 글에 댓글이 달리고, 방명록으로 강의나 칼럼 의뢰가 들어왔다. 은근 신나는 일이었다. 난 그렇게 블로그를 해야 할 흥미를 얻을 수 있었다. 1 데이 1 칼럼! 내가 1년에 한 권 책을 쓰겠다고 결심한 순간부터 지켜야 한다고 나를 독촉했던 습관이 바로 블로그에 매일 하나의 글을 쓰는 거였다. 그렇게 10년이 넘었다. 그러다 보니 이제는 블로그에 포스팅하는 건 중독상태가 되어 버렸다. 그냥 기록할 만한 일이 있으면 으레 써야 한다는 생각보다 먼저 블로그 글쓰기가 끝나 있는 수준이랄까.

결국 블로그에도 호기심→ 재미→ 습관→ 중독의 단계를 넘어가야 지속할 수 있다는 것을 나 스스로 증명할 수 있게 되었다.

내가 해당 분야에서 사랑받고 있고, 여전히 잘나가고 있음을 스스로 데이터로 증명하지 않으면 어느샌가 나의 존재 자체를 의심받을지도 모른다. 오프라인으로 연결된 사람들조차 전문가들의 쓸모 있음의 상태를 온라인 검색으로 검증하는 게 일반적이기 때문이다.

이제 친하니까, 아는 사이니까 소개하고 연결하는 시대는 끝났다. 내가 어떤 분야의 전문가인지, 어떤 포트폴리오를 가지고 있는지, 어떤 고객들에게 선택받고, 얼마나 많은 사람들에게 인정과 사랑을 받고 있는지를 수시로 보여줄 수 있어야 한다.

당신이 원하는 게 일이든, 고객이든, 어쩌면 돈이든, 당신의 '쓸모 있음'을 포트폴리오 데이터로 증명해야 한다. 그것도 '스스로', '먼저' 말이다.

오랫동안 팔리는 브랜드에는 특별한 공식이 있다

사람이 이해할 수 있는 4가지 영역은?

Q : 만약 이 물건을 1000년 후의 사람이 발견한다면 어떻게 쓰는 물건일지 알 수 있을까?

1. DATA : 숫자, 스펙, 가격, 만국공통

2. TREND : 일상생활, 공유가능한 감각 트렌드

3. CULTURE : 문화적인 요소, 뭔지 모를 편안함

4. HUMAN : 사람의 본질적인 부분, 직감, 본능, 몸이 저절로 반응하는 것, 맛, 공포 등
ex) 맛있어 보인다/맛없어 보인다

* 상품을 기획할 때 어느 단계까지 의식하느냐에 따라 그 상품이 한 시절 한정 상품으로 끝날지, 스테디셀러가 될 지 결정된다.
스테디셀러는 Data 〈 Trend 〈 Culture 〈 Human

– 사토 오오키 《넨도의 문제해결연구소》 중에서

Q : 만약 이 물건을 1000년 후의 사람이 발견한다면 어떻게 쓰는 물건일지 알 수 있을까?

기획하는 상품마다 이 질문을 대입해보면 보다 명료하고 심플하고 확실한 무언가를 고민하게 된다. 시간이 지나도 변하지 않는 가치는 무엇일까? 사토 오오키의 책 《넨도의 문제해결연구소》에서 밝힌 사람이 이해하는 4가지 영역에서 그 답을 찾을 수 있다.

1단계 DATA는 사람의 마음 가장 바깥에 위치한다. 숫자, 스펙, 가격 등이며 만국 공통이다. 싸다는 것으로 어필하게 되면 더 싼 것에 밀린다.

2단계 TREND는 바깥으로부터 두 번째 부분을 차지하며 일상생활, 공유 가능한 감각, 트렌드 등이다. 유행하는 컬러, 패션, 구두, 가방, 취향 등이 여기에 해당된다. 올해의 컬러가 팬텀 클래식블루라는 것을 오래도록 기억하는 사람은 없다. 유행이 지나면 상품의 관심 유효기간도 끝난다.

3단계 CULTURE는 바깥으로부터 세 번째 부분에 해당하며, 문화적인 요소를 말한다. 뭔지 모를 편안함, 아늑함 등은 이 부분을 자극할 때 느낄 수 있다. 나라마다 문화, 음식, 주택, 신앙 등이 다르다. 가장 한국적인 것이 세계적이라는 말을 들어본 적이 있을 것이다. 다른 나라 사람들이 우리나라에 와서 음식이나 전통가옥 숙박 체험을 하는 것을 프로그램으로 만들어 인기를 얻고 있는 것을 보면 이해가 갈 것이다.

4단계 HUMAN은 가장 안쪽 부분이고 사람의 본질적인 부분, 직감, 본능 등을 말한다. 몸이 저절로 반응하는 것이고 맛이나 공포 등이다. 맛있어 보인다거나 맛없어 보인다는 것은 본능적으로 나오는 반응이다. 요즘 인스타그램에서 가장 핫한 채널은 바로 강아지 관련이다. 나는 웰시코기를 좋아하는데 코기가 나오는 숏 영상만 보면 저절로 눈이 멈추고, 하트를 누르고, 공유를 한다. 일본, 뉴욕, 파리, 한국 등 국적이나 지역도 상관없다. 어느 나라에서 누가 올렸는지보다 그저 귀엽고 예쁘다는 본능적인 감각에 반응하는 것이다. 이처럼 끌리는 콘텐츠는 귀엽고, 예쁘고, 어린 경우가 많다. 그렇다고 모든 콘텐츠가 다 그렇지는 않다.

#재미있거나 #의미있거나 #유용한 콘텐츠에는 누구나 관심이 많다. 지식 서비스를 제공하는 우리들 대부분은 유용한 콘텐츠에 신경을 써야 한다. 본능적으로 내가 발행한 콘텐츠를 선택하면 당신의 위상이 올라갈 거라는 것을 은근하게 지속적으로 보여주면 반응하지 않는 게 더 어려울 테니까. 아니면 유명한 사람이 운영하는 채널도 처음부터 좋은 반응을 얻을 수 있다. 사람들은 나보다 나은 사람을 보면 그 사람을 닮고 싶어 하는 게 본능이니까. 특히 부자나 성공한 사람들이 하는 말에는 귀를 기울이게 마련이다. 그러다 보면 나도 언젠가는 저 사람처럼 부자가 되거나 성공할 수 있다는 기대를 갖을 수 있으니 말이다.

퍼스널 브랜딩에 있어 가장 신경 써야 하는 부분도 바로 여기다. '좋아 보인다', '있어 보인다', '믿을 수 있을 것 같다', '잘하는 것 같다'와 같은 느낌은 사실상 실재하는 게 아니라 그렇다고 믿는 영역에 해당하고 그것이 바로 브랜딩을 통해 완성되는 것이기 때문이다. 오래가는 브랜드가 되기 위해 우리는 인간의 본질 자체에 집중해야 한다.

"상품을 기획할 때 어느 단계까지 의식하느냐에 따라 그 상품이 한 시절 한정 상품으로 끝날지, 스테디셀러가 될지 결정된다."

오래도록 사랑받는 스테디셀러는 DATA 〈 TREND 〈 CULTURE 〈 HUMAN 순서로 만들어진다.

좋은 브랜드의 핵심

○○하면 떠오르는 것!

Q : 운동화 브랜드 7개를 떠올려보세요.
1. 나이키 2. 아디다스 3. 탐스슈즈 4. 뉴발란스 5. 컨버스 6. 닥터 마틴 7. 버켄스탁 …

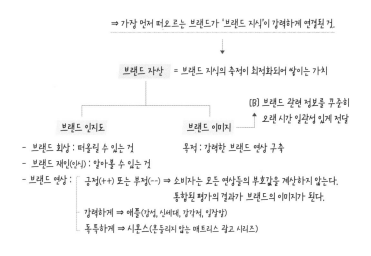

⇒ 가장 먼저 떠오르는 브랜드가 '브랜드 지식'이 강력하게 연결된 것.

브랜드 자산 = 브랜드 지식의 축적이 최적화되어 쌓이는 가치

[B] 브랜드 관련 정보를 꾸준히
오랜 시간 일관성 있게 전달

브랜드 인지도   브랜드 이미지

- 브랜드 회상 : 떠올릴 수 있는 것   목적 : 강력한 브랜드 연상 구축
- 브랜드 재인(인식) : 알아볼 수 있는 것
- 브랜드 연상 : 긍정(++) 또는 부정(--) ⇒ 소비자는 모든 연상들의 부호값을 계산하지 않는다.
                    통합된 평가의 결과가 브랜드의 이미지가 된다.
          강력하게 ⇒ 애플(감성, 신세대, 가가적, 일장앙)
          독특하게 ⇒ 시몬스(흔들리지 않는 매트리스 광고 시리즈)

Q : 운동화 브랜드 7개를 떠올려 보세요.

1. 나이키 2. 아디다스 3. 탐스슈즈 4. 뉴발란스 5. 캔버스 6. 닥터 마틴 7. 버켄스탁…….

좋은 브랜드의 핵심은 ○○하면 바로 떠오르는 것이다. 가장 먼저 떠오르는 브랜드에는 '브랜드 지식'이 강력하게 연결되어 브랜드 자산의 가치가 높다.

브랜드 자산은 브랜드 지식의 축적이 최적화되어 쌓이는 가치를 말한다.

브랜드 자산은 브랜드 인지도와 브랜드 이미지로 구성되어 있다.

브랜드 인지도는 브랜드 회상, 브랜드 재인, 브랜드 연상으로 만들어진다.

1. 브랜드 회상 : ○○하면 떠올릴 수 있는 것이다.

2. 브랜드 재인(인식) : 해당 브랜드를 보면 무엇인지 알아볼 수 있는 것을 말한다.

3. 브랜드 연상: 브랜드를 보고 떠오르는 감정이 긍정(++)인가 부정(--)인가? 소비자는 모든 연상들의 부호값을 계산하지는 않는다. 다만 통합된 평가의 결과가 브랜드의 이미지가 된다. 즉 전반적으로 긍정적이라거나 대체적으로 부정적이거나 하는 식으로 기억을 한다.

어떤 브랜드를 보면 강력한 이미지가 연상되기도 한다. 예를 들어 애플 로고를 보면 감성, 신세대, 감각적, 일잘러 등이 연상되는 것과 같다.

흔들리지 않는 매트리스 광고 시리즈의 시몬스와 같이 독특한 이미지가 연상되는 경우도 있다. 결론은 어떤 이미지를 반복적으로 보여주었느냐에 따라 고객은 해당 브랜드에 대한 연상값을 기억하는 것이다.

브랜드 이미지는 관련 산출물들의 축적된 이미지로 만들어진다. 글, 사진, 영상, 이미지, 광고, 브로셔, 유니폼, 외모, 의상, 말투, 태도 등을 포함해 해당 브랜드가 보여주는 모든 것들이 쌓여 특별한 이미지가 만들어진다. 강력한 브랜드 이미지를 원한다면 보여지는 산출물들을 통제할 필요가 있다. 왜냐하면 신은 마음을 보지만 사람은 외모를 보기 때문이다.

'와, 저 사람 센스 있네.'라는 말을 듣는 사람들이 있다. 어떤 분야건 센스 있는 사람들이 주목을 받는다. 옷 입는 센스, 화장하는 센스, 말 센스, 디자인 센스, '비즈니스 센스' 등. 감각Sense이 생기려면 해당 분야에 대한 축적된 지식이 최적화되어야 한다. 오랜 기간 수많은 시행착오를 거치며 나에게 맞는 센스를 장착하는 것이다. 결국 센스는 선천적으로 타고나는 것이 아니라 후천적 학습으로 완성되는 것이다.

이처럼 기억되는 브랜드는 축적된 지식의 최적화로 만들어지고 브랜드의 자산 가치가 올라가야 가능해진다.

와디즈, 롯데홈쇼핑, 자사몰 20억 판매신화

흑당고 이수향 대표가 말하는 성공하는 브랜딩 방식 3P

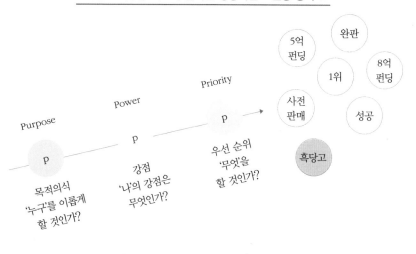

Purpose

목적의식
'누구'를 이롭게
할 것인가?

Power

강점
'나'의 강점은
무엇인가?

Priority

우선 순위
'무엇'을
할 것인가?

5억
펀딩

완판

1위

8억
펀딩

사전
판매

성공

흑당고

☆ 이수향식 성공학 개론

∨ 작은 성공 기획하기
∨ 도미노 첫 조각 넘어뜨리기
∨ 고객을 향한 몰입 또 몰입하기

"하나의 컨셉에 몰입하면 반드시 세상이 알아보는 때가 와요."

요즘 시장에서 핫한 고체팩 흑당고 이수향 대표의 말이다. 와디즈, 롯데홈쇼핑, 자사몰 등을 통해 20억 판매신화를 만들어낸 이수향 대표는 성공하는 브랜딩 방식 3P를 강조한다.

첫 번째 P는 Purpose로 목적의식이 있어야 한다. '누구'를 이롭게 할 것인가? 이 질문에 수도 없이 답하다 보면 저절로 고객 중심으로 초점을 맞출 수 있게 된다.

두 번째 P는 Power로 강점으로 승부를 봐야 한다. '나'의 강점은 무엇인가? '할 수 있는 것은 뭐든'에 집중할 것이 아니라 '나 아니면 안 될 그 무엇'을 찾아야 힘이 생긴다.

세 번째 P는 Priority로 우선순위를 정하는 것이다. '일단 뭐라도 해야 한다'라며 우왕좌왕할 것이 아니라 중요함 목록 리스트를 정리해 바쁜 와중에도 반드시 해야 할 일들에 시간을 써야 좋은 결과가 나온다. 우리는 바쁘기만 한 수많은 평범들을 너무 많이 알고 있다.

코즈메쉐프라는 브랜드명답게 이수향 대표는 화장품 요리사가 되어 다양한 고객들의 피부 문제를 해결할 수 있는 다채로운 방법과 솔루션을 제품으로 내놓으며 성공신화를 이어가고 있다.

"도대체 와디즈에서 펀딩 1억을 달성하는 괴물이 누군지 궁금하다."고 했던 이수향 대표는 와디즈 화장품 카테고리에서 단연 1위를 놓치지 않는 주목받는 성공메이커 중 하나다. 그런 그녀가 제안하는 성공방식은 작은 성공 기획하기, 도미노 첫 조각 넘어뜨리기, 고객을 향한 몰입 또 몰입하기다. 그냥 어쩌다 보니 성공하는 사람은 없다.

세상에는 3가지 부류의 사람들이 있다. 하나의 장르를 만들거나, 만들어진 장르를 따르거나, 무슨 일이 일어나는지도 모르는 사람들이다. 아무리 오랜 시간이 걸릴지라도, 아무리 힘든 고난이 닥치더라도 한 분야에서 최고가 된 사람들은 자신만의 성공방식을 구축해간다.

그런 사람만이 각자의 분야에서 스스로 장르가 된다.

팔지 않고 팔리게 만드는 브랜딩

마케팅	4P Mix	브랜딩
제품을 만들고	Product	보이지 않는 가치를 눈에 보이는 것으로 구현하고
가격을 책정하고	Price	가질 수 있는 것으로 전환하여
고객접점을 찾고	Place	끊임없이 고객과 대화할 수 있는 공간을 찾아
최대한 많이 파는	Promotion	전하고 싶은 메시지가 더 빨리 전파될 수 있는 스마트한 전략을 찾는 일

발췌 : 유니타스브랜드 《브랜딩 임계지식 사전》 중에서

✿ 브랜딩은 마케팅의 목적인 '양적성장'을 견고하게, 또 오래동안 유지시키는 스마트한 전략!

#지속 가능한

마케팅과 브랜딩은 엄연히 다르다.

유니타스브랜드가 펴낸《브랜딩 임계지식 사전》에는 마케팅과 브랜딩을 4P Mix를 중심으로 비교할 수 있게 소개하고 있다.

전통적으로 4P는 제품Product, 가격Price, 유통Place, 판매촉진Promotion을 말한다. 마케팅에서의 4P는 제품을 만들고, 가격을 책정하고, 고객 접점을 찾고, 최대한 많이 파는 것을 목적으로 한다.

브랜딩에서의 4P는 조금 다르게 해석된다. Product는 보이지 않는 가치를 눈에 보이는 것으로 구현하고, Price는 가질 수 있는 것으로 전환하여, Place는 끊임없이 고객과 대화할 수 있는 공간을 찾아, Promotion 전하고 싶은 메시지가 더 빨리 전파될 수 있는 스마트한 전략을 찾는 일로 정의한다.

○○하면 성공한다는 마케팅 성공방식들이 난무한다. 하지만 성공사례로 소개되는 브랜드의 생존율이 10%를 넘지 못한다. 왜일까? 시장에서 펼쳐지는 마케팅 성공 법칙은 휘발성이 높기 때문이다.

싸구려 향수처럼 휘발성 자극 물질을 사용하지 않으면서도 향기만으로도 메릴린 먼로의 나체를 상상하게 하는 샤넬 넘버 5의 브랜딩에는 '진짜'만 살아남는다는 진리가 담겨있다.

수시로 변하는 마케팅 방식 대신 오래도록 변하지 않는 브랜딩 방식을 차용해야 하는 이유다. 물론 브랜딩이 잘 되면 양적 성장과 보상은 저절로 따라온다. 한 마디로 잘 팔린다는 의미다.

무조건 만들어서 팔릴 때까지 팔던 시대에서 팔릴 만한 것이라고 느끼게 하여 팔리는 시대다. 아무것도 필요하지 않은 시대에 팔기 위해 집중하는 마케팅은 변해야 한다. 마케팅을 넘어선 브랜딩의 목적지는 #지속가능한 양적 성장이다. 브랜딩은 견고하게 그리고 오래가는 브랜드를 만드는 스마트한 전략이다.

결정피로(decision fatigue) 해결이 중요!

ㅇ 당신에게 잘 어울리는 〈단 한 세트〉
ㅇ 친절한 맞춤식 구매 경험
ㅇ 원스톱 구매사이트

시작하기 쉬운 이유 ⇒ 브랜드가 제시하는 가치가 명확하기 때문
ex) 모두가 좋아하지만 그다지 친절하지 않은 기업 #아마존

하나만, 그것도 아주 잘 팔았다

ex) 드라이바 창업
'커트 노, 염색 노, 드라이만 해요!' 'No cuts, No color, Just Blowouts!'
브랜드가 집중할수록 철저하다는 느낌, 양보다 질을 중시한다는 보상을 준다.
브랜드에 단일한 비전이 있을 때 소비자의 신뢰를 얻기도 쉽다.

‒ 에밀리 헤이워드 《미치게 만드는 브랜드》 중에서

☆ 브랜딩은 주력분야인 바구니 하나만 생각하고 오로지 바구니에만 신경쓰면 되는 것이다.

친절한 브랜드와 심플한 브랜드 중 뭐가 더 좋을까?

"저희 브랜드에는 이것도 있고, 저것도 있고, 없는 게 없어요. 참 친절한 브랜드죠."

대부분의 비즈니스는 모든 것을 다 해결해 줄 수 있다는 것을 최고의 강점으로 여긴다. 하지만 고객들 대부분은 해당 브랜드 이름조차 제대로 기억하지 못한다. 도처에 친절한 브랜드가 너무 많기 때문이다.

에밀리 헤이워드의 《미치게 만드는 브랜드》는 핵심에 집중하는 브랜드의 힘에 대해 강조한다. 고객이 결정할 게 많으면 친절한 게 아니라 결정 피로 상태에 빠뜨리는 것이다. 우리의 뇌는 언제나 피곤하다. 복잡하거나 어렵거나 구구절절하면 뇌의 기능을 차단해 버린다. 기억하지 않아야 생존할 수 있다고 믿는 뇌의 본능 때문이다. 기억에 남아야 하는 브랜딩이 단순화해야 하는 이유다.

당신에게 잘 어울리는 '단 한 세트', 친절한 맞춤식 구매경험을 제공하는 원스톱 구매 사이트는 고객들에게 사랑받는다. 이 서비스를 쉽게 시작할 수 있는 이유는 브랜드가 제시하는 가치가 명확하기 때문이다.

전 세계에서 가장 높은 기업가치를 자랑하는 아마존도 초창기에는 책 하나만, 그것도 아주 잘 팔았다. 지금은 안 파는 거 빼고 다 파는, 그것도 나에게 맞춤으로 파는 것처럼 친절해 보이는 쇼핑몰이 되었지만.

"저희 브랜드에는 오로지 '드라이' 하나만 있어요. 1년 365일 드라이 하나만 고민한답니다."

'No cuts, No color, Just Blowouts!'

브랜드가 집중할수록 철저하다는 느낌, 양보다 질을 중시한다는 인상을 준다. 브랜드에 단일한 비전이 있을 때 소비자의 신뢰를 얻기도 쉽다.

퍼스널 브랜딩을 시작할 때 가장 먼저 해야 할 일 중 하나는 자신의 주력 분야를 결정하는 일이다. 나는 이것도 잘하고, 저것도 잘하고 뭐든 할 수 있다고 하는 사람들 중에 특정 분야 전문가인 경우는 거의 없다. OO 분야 하면 떠오르는 사람들은 아무 일이나 무턱대고 하지 않는다.

강사의 경우, 리더십, 소통, 커뮤니케이션, 마케팅, 퍼스널 브랜딩 등 자신의 주력 분야를 너무 친절하게 써 놓은 강사가 있다. 강의를 의뢰하는 입장에서 생각해 보자. 너무 많은 분야의 강의를 할 수 있다고 하니 어떤 분야로 섭외해야 할지 고민해야 하기에 결정 피로 상태에 빠지게 된다. 결국 직접 찾기보다 추천을 받기로 결정한다. 그래야 자신의 생존에 유리하기 때문이다.

Excellence in Personal Branding

지식소통가 조연심은 퍼스널 브랜딩 분야에서 최고가 되겠다고 결정했고, 퍼스널 브랜딩 바구니를 만들었다. 그리고 책, 강연, 컨설팅, 방송, 기업 등의 관련 아이템들을 퍼스널 브랜딩 바구니 안에 담았다. 난 매 순간 퍼스널 브랜딩 하나만 고민했다. 그렇게 10년이 지나자 비로소 퍼스널 브랜딩 계의 전문가이자 시조새라는 닉네임을 얻을 수 있었다.

주력 분야를 브랜드 바구니라고 생각하면 그 안에 담긴 달걀 하나하나는 주력 분야와 관련된 아이템이 된다. 주력 분야를 정하고 그 주력 분야에서 최고가 되겠다고 결정하는 것부터가 바로 자신만의 TO-BE 브랜드, 북극성Pole star을 만드는 일이다. 브랜딩은 주력 분야인 바구니 하나만 생각하고 오로지 바구니에만 신경 쓰면 되는 것이다.

일단 잘 할 수 있다고 먼저 선포하라

누가 제일 유능해보일까?

'난 할 수 있어!'

A	B	C

'겸손이 미덕'

'저게 약속하고 더 해주어라'

⇒ 처음부터 기대치를 낮추는
   고귀한 겸손을 보인다.

'딱 그만큼만'

⇒ 정확하게 예상되는 성과만큼
   만 약속한다.

'허풍쟁이 모델'

⇒ 자신감으로 탁월한 결과를
   예측한다

미국 심리학자 베리 슐렝키와 마크 리어리 연구결과

"자신의 성과에 대해 높은 기대치를 내보일수록 유능해 보인다."

✿ 과제 수행 전, 기대하는 결과에 대해 언제나 긍정적, 최고의 성과를 자신하라.

— 잭 내셔 《어떻게 능력을 보여줄 것인가》 중에서

다음 세 사람 중 누가 제일 유능해 보일까?

A : "잘 못하는데", '겸손이 미덕'이라 여기며 적게 약속하고 더 해 주는 사람. 처음부터 기대치를 낮추는 고귀한 겸손을 보인다.

B : "딱 그만큼만 할게요." 정확하게 예상되는 성과만큼만 약속하는 사람.

C : "난 할 수 있어요!" 허풍쟁이 모델로 자신감으로 탁월한 결과를 예측해 공표하는 사람.

미국 심리학자 베리 슐렝키와 마크 리어리는 연구 결과 '자신의 성과에 대해 높은 기대치를 내보일수록 유능해 보인다'고 밝혔다.

한국 사람들은 브랜딩면에서 불리한 점이 있다. 동방예의지국에서 살다 보니 매사에 겸손하라고 배웠기 때문이다. 잭 내셔의 《어떻게 능력을 보여 줄 것인가》에서는 과제 수행 전, 기대하는 결과에 대해 언제나 긍정적, 최고의 성과를 자신하라고 조언한다. 능력이 있는 것으로 보이려면 일단 자신감 있게 선포하라.

"제가 할 수 있습니다."

겸손함은 불확실함, 비겁함, 실패에 대한 방어기제로 보이는 태도다. '겸손함'을 이용하려면, 강점의 맥락에서 자신 있게 수용할 만큼 명백하게 하찮은 몇몇 약점을 제시해야 한다'

– 심리학자 E. Z. 존스

실제 유능한 것도 중요하지만 유능해 보이는 것도 중요하다. 능력 있는 것만큼 능력 있어 보이는 것도 실력이다.

명성과 실제 능력은 무관하다

능력은 그 자체로 빛을 발하지 않는다.
신뢰는 '하기로 한 것'을 '기한 내'에 '기대한 수준 이상' '해낸 것'의 '반복'으로 쌓인다.

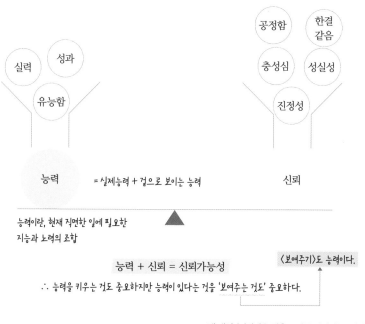

실력　성과
유능함

공정함　한결같음
충성심　성실성
진정성

능력　= 실제능력 + 겉으로 보이는 능력　신뢰

능력이란, 현재 직면한 일에 필요한
지능과 노력의 조합

능력 + 신뢰 = 신뢰가능성　〈보여주기〉도 능력이다.

∴ 능력을 키우는 것도 중요하지만 능력이 있다는 것을 '보여주는 것도' 중요하다.

– 책 내서 《어떻게 능력을 보여줄 것인가》 중에서

세상은 전문가와 전문가처럼 보이는 사람 중에 누구에게 손을 내밀까? 맞다! 진짜 전문가보다 전문가처럼 보이는 사람에게 기회와 돈이 몰린다.

명성과 실제 능력은 무관할 때가 많다. 능력은 그 자체로 빛을 발하지 않는다.

누군가를 믿는다는 것은 그 사람의 실력만을 믿는다는 게 아니다. 어떤 상황에서라도 실력을 발휘할 것이라는 기대감까지도 믿는 것이다. 언제 어디로 튈지 예측 가능하다는 말이다.

신뢰 가능성은 능력과 신뢰가 더해져야 온전해진다. 능력이란 현재 직면한 일에 필요한 지능과 노력의 조합으로 실제능력과 겉으로 보이는 능력이 더해져 완성된다. 신뢰는 공정함, 한결같음, 충성심, 성실성, 진정성 등으로 하기로 한 것을 기한 내에 기대한 수준 이상으로 해낸 것의 반복으로 쌓인다. 온라인에 보면 별의별 전문가가 판을 친다. 그들이 실제 실력을 가졌는지는 별개다.

"누가 진짜 전문가인가요? 도대체 모르겠어요."

해당 분야의 진짜 전문가를 찾는 것도 중요하지만 오래도록 전문가처럼 보여지는 사람도 주목해야 한다. 그런 사람처럼 보이기 위한 수많은 시행착오를 거쳐 진짜 전문가가 되어가고 있을 테니 말이다. 신뢰 가능함도 어필해야 얻을 수 있다.

능력을 키우는 것도 중요하지만 능력이 있다는 것을 보여주는 것도 중요하다. '보여주기'도 능력이다.

평균은 평범을 만들고 실패로 이끈다

〈가치의 서열〉

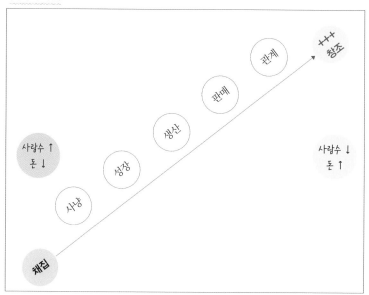

자신의 가치에 걸맞는 것을 얻고 싶다면

- 무조건 튀어야 한다.
- 감정 노동을 해야 한다.
- 꼭 필요한 사람처럼 보여야 한다.

– 세스 고딘 《린치핀》 중에서

세스 고딘의 《린치 핀》에는 가치의 서열이 나온다.

서열은 사람 수는 적고 돈이 많을수록 높은 가치를 갖는다. 채집→사냥→성장→생산→판매→관계→창조 순으로 가치가 높다.

서열상 낮은 곳에 위치한 일들은 사람도 북적대고 돈도 거의 안 된다. 낮은 서열의 일은 쉽게 시작하고 누구나 배우고 익힐 수 있는 레드오션에 속한다. 만약 레드오션 서열의 일을 시작했다면 그 분야에서 Top이 될 수 있을 정도로 실력 발휘를 하면 된다. 그래야 다른 사람들의 눈에 뜨일 수 있다.

반면 쉽게 시작하지 못하고 습득하는 데 오랜 시간이 걸리고 '나' 아니면 안 되는 정도의 고도 숙련이 필요한 일이라면 그 일은 서열상 가치가 높고 블루오션일 경우가 많다. 높은 서열의 일이라 사람도 적고 돈도 많아진다. 지금 이런 일을 하고 있다면 가장 두려워해야 할 것은 언제 끝날지 모르는 인기 없고 가난한 암흑 같은 터널을 견뎌 통과하는 일이다.

무명의 서러움이 어떤 것인지는 예측할 수 있겠지만 무명에서 유명으로 가는 시간이 16년이 걸렸다고 하면 그 고통의 깊이를 어찌 상상이나 할 수 있을까? 이제는 배우 이성민 하면 모르는 사람이 없지만 그런 그도 무명의 시간이 16년이었다고 한다. 어떤 일을 선택하든 상관없지만 높은 가치를 얻기 위해서는 그에 상응하는 대가를 치러야 한다. 세상에 공짜는 없다.

자신의 가치에 걸맞은 것을 얻고 싶다면 어떻게 일해야 할까?

첫째, 무조건 튀어야 한다. 둘째, 감정 노동을 해야 한다. 셋째, 꼭 필요한 사람처럼 보여야 한다.

평균은 평범을 만들고 실패의 길로 이끈다.

당신은 지금 어떤 서열의 일에 몰입하고 있는가?

담장이 높을수록 담장 안이 더 궁금해진다

한정판 마케팅   # 만나기 어렵고   # 구하기 어려운

→ '희소성'에 대한 집착과 갈구 이용

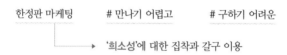

〈진입장벽효과〉

장벽이 높을수록

만족이 올라간다

'저 안에 뭐가 있을까?'

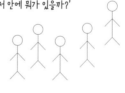

〈진입장벽 높이는 방법〉

① 가격의 장벽

② 특정 지역에서만 판매(특산품 등)

③ 특정 시간에만 판매('타임한정판매' '홈쇼핑 판매전략')

④ 한정된 수량만 판매

→ 〈한정판 마케팅 성공법〉

① 매력적인 제품력은 기본

② 현재의 가치보다 오르거나, 최소한 떨어지지 않기

③ 유통망 관리 철저, 누수현상x

④ 한정판 마케팅의 존재와 진입 장벽이 얼마나 높은지 적극적으로 홍보 필요

– 신인철 《나는 하버드에서 배워야할 모든 것을 나이키에서 배웠다》 중에서

한정판 마케팅이 성공하는 이유는 뭘까?

담장이 높을수록 담장 안이 더 궁금한 법이다. 언제 어디서나 싼 가격에 구매할 수 있다면 지금 당장 사야 할 이유는 없다. 그저 필요할 때 사면 그뿐이다.

하지만 몇 개 없고, 그때 외에는 못 사고 몇 명 외에는 가질 수 없다면 가진 자들의 위상이 올라가는 법이다. 당연히 비싼 가격도 문제가 아니다.

한정판 마케팅은 만나기 어렵고, 구하기 어려운 '희소성'에 대한 집착과 갈구를 이용한다. 진입장벽효과는 장벽이 높을수록 만족이 올라간다는 효과를 말한다. 신인철의 《나는 하버드에서 배워야 할 모든 것을 나이키에서 배웠다》에서는 진입장벽을 높여 한정판 마케팅에 성공하는 방법이 나온다.

진입장벽을 높이는 방법들이다.

첫째, 가격의 장벽이 있다. 둘째, 특산품과 같이 특정 지역에서만 판매한다. 셋째, 홈쇼핑 판매전략 중 하나인 '타임한정판매'는 특정시간에만 판매하는 것이다. 넷째, 한정된 수량만 판매한다.

한정판 마케팅이 성공하기 위해서는 첫째, 매력적인 제품력은 기본이고 둘째, 현재의 가치보다 오르거나, 최소한 떨어지지 않아야 한다. 셋째, 유통망 관리를 철저하게 해서 누수현상이 생기지 않아야 한다. 넷째, 한정판 마케팅의 존재와 진입장벽이 얼마나 높은지 적극적으로 홍보할 필요가 있다.

결국 그냥, 어쩌다 보니 잘 팔리는 브랜드는 없다.

잘 팔릴 수밖에 없도록 높은 담장을 세워야 한다.

일이 되게 하는 사람들의 일하는 법

가치관 = 행동하는 목적

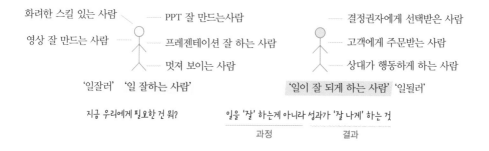

화려한 스킬 있는 사람 ── PPT 잘 만드는 사람

영상 잘 만드는 사람 ── 프레젠테이션 잘 하는 사람

멋져 보이는 사람

'일잘러' '일 잘하는 사람'

지금 우리에게 필요한 건 뭐?

결정권자에게 선택받은 사람

── 고객에게 주문받는 사람

── 상대가 행동하게 하는 사람

'일이 잘 되게 하는 사람' '일될러'

일을 '잘' 하는게 아니라 성과가 '잘 나게' 하는 것

과정   결과

반드시 성과가 나려면 어떻게 일해야 하는지 아는가?

일잘러 말고 일될러가 되어야 한다.

PPT를 잘 만들고 디자인을 예쁘게 잘 하고 프레젠테이션을 멋지게 잘 하고 기획을 잘하고 영상을 잘 만들고 커뮤니케이션을 잘하는 사람들은 언제나 주목받는다. 화려한 스킬이 있는 사람들을 우리는 '일 잘하는 사람'이라 부른다. 이들은 일이 진행되는 과정에서 언제나 주목을 받는다.

하지만 일을 잘 하는 것의 진짜 목표가 무엇일까? 요즘 생성형 AI는 인간처럼 아니 어쩌면 인간보다 더 PPT도 잘 만들고, 디자인도 잘하고, 기획도 잘하고, 영상도 잘 만들고, 커뮤니케이션도 잘한다. 거기다 인간보다 더 성실하고 더 상냥하고 심지어 저렴하기까지 하다. 그러니 '일잘러'라고 안심하면 안 된다.

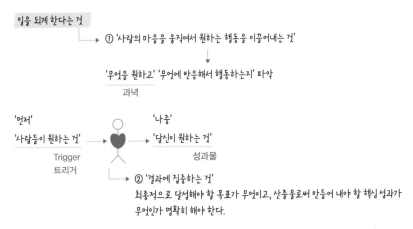

일을 되게 한다는 것
① '사람의 마음을 움직여서 원하는 행동을 이끌어내는 것'
'무엇을 원하고' '무엇에 반응해서 행동하는지' 파악
과녁
'먼저'
'사람들이 원하는 것'
Trigger
트리거
'나중'
'당신이 원하는 것'
성과물
② '결과에 집중하는 것'
최종적으로 달성해야 할 목표가 무엇이고, 산출물로써 만들어 내야 할 핵심 성과가 무엇인가 명확히 해야 한다.

※ '일이 되게 하려면' 과정에 매몰되지 않고 반드시 [결과]를 중심에 놓고 판단해야 한다. 목표로 하는 결과가 확실해야 올바른 방향으로 성장하고, 종구에는 '원하는 것을 얻을 수 있다'.
– 조용민 《언바운드》 중에서

문제는 일은 잘 하지만 성과와 연결되지 않는 경우가 많다. 그 사람은 진짜 일을 잘하는 것일까?

바로 '일될러'가 필요한 이유다. 일될러는 일이 잘되게 하는 사람을 뜻한다. 일될러는 결정권자에게 선택을 받고, 고객에게 주문을 받아내고, 상대가 행동하게 만드는 사람이다.

일을 되게 한다는 것은 첫째, 사람의 마음을 움직여서 원하는 행동을 이끌어 내는 것이다. 상대가 '무엇을 원하고' '무엇에 반응해서 행동하는지'를 파악하는 게 중요하다. 즉 사람들이 원하는 것이 '먼저'이고 내가 원하는 게 나중이라는 것이다. 일이 되게 하려면 상대방이 원하는 과녁에 집중하고 그것을 트리거로 삼아야 그에 따른 성과물을 만들어낼 수 있다.

둘째, 결과에 집중하는 것이다. 최종적으로 달성해야 할 목표가 무엇이고, 산출물로서 만들어내야 할 핵심 성과가 무엇인지 명확히 해야 한다. 일을 하는 과정에 집중하다 보면 그 자체로서 충분히 일을 했다고 생각하기 쉽다. 하지만 그 일을 왜 하는지, 누구를 위해 하는지를 생각해 보면 알게 될 것이다. 입찰에서 낙찰받기 위해서, 오더를 따기 위해서, 계약을 하기 위해서 그 일을 하고 있다는 것을 잊지 말아야 한다.

일을 잘하는 것과 일이 잘되게 하는 것은 엄연히 다르다. 마치 사장과 직원이 다른 것과 같다. 일이 잘되게 하려면 이 일을 왜 하는지, 이 일을 통해 반드시 얻어야 할 결과물은 무엇인지, 그렇게 하려면 나는 지금 무엇을 어떻게 해야 하는지를 명확하게 알고 있어야 한다.

정리해보면 과정에서 일을 잘하는 것보다 결과적으로 성과가 잘 나게 하는 게 중요하다는 말이다. 일이 되게 하려면 과정에 매몰되지 않고 반드시 결과를 중심에 놓고 판단해야 한다. 목표로 하는 결과가 확실해야 올바른 방향으로 성장하고, 종국에는 원하는 것을 얻을 수 있다.

무조건 선택지가 많으면 잘 팔릴까?

선택의 자유가 주어진다면 고객의 구매결정은 행복할까?

너무 많은 선택지가 오히려 불만과 피로감을 주며 구매결정을 어렵게 한다는 선택의 패러독스라는 말이 있다. 펜을 사야 한다고 할 때 몇 개의 선택지가 적당한 걸까? 1번에는 2개의 펜이 있고, 2번에는 10개의 펜이 있고, 3번에는 16개의 펜이 있다. 실제로 2번 10개의 펜이 있을 때 구매 가능성이 가장 높다. 선택지가 지나치게 적거나 많기 보다는 적당할 때 소비자의 구매 가능성이 증가한다.

미국의 심리학자 배리 슈워츠는 선택의 패러독스the paradox of choice에 대해 말하고 있다(선택의 자유→정보 과부하→탐색비용 증가→불만과 피로감→구매결정에 어려움).

적당한 수의 선택지가 구매결정을 돕는다

Q : 몇 개의 선택지가 적당한걸까? (정답은 2번)

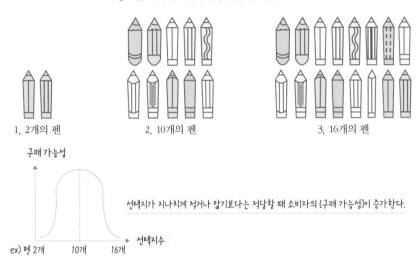

1. 2개의 펜
2. 10개의 펜
3. 16개의 펜

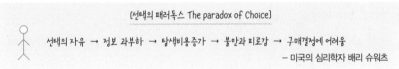

선택지가 지나치게 적거나 많기보다는 적당할 때 소비자의 [구매 가능성]이 증가한다.

[선택의 패러독스 The paradox of Choice]

선택의 자유 → 정보 과부하 → 탐색비용증가 → 불만과 피로감 → 구매결정에 어려움

– 미국의 심리학자 배리 슈워츠

Q : 탐색비용을 줄이는 효과적인 전략은?

1) 카테고리 세분화 —— 소비자가 선택해야 할 고려 집합군의 크기를 세 개에서 다섯 개 정도로 줄여줄 것.

오늘의 메뉴는?	...	...	...
	...	...	...
	닭고기	지리	야채
	양고기	매운탕	콩고기
	돼지고기	광어회	샐러드
	소고기	참치회	
	고기파	생선파	비건파

2) 큐레이션 서비스 —— 구독 서비스가 통하는 이유 ex) 월간 롯데, 당근마켓 '겨울간식지도'

– 김지헌 《마케팅 브레인》 중에서

이럴 때 탐색비용을 줄이는 효과적인 전략이 있다. 첫째, 카테고리를 세 분화한다. 소비자가 선택해야 할 고려 집합군의 크기를 세 개에서 다섯 개 정도로 줄여준다. 예를 들어 당신이 식당 주인이고 오늘의 메뉴를 추천해야 할 때 고기파, 생선파, 비건파 이렇게 세 개의 카테고리에서 선택할 수 있도록 해 준다면 어떨까? 탐색비용이 줄어든 고객은 빠른 의사결정을 하게 될 것이다.

둘째, 큐레이션 서비스를 한다. 구독 서비스가 통하는 이유다. 관심이나 취향에 맞는 것들을 모아서 한 번에 보여준다면 고객은 시간 낭비하지 않고 자신이 좋아하는 것 중에서 빠르게 선택할 수 있을 것이다.

이미 너무 많은 선택지를 가지고 있다면 어떻게 해야 할까? 앞으로 나는 어떤 비즈니스를 선택해야 승산이 있을까? 선택지의 수와 구매 가능성 사이에는 뒤집어진 U자 모형이 존재함을 기억하라. 너무 많은 선택지가 있다면 카테고리 세분화로 줄여주면 된다.

관심 분야가 있다면 직접 크리에이터가 되거나 콘셉트에 맞게 큐레이터가 되거나 하면 된다.

031

요즘 가장 핫한 주제는 바로 '나 찾기'다.

내가 누구인지, 무엇을 좋아하는지, 어떤 삶을 살아야 하는지 모른다면 자아정체감을 찾지 못했다는 의미다. 이는 청소년이나 어른이나 마찬가지다.

생각이나 계획만으로는 결코 내가 누구인지, 무엇을 잘 하는지 알 도리가 없다. 그렇다면 도대체 자아 정체감은 어떻게 찾아야 하는 걸까?

캐나다 심리학자 제임스 마르시아의 《자아 정체감》 연구에 4가지 유형의 자아 정체감이 나온다.

첫째, 정체감 유실Identity foreclosure형이다. 부모가 의사니까 자신도 의사가 되어야 한다고 결정한 경우다. 자아정체감을 너무 빨리 확인한 후 별다른 탐색없이 행동하는 유형이다.

둘째, 정체감 혼미Identity diffusion형이다. 자신을 알지 못하고 이런 문제에 관심도 없이 그럭저럭 살아가는 상태다.

자아정체감은 어떻게 찾는걸까?

Who am I? ? 자아정체감은 어떻게 찾는걸까?

캐나다 심리학자 제임스 마샤 〈자아정체감〉 연구

1) 정체감 유실(Foreclosure) 부모가 의사니까 자신도 의사 자아정체감을 너무 빨리 확인. 별다른 탐색 없이 행동.	**2) 정체감 혼미(Identity diffusion)** 자신을 알지 못하고 이런 문제에 관심도 없이 그럭저럭 살아가는 상태.
3) 정체감 유예(Moratorium) 자아탐색 위해 노력하지만 아직 답을 찾지 못함. 다양한 시도를 하지만 자신이 진짜 무엇을 좋 아하는지 찾지 못한 것 같아 불안하고 막막.	**4) 정체감 성취(Identity achievement)** 여러가지 시도와 탐색 과정 후 자신을 명확하 게 인지하고 미래의 인생 방향과 목표 확정, 어 려움. 좌절에도 쉽게 흔들리지 않음.

자아를 빨리 발견하는 방법은?

방법 1. 경계를 뛰어 넘는 다양한 시도
- 투잡, N잡러 경험, 개이어

'자기 자신'은 눈에 보이는게 아니라 무언가에 부딪힌 후 튕겨 돌아와야 '자기'를 이해할 수
있다. 경험을 통해 마음 속 면모를 살펴야 진짜 자신을 찾을 수 있다.
　　　　　　　　　　　　　　　　　　　　　　　– 일본 유명 디자이너 요지 야마모토

방법 2. 지금의 나를 수용하고 나의 가능성 탐색하기

#끊임없이　#평생　#배워야 한다
"성장의 과정은 나선형으로 상승한다"
　　　　　　　　　　　　　　　　　　　– 황양밍·장린린 《심리학이 불안에 답하다》 중에서

셋째, 정체감 유예Identity moratorium형이다. 자아탐색을 위해 노력은 하지만 아직 답을 찾지 못한 경우다. 다양한 시도는 하지만 자신이 진짜 무엇을 좋아하는지 찾지 못한 것 같아 불안하고 막막해한다.

넷째, 정체감 성취Identity achievement형이다. 여러 가지 시도와 탐색 과정 후 자신을 명확하게 인지하고 미래의 인생 방향과 목표를 확정한다. 그 후에는 어떤 어려움이나 좌절에도 쉽게 흔들리지 않는다.

자신이 어떤 유형에 속하는지 알게 되면 자아 정체감을 찾기 위해 어떤 행동을 해야 하는지가 보일 것이다.

이제 내가 어떤 자아 정체감 유형인지를 알았다면 자아를 빨리 발견하는 방법을 소개하겠다. 첫 번째 방법은 경계를 뛰어넘는 다양한 시도를 하는 것이다. 투잡, N잡러, 갭이어도 좋다.

두 번째 방법은 지금의 나를 수용하고 나의 가능성을 탐색하는 것이다. 끊임없이 평생 배워야 한다는 말이다. 성장의 과정은 나선형으로 상승한다.

"자기 자신은 눈에 보이는 게 아니라 무언가에 부딪힌 후 튕겨 돌아와야 '자기'를 이해할 수 있다. 경험을 통해 마음속 면모를 살펴야 진짜 자신을 찾을 수 있다."

- 일본 유명 디자이너 요지 야마모토

부딪히고 경험하고 다시 또 부딪히는 과정의 반복을 통해 나의 자아정체감을 찾을 수 있다. 결국 내가 누구인지는 오직 경험을 통해서만 완성될 수 있다.

032

요즘 정신이 맑지 않고, 체력도 많이 떨어져서 항상 졸리고, 매일 불안하고, 불면증에 시달리면서도 하루하루 숨돌릴 틈도 없이 바쁘고, 일이 전혀 즐겁지 않다면? 당신은 지금 무기력 상태에 빠져 있을 것이다.

이럴 때 심리학자 짐 로허의 에너지 관리 피라미드의 방식에 따라 스스로 관리를 시작해야 한다.

에너지 관리법은 4가지 에너지를 적절하게 채우며 관리할 수 있다. 피라미드의 가장 낮은 층은 '신체적 에너지'로 에너지 관리의 기초이자 체력 유지를 위해 반드시 필요하다. 왕성한 체력이 뒷받침되어야 무엇이라도 할 의욕이 생기는 법이다.

두 번째 층은 '감정적 에너지'로 에너지 출력을 유지하는 중요 조건을 다룬다. 감정은 기억력, 결정력, 인지 능력에 영향을 미친다. 긍정적인 감정을 유지할 수 있어야 그 일을 계속할 수 있는 힘이 생긴다.

그다음 세 번째 층은 '정신적 에너지'로 에너지 관리의 핵심이다. 전문가

무기력을 떨쳐내려면 어찌해야 하나요?

심리학자 짐 로허의 에너지 관리 피라미드

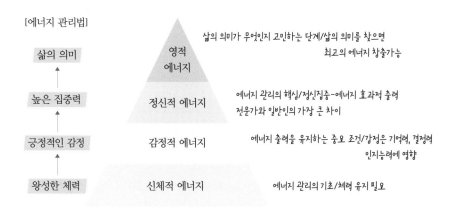

[에너지 관리법]

삶의 의미 — 영적 에너지 : 삶의 의미가 무엇인지 고민하는 단계/삶의 의미를 찾으면 최고의 에너지 창출가능

높은 집중력 — 정신적 에너지 : 에너지 관리의 핵심/정신집중-에너지 효과적 출력 전문가와 일반인의 가장 큰 차이

긍정적인 감정 — 감정적 에너지 : 에너지 출력을 유지하는 중요 조건/감정은 기억력, 결정력 인지능력에 영향

왕성한 체력 — 신체적 에너지 : 에너지 관리의 기초/체력 유지 필요

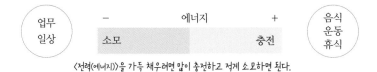

업무 일상 — 에너지 − 소모 + 충전 — 음식 운동 휴식

〈전력(에너지)〉을 가득 채우려면 많이 충전하고 적게 소모하면 된다.

#부정적 감정
#허무감

〈에너지 충전법〉

#건강한 식습관
#적당한 운동

② 에너지 소모 요인 줄이기

① 에너지 촉진요소 늘리기

부정적 '생각'을 '행동'으로 전환하기
일의 가치와 의미를 찾아 허무감 탈퇴하기
(허무감 ↔ 의무감)

적당히 먹고
적당히 쉬고
적당히 운동한다.

— 황양밍·장린린 《심리학이 불안에 답하다》 중에서

와 일반인의 가장 큰 차이는 바로 여기서 나온다. 정신을 집중하게 되면 에너지를 효과적으로 출력할 수 있다. 높은 집중력은 높은 성과로 연결된다.

마지막으로 가장 위쪽에 있는 '영적 에너지'는 삶의 의미가 무엇인지 고민하는 단계다. 삶의 의미를 찾으면 최고의 에너지 창출이 가능하다. 왜 사는지 아는 것이 중요한 이유다.

배터리에 에너지(전력)를 가득 채우려면 많이 충전하고 적게 소모하면 된다. 일상 업무에 집중하다 보면 에너지는 소모(−)되고, 반대로 음식, 운동, 휴식 등을 하면 에너지는 충전(+)된다. 그 외에도 에너지를 충전하는 방법이 있다.

첫째, 에너지 촉진 요소를 늘린다. 적당히 먹고, 적당히 쉬고, 적당히 운동하는 것이다. 건강한 식습관과 적당한 운동은 나의 에너지 배터리를 채우는 좋은 방법이다.

둘째, 에너지 소모 요인을 줄인다. 부정적 생각을 행동으로 전환하고, 일의 가치와 의미를 찾아 허무감을 탈피하는 것이다. 허무감의 반대말은 의무감이다. 살아야 하는 이유, 일을 해야 하는 이유, 밥을 먹어야 하는 이유 등을 안다는 것은 삶의 의미를 깨달은 사람의 의무가 된다.

모든 것에 무기력해졌다면 나의 에너지 배터리 상태를 점검해 보자. 빨간색 불이 지속적으로 경고를 보내오는데도 무시한다면 머지않아 강제적으로 멈춤 상태에 들어갈 것이다.

에너지를 충전하고 싶다면 왕성한 체력을 키우고 긍정적인 감정을 유지하며 높은 집중력으로 성과를 만들어내고 삶의 의미를 잊지 않는 게 중요하다. 결국 에너지도 관리해야 필요할 때 제대로 출력할 수 있다.

#033 1인 기업가에게는 반드시 친구가 필요하다

당신의 친구는 어떤 유형인가요?

1) '동반형' 친구 - 버팀목, 절친, 형제 등 - 조건없이 나를 좋아하고 칭찬해주고 지지해 주고 신뢰해줌. - 항상 당신 곁에 있다.	2) '협력형' 친구 - 나와 비슷한 경력과 취미, 인생목표, 직업목표 소유. - 생각이 비슷하고 공동의 목표를 위해 노력한다.
3) '지도형' 친구 - 일과 삶에서 이해할 수 없는 문제를 만났을 때 상황을 분석, 도움이 되는 충고를 해준다.	4) '연결형' 친구 - 나를 다른 사람에게 소개해주며, 인맥을 넓힐 수 있게 이끌어준다. - 의욕적, 유쾌함, 인맥이 넓음.

[반드시 필요한 친구 유형 4]

※ 우정을 유지하기 위해 필요한 것들.

방법 1. 용기이론 : 나를 알아주는 친구와 나아가기
　　　　　　　　　　　　　　　　　　　 – 호주 사회혁신전문가 리안 허버트

　- 친구를 고정된 용기 안에 넣으면 우정을 더 쉽게 유지할 수 있다

(용기) = '정기적으로 함께 어떤 일을 하는 것.' 예) 등산, 여행 등
　　　　　자신들만의 경험을 용기에 담아 공유하면 마음이 더 잘 맞게 된다.

방법 2. 집착은 금물, 친구와 잘 이별하기
　　　삶은 결국 외로운 여행, 갈림길에 닿을 때마다 친구가 기차에서 내리길 원하면
　　　따뜻한 인사말과 함께 보내준다.

※ 친구를 사귀는 것은 어렵지 않다. 어려운 것은 우정을 유지하는 것이다.

　　　　　　　　　　　　 – 황양밍·장린린 《심리학이 불안에 답하다》 중에서

1인기업, 1인 사업가, 프리랜서, 프리워커와 같이 독립적으로 일하는 것이 일상이 된 요즘, 나에게 진짜 필요한 친구는 어떤 유형일까?

황양밍, 장린린의 《심리학이 불안에 답하다》를 보면 4가지 유형의 친구가 나온다. 첫째, 동반형 친구다. 버팀목, 절친, 형제 등이고 조건 없이 나를 좋아하고 칭찬해주고 지지해주고 신뢰해 주는 친구로 항상 당신 곁에 있다.

둘째, 협력형 친구다. 나와 비슷한 경력과 취미를 가졌고, 비슷한 인생목표, 직업 목표를 소유하고 있다. 생각이 비슷하고 공동의 목표를 위해 노력한다.

셋째, 지도형 친구다. 일과 삶에서 이해할 수 없는 문제를 만났을 때 상황을 분석해서 도움이 되는 충고를 해 준다.

넷째, 연결형 친구다. 나를 다른 사람에게 소개해주며 인맥을 넓힐 수 있게 이끌어 준다. 의욕적이고 유쾌하며 인맥이 넓다.

어떤 순간에도 내 편이 되어주는 '동반형' 친구, 어떤 문제라도 함께라면 해결할 수 있는 '협력형' 친구, 어떤 난관도 헤쳐 나갈 수 있는 해법을 알려주는 '지도형' 친구, 누구라도 필요하면 소개해주는 '연결형' 친구들이 우리에게 필요한 친구 유형이다.

호주 사회혁신전문가 리안 허버드는 이와 같은 친구들과 우정을 유지하는 데 필요한 것들을 알려준다.

하나는 '용기' 이론이다. 나를 알아주는 친구와 나아가는 것이다. 친구를 고정된 용기 안에 넣으면 우정을 더 쉽게 유지할 수 있다. 이때 '용기'는 '정기적으로 함께 어떤 일을 하는 것'을 의미한다. 예를 들어 함께 등산이나 여행을 가는 것 등이다. 자신들만의 경험을 용기에 담아 공유하면 마음이 더 잘 맞게 된다는 것이다.

다른 하나는 '집착하지 않고 잘 이별하는 것'이다. 삶은 결국 외로운 여행이다. 갈림길에 닿을 때마다 친구가 기차에서 내리길 원하면 따뜻한 인사말과 함께 보내 준다.

친구를 사귀는 것은 어렵지 않다. 어려운 것은 우정을 유지하는 것이다. 같은 용기에 넣고 같은 경험을 반복하며 만들어가는 우정과 떠나려고 할 때 따뜻한 말과 함께 보내 줄 수 있는 쿨함이 필요하다.

상상을 현실로 만들 수 있는 도구, 퓨쳐매핑

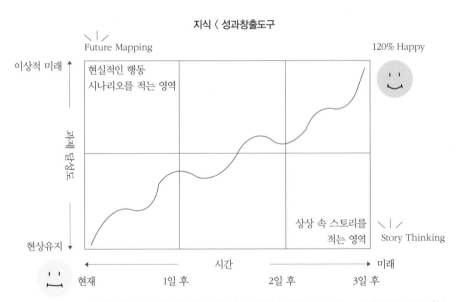

지식 〈 성과창출도구

Future Mapping

120% Happy

이상적 미래

현실적인 행동
시나리오를 적는 영역

과제 달성도

상상 속 스토리를
적는 영역

Story Thinking

현상유지

시간

현재   1일 후   2일 후   3일 후   미래

※ 선잠 들었다 끈 꿈 덕분에 창의적인 발명 및 발견을 한 천재 과학자의 사고법을 그대로 차트화한 것 같은 효과.

〈행동 시나리오를 만드는 3단계〉

STEP 1. 스토리를 창작하여 아이디어를 확산한다. 일상탈피, 현실 벗어난 아이디어 방출

STEP 2. 불가능할거라는 자기 인식이 변화한다. '어쩌면 가능할 수도 있잖아!'

STEP 3. 아이디어를 수습해 행동 시나리오를 짠다. '그럼 해보자!'

– 간다 마사노리 《스토리씽킹》 중에서

'뭔가 좋은 ○○은 없을까?'

퓨쳐 매핑은 콘셉트, 이름, 전략, 구성 등과 같이 새로운 아이디어를 찾을 때 특히 효과적이다.

동기부여를 넘어 행동을 이끌 수 있는 사고 도구는 많다. 그 중 퓨쳐 매핑은 지식을 얻기 위함이 아니라 성과를 창출하기 위해 쓰인다. 시간 축을 포함하고 있어 정보 정리를 넘어 과제 달성을 위한 행동 계획을 만들 수 있기 때문이다.

퓨쳐 매핑은 선잠이 들었다가 꾼 꿈 덕분에 창의적인 발명 및 발견을 한 천재 과학자의 사고법을 그대로 차트화한 것과 같은 효과가 있다.

간다 마사노리의《스토리씽킹》에서 소개한 퓨쳐 매핑은 상상을 현실로 만들 수 있는 도구다. 퓨쳐 매핑의 가로축은 현재로부터 미래로 이어지는 시간을 나타내고, 세로축은 과제 달성에 대한 현상 유지부터 이상적 미래 사이의 달성도를 나타낸다. 퓨쳐 매핑의 왼쪽 상단은 'Future Mapping'으로 현실적인 행동 시나리오를 적는 영역이다. 대각선에 있는 오른쪽 하단에는 'Story thinking'으로 상상 속 스토리를 적는 영역이다.

스토리 씽킹을 차트로 만드는 퓨쳐 매핑을 하면 생각지도 못한 아이디어를 얻을 수 있다. 퓨쳐 매핑은 주변을 살펴 판단하는 환경 순응형 인재에서 스스로 계획 및 실행 가능한 자기 주도형 인재를 넘어 자기를 변혁할 마음가짐을 갖춘 자기 변혁형 인재를 가능케 한다.

스토리는 주인공이 자기 내면을 깊이 바라보는 것부터 시작해, 여행길에 오르고, 지금까지 상상도 못 한 방법으로 적을 무찌른 다음(문제를 해결한다음), 과거의 자신을 뛰어넘은 영웅으로 성장해 귀환한다는 형식을 갖추고 있다. 퓨쳐 매핑은 이야기가 가진 힘을 발휘하도록 해 주는 방법이다.

행동 시나리오를 만드는 3단계는 다음과 같다. 1단계는 스토리를 창작하여 아이디어를 확산한다. 일상 타파, 현실을 벗어난 아이디어를 방출한다. 2단계는 불가능할 거라는 자기 인식이 변화한다. '어쩌면 가능할 수도 있잖아'와 같은 생각이 든다. 3단계는 아이디어를 수습해 행동 시나리오를 짠다. '그럼 해 보자!'

한 마디로 퓨쳐 매핑은 단순히 생각을 정리하는 것을 넘어 행동이 가능하도록 가이드 함으로써 성과가 나올 수 있는 강력한 성과 창출 도구다.

고객의 근본적인 문제는 무엇일까요?

"변화하고 싶어요."
간절히!

VS

"변신하기 무서워"

고객의 딜레마에 주의를 기울이라는 조언은 마케팅이나 브랜딩에서 흔히 듣는 문제다.

고객의 문제를 정의하는데 있어 당면하게 될 가장 큰 문제는 고객도 고객의 문제를 정확히 모른다는데 있다.

공기
물
식량
집
생명

Needs
생존

VS

Wants
욕구

—— "지금보다 나은 무언가"

✿ 인간의 가장 고차원적인 욕구는 다른 사람에게 인정받고, 존경받는 사람으로 변신하는 거이다.

고객이 열망하는 정체성을 확인하는 최상의 방법 : 고객이 친구들에게 어떤 이야기를 듣고 싶은지 상상하는 것.

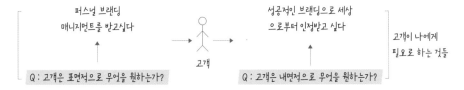

퍼스널 브랜딩
매니지먼트를 받고싶다

성공적인 브랜딩으로 세상
으로부터 인정받고 싶다

고객

고객이 나에게
필요로 하는 것들

Q : 고객은 표면적으로 무엇을 원하는가?

Q : 고객은 내면적으로 무엇을 원하는가?

⇒ 고객의 근본적인 문제는 변신을 두려워하는 데 있다.

사람들은 자기 자신의 변화된 모습이 인정받을 수 있을까를 두려워한다. 이 긴장을 해소해야 고객이 움직이게 된다.

— 조연심 《퍼스널 브랜딩에도 공식이 있다》 중에서

결정을 미루는 고객의 근본적인 문제는 무엇일까?

간절히 변화하고 싶어하지만 그 마음 이면에는 변신을 두려워하고 있다. 고객의 딜레마에 주의를 기울이라는 조언은 마케팅이나 브랜딩에서 흔히 듣는 문제다. 고객의 문제를 정의하는 데 있어 당면하게 될 가장 큰 문제는 고객도 고객의 문제를 정확히 모른다는 데 있다.

고객도 모르는 고객의 문제를 어떻게 풀어줄 수 있을까? 사실 자신의 문제를 정확히 모르기 때문에 지금과 같은 난관에 빠졌다는 것을 기억하면 쉽다. 그럴 때는 직접 알려주면 된다.

그들의 가려운 부분을 긁어주기 위해서는 어디가 가려운지 눈으로 보여주는 게 제일 확실하다. 의사처럼 상처 난 부위를 직접 보여주고, 그 부위에 필요한 치료를 하고 처방을 해주면 된다. 자신을 해당 분야의 의사라고 가정해 보자.

공기, 물, 식량, 집, 생명 등은 생존과 관련된 Needs에 해당된다. 그것을 제외한 나머지는 Wants 욕구에 해당한다. 대부분의 소비는 인간의 성공적인 변신과 관련되어 있다.

성공적인 변신은 주로 '지금보다 나은 무언가가 되는 것'과 연결된다. 인간의 가장 고차원적인 욕구는 다른 사람에게 인정받고, 존경받는 사람으로 변신하는 것이다. 고객이 열망하는 정체성을 확인하는 최상의 방법은 의외로 쉽다. 고객이 친구들에게 어떤 이야기를 듣고 싶을지 상상해보면 된다.

아무것도 필요 없는 시대의 마케팅은 내가 파는 물건이 상대방의 변신에 어떤 도움을 주는지 정확하게 표현할 수 있어야 한다. 거기에 고객의 두려움을 해소할 수 있는 계획을 가진 가이드가 나임을 알리면 된다.

저자의 전작인 《퍼스널 브랜딩에도 공식이 있다》에서 고객의 표면적 욕구와 내면적 욕구를 읽어낼 수 있어야 한다고 강조한 바 있다.

예를 들어 고객은 표면적으로 나에게 퍼스널 브랜딩 매니지먼트를 받고싶다고 말한다. 표면적 욕구만을 읽은 경우라면 어떻게 하면 퍼스널 브랜딩을 잘 할 수 있는지에 대해 상세하게 설명하면 된다. 아마도 브랜드 아이덴티티를 찾고, 온-오프라인 툴을 셋팅하고, SNS 마케팅을 하고, 책을 집필하고, 자신의 분야에서 포지셔닝을 하면 된다고 말할 것이다.

하지만 고객의 내면적인 욕구를 읽었다면 다르게 안심시킬 것이다. 디지털 평판을 얻고 나면 고객의 고객에게 사랑받게 될 것이고, 원하는 비즈니스 평판을 얻게 되어 인정받게 될 것이라고 말이다. 고객이 퍼스널 브랜딩을 통해 최종적으로 얻고 싶은 것은 세상으로부터 인정받는 것이기 때문이다.

하지만 고객의 근본적인 문제는 변신을 두려워하는 데 있다. 사람들은 자기 자신의 변화된 모습이 인정받을 수 있을까를 두려워한다. 이 긴장을 해소해야 고객이 움직이고 지갑을 열게 된다.

고객이 표면적으로 원하는 것은 무엇인가?

고객이 내면적으로 원하는 것은 무엇인가?

세상 모든 사람들의 고차원적인 감정은 세상으로부터 인정받는 것임을 잊지 말자.

당신의 비즈니스는 고객에게 어떤 가치를 약속하나요?

〈벤츠에는 있고 도요타에는 없는 것〉

야마구치 슈의 글
┌ 필요를 목적으로 사는 자동차는 보통 가격경쟁력이 우수한 몇몇 상품이 시장을 장악한다.
├ 하지만 의미가 중요한 페라리 같은 경우에는 제품이 희소할수록 가치가 올라간다.
└ 그에 비례해 가격도 비싸진다.

※ 지금 당장 필요하지 않아도 의미가 있는 쪽이 더 가치가 높은 세상에서 어떤 전략으로
비즈니스를 할 것인가?

사용가치추구

의미가치추구

'단 하나의 의자'

사람들과 프로세스를 공유하고, 상품의 의미를
전달하는 '프로세스 이코노미'가 더욱 중요하다.

– 오바라 가즈히로 《프로세스 이코노미》 중에서

당신의 비즈니스는 고객에게 어떤 가치를 약속하는가?

오바라 가즈히로의 《프로세스 이코노미》에서는 사용가치와 의미가치가 무엇인지 소개한다.

"벤츠에는 있고, 도요타에는 없는 것이 무엇일까?"

가로축은 의미 가치를 뜻하고, 세로축은 사용 가치를 뜻한다. 도요타, 닛산과 같은 자동차 브랜드는 '특정 기능'을 강조하며 사용 가치에 의미를 둔다. 한편 페라리와 람보르기니는 사용 가치보다는 '희소성'이나 '스토리'와 같은 의미 가치에 비중을 둔다. 한편 BMW와 벤츠는 사용 가치도 높고 의미 가치도 높다. 결국 벤츠는 사용 가치와 의미 가치 둘 다 비중이 높지만 도요타는 특정 기능을 강조하기는 해도 이렇다 할 스토리나 희소성이 있는 자동차는 아니다. 즉 도요타는 의미 가치가 낮은 자동차 브랜드다.

야마구치 슈의 글에서는 의미 가치의 중요성에 대해 언급하고 있다.

"필요를 목적으로 사는 자동차는 가격경쟁력이 우수한 몇몇 상품이 시장을 장악한다. 하지만 의미가 중요한 페라리 같은 경우에는 제품이 희소할수록 가치가 올라간다. 그에 비례해 가격도 비싸진다.

의미 있는 쪽이 더 가치가 높은 세상에서 당신의 것이 지금 당장 필요하지 않은 상품이라면 어떤 전략으로 비즈니스를 할 것인가?

당신이 파는 브랜드가 한 가지 효용가치에 어필하고 있다면 당신은 시장에서 단 하나의 의자를 차지하기 위한 전쟁에서 무조건 승리해야 한다.

예를 들어 하이브리드 자동차가 필요하다면 도요타의 프리우스를 사면 된다. 제2의, 제3의 프리우스를 사는 고객은 없다.

하지만 '스토리' 또는 '희소성'과 같은 의미 가치를 판다면 문제는 달라진다. 얼마든지 다양한 상품을 판매할 수 있다. 물론 가격도 문제가 되지 않는다. 의미 가치는 사람들과 프로세스를 공유하고, 상품의 의미를 전달하는 '프로세스 이코노미'가 더욱 중요한 법이다.

당신이라는 퍼스널 브랜드는 고객에게 무엇을 약속하고 있는가? 사용 가치인가? 아니면 의미 가치인가?

3장

퍼스널 브랜딩의 의미

당신은 자신을 어떻게 규정하나요?

브랜드 정체성은 AS-IS와 TO-BE를 규정하면서 찾아가는 것이다.

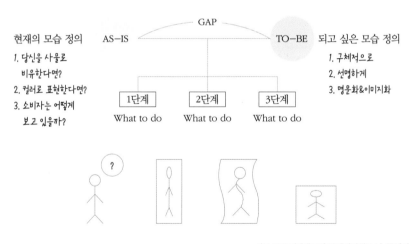

현재의 모습 정의   AS-IS

1. 당신을 사물로
   비유한다면?
2. 컬러로 표현한다면?
3. 소비자는 어떻게
   보고 있을까?

GAP

TO-BE   되고 싶은 모습 정의

1. 구체적으로
2. 선명하게
3. 명문화&이미지화

1단계   2단계   3단계

What to do   What to do   What to do

– 사토 오오키 《넨도의 문제해결연구소》 증에서

당신은 자신을 어떻게 규정하는가?

자신에게 레이블(딱지, Labeling)을 붙이는 것은 정체성을 정의하는 오래된 습관이다. 브랜딩은 자신에게 붙인 레이블로 인식되도록 하는 모든 것이다.

그렇다면 브랜드 정체성Identity은 어떻게 규정하면 되는 것일까?

첫째, 현재의 나AS-IS의 모습을 정의한다.

1. 당신을 사물로 비유한다면?

2. 특정 컬러로 표현한다면?

3. 상대방은 나를 어떻게 보고 있을까?

실제로 SNS에서 나 하면 떠오르는 이미지를 적어 달라고 하면 생각지도 못한 키워드를 보내주기도 한다. 결국 브랜드 이미지는 내가 만들지만 상대방이 어떻게 보느냐가 더 중요하다. 핵심은 그저 지금 그대로의 모습을 정의하면 된다. 그 모습이 맘에 들고 안 들고는 중요하지 않다. 거기서부터 시작하면 된다.

둘째, 되고 싶은 미래의 나TO-BE의 모습을 정의한다.

1. 구체적으로,

2. 선명하게,

3. 명문화 및 이미지화를 한다.

특정 분야의 최고가 되겠다고 정의하고 명문화하는 과정이 바로 브랜드 아이덴터티 FAB에 해당한다. FAB는 내가 누구인지 정의하고Feature, 무엇을 할 것인지 어필하고Advantage, 무엇을 줄 것인지 약속하는Benefit 것을 담은 명문화된 문장이다.

나의 경우는 퍼스널 브랜딩 분야의 최고가 되겠다고 명문화하고 책이나 강연을 통해 그것을 공개적으로 알려온 지 10년이 넘었다. 그 결과 퍼스널 브랜딩 분야의 시조새라는 닉네임까지 얻게 되었다.

조연심의 TO-BE : Excellence in Personal Branding.
(　　　)의 TO-BE : Excellence in ＿＿＿＿＿＿＿.

셋째, 현재의 나와 미래의 나 사이의 차이GAP를 단계별TO DO List를 만들어 실행하면 된다.

AS-IS 1단계 What to do → 2단계 What to do → 3단계 What to do → TO-BE Personal BRAND

퍼스널 브랜딩계의 최고가 되겠다고 결정한 나는 1단계로 관련 책을 쓰기로 했다. 책 쓰기에 필요한 지식을 얻기 위해 읽어야 할 책 20권을 리스트 업 했다. 그 후 연관된 책을 100권까지 확대했다. 하루에 하나씩 칼럼을 쓰기로 하고 독서를 하면서 중요한 내용들을 바로바로 블로그에 포스팅했다. 그 내용을 원고로 마무리하자 한 권의 책이 출간되었다. 그 후로도 1년에 한 권 책을 쓰겠다는 나와의 약속을 지킨 덕분에 10권 넘는 책을 출간할 수 있었다. 2단계는 관련 사람들을 인터뷰하기로 했다. 10년 전에는 퍼스널 브랜딩과 관련된 사람을 찾기가 쉽지 않았다. 그래서 책을 쓴 저자나 기업의 대표들을 인터뷰하면서 브랜딩을 실제 적용하며 살아가는 사람들의 지혜를 얻어낼 수 있었다. 지금은 네이버TV와 오디오클립의 당신브랜드연구소 채널에서 격주로 조연심의 브랜드 쇼를 통해 각 분야 퍼스널 브랜드들의 인터뷰를 진행하고 있다. 3단계는 회사 대표가 되었다. 브랜드 매니지먼트사 엠유는 우호적인 디지털 평판을 유지하기 위해 고객들의 데이터를 검색 가능한, 거래 가능한, 지속 가능한 상태로 관리해주는 일을 한다.

어떤 경우라도 하기로 한 것을 기한 내에 해주는 일을 멈추지 않았기에 엠유는 특별히 광고나 영업을 하지 않아도 고객이 고객을 추천해주는 기업으로 성장할 수 있었다. 이렇듯 단계별 해야 할 일을 정의하고 그에 필요한 과정을 거쳐 결과를 만들어냈기에 지금의 내가 될 수 있었다. 물론 온라인에 남긴 데이터의 힘도 무시할 수는 없다. 사람들은 디지털에 보여진 내 모습을 보며 내가 보여주고 싶은 나의 모습TO-BE으로 그들의 머릿속 이미지 저장고를 채웠을 것이기 때문이다.

세상에 계획만으로 거저 되는 일은 없다. 한 땀 한 땀 온-오프라인 축적된 발자국의 결과가 나를 증명하는 것이다. 브랜드 정체성은 현재의 나 AS-IS와 미래의 나TO-BE를 규정하면서 시작된다.

퍼스널 브랜딩이란 소비자의 머릿속에 나에 대한 긍정적 왜곡을 일으킬 수 있는 조작된 기억을 만드는 과정이다.

브랜딩이란?

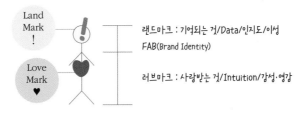

랜드마크 : 기억되는 것/Data/인지도/이성
FAB(Brand Identity)

러브마크 : 사랑받는 것/Intuition/감성·영감

Branding이란 사람들의 머릿속에 들어가 기억되게 하고, 가슴 속에 들어가 좋아하게 하는 것이다.

브랜딩이란?

사람들의 머리와 가슴 사이를 오가며 지속적으로 흔적을 남기는 것이다.

랜드마크이거나

러브마크이거나

랜드마크는 이성을 자극하고, 머리 속에서 기억되는 증표이다.

○○하면 _____ 이렇게 떠오르는 것들은 랜드마크가 구축된 것이다. 피겨 하면 김연아, MC하면 유재석, 강사 하면 김미경 등은 관련 분야와 관련된 수많은 이성적Fact 데이터가 축적된 결과로 얻어진다. 명문화된 브랜드 정체성 FAB, 자신의 분야와 관련된 FACT DATA 등은 인지도와 연결되어 랜드마크 영역에 남는다.

'아하! 저 분야 사람이구나'를 알아볼 수 있으려면 이성을 자극할 수 있어야 한다.

러브마크는 감성을 자극하고, 가슴 속에 남는 증표다.

왠지 모르게 끌리고, 어딘가 모르게 궁금하고, 뭔지 모르게 마음이 가는 사람이 있다. 오래 가는 것, 좋아 보이는 것, 믿을 수 있는 것 등은 그럴 만한 사건이 반복될 때 축적되는 감성적Intuition 데이터다. '저 사람에게 일을 맡겨야겠다.'는 마음을 먹게 하려면 감성을 자극하는 게 필요하다.

브랜드의 어원은 고대 노르웨이어의 'brandr' '불에 달구어 지지다' To burn이다. 브랜딩이란 존재하는 게 아니라 존재한다고 믿는 그 무엇이다. 해당 분야의 고수라는 사실을 인정받기 위해서는 진짜 그런 사람이라고 믿게 할 특성과 사건들이 끊이지 않아야 한다. 그리고 사랑받기에 충분하다는 그런 이미지를 끊임없이 표출해야 한다. 아는 만큼 보이고 축적된 만큼 강력해진다.

브랜딩이란 사람들의 머릿속에 들어가 나를 기억하게 하고 가슴 속에 들어가 나를 좋아하게 하는 것이다. 브랜딩의 종착역은 랜드마크이거나, 러브마크 중 하나다.

BI와 VI는 하는 일이 다르다

비주얼 아이덴티티 (VI)	로고/타이포그래피/심볼 사진/이미지/컬러
브랜드 아이덴티티 (BI)	비전/미션/언어/문화 디자인/커뮤니케이션/로고/ 행동

PI Personal Identity	BI Business Identity

Personal Branding

아무리 좋은 것도 좋아 보이게 표현하지 못하면 제대로 가치를 인정받지 못한다. 신은 사람의 마음을 보지만 인간은 사람의 겉모습을 보고 판단하기 때문이다. 성공적인 퍼스널 브랜딩에는 정체성을 글로 명문화하는 과정과 브랜딩 이미지를 만드는 과정이 필요하다.

퍼스널 브랜딩Personal Branding은 개인적 정체성Personal Identity과 직업적 정체성Business Identity이 더해져 만들어진다. 그중 직업적 정체성은 브랜드 정체성 'BI'와 비주얼 정체성 'VI'가 더해져야 강력해진다.

당신을 증명할 수 있는 BI는 무엇인가? 명함에 표기할 수 있는 상징을 떠올리면 쉽다.

우리가 처음 사람을 만나면 인사를 하고 주고받는 것이 명함이다. 그 명함을 가장 가치 있게 만드는 것이 바로 기업을 상징하는 로고다. 누구나 알아보는 기업 로고라면 그걸로 족하다. 그곳에 속한 내가 누구인지를 구구절절 설명하지 않아도 되기 때문이다. 하지만 스스로 기업이 되기로 한 경우라면 어떨까? 프리랜서나 1인 기업, 소규모 기업 또는 중소기업 대부분은 명함에 들어간 팩트 정보만으로 자신을 소개하는 경우가 많다. 이름, 전화번호, 이메일주소…. 그렇게 받은 명함을 고이 간직하며 다시 연락하는 경우는 대부분 영업적인 목적에 부합할 때다.

그렇다면 퍼스널 브랜드로 승부를 해야 하는 우리는 어떻게 명함을 만들어야 할까? 명함에 담겨야 하는 것은 직업적 정체성이다. 명함을 주고받는 이유 자체가 비즈니스를 하기 위함이니까. 비즈니스 명함에는 내가 누구이고, 어떤 일을 하는지, 어떻게 연락하면 되는지가 담기면 된다. 그럴 때 나를 증명하는 것이 바로 브랜드 정체성과 비주얼 정체성이다.

브랜드 정체성 BI Brand Identity는 기업 또는 조직의 정체성과 가치를 대중에서 전달하기 위한 전략적인 디자인 요소들의 집합이다. BI는 Business Identity로 보아도 무관하다. 당신이 하는 비즈니스는 비전, 미션, 언어, 문화, 디자인, 커뮤니케이션, 로고, 행동 등으로 드러난다. 로고, 컬러, 폰트, 이미지 등을 통해 당신이라는 비즈니스의 목표와 가치를 시각적으로 표현하며, 브랜드 인식과 인지도 향상에 큰 역할을 하게 된다. 특히 디지털 세상에서 보여지는 당신이라는 브랜드는 이름 자체를 넘어 당신이 만들어낸 기업, 프로젝트, 프로그램 등이 로고화되어 보여질 수도 있다.

비주얼 정체성 VI visual Identity는 기업이나 브랜드의 시각적인 정체성을 나타내는 것으로 로고, 타이포그래피, 심볼 symbol, 사진, 이미지, 컬러, 의상, 소품 등으로 표현할 수 있다. VI를 만드는 이유는 기업 또는 브랜드가 더욱 전문적이고 신뢰성 있는 이미지를 제공하며, 고객들이 제품이나 서비스를 인식하고 기억하는 데 도움을 주기 때문이다. 우리가 하는 브랜딩이라는 것이 다른 사람들의 머릿속으로 들어가는 것임을 기억하면 쉽다. '하얀색' 하면 앙드레 김이 떠오르고, '애플' 하면 한 잎 베어 먹은 사과가 떠오르는 것처럼 VI는 시각적 ID를 의미하며 '그것 하면 아하!' 하고 떠올리게 하는 상징이 된다. 열정적이라는 것을 표현하기 위해 빨간색 옷만 갖춰 입기도 하고, 신뢰할 수 있는 이미지를 위해 파란색 슈트를 반복적으로 입는 것도 여기에 해당한다.

퍼스널 브랜딩을 논할 때 유독 이미지 브랜딩을 강조하는 전문가가 많다.

그들에게 도움을 받아서 만들어야 할 이미지가 정치인이나 연예인 이미지인지 아니면 해당 분야의 전문가로 보일 수 있는 신뢰할 수 있는 이미지인지를 판단할 수 있어야 한다. 그 사람답다는 격에 맞는 이미지를 지속적으로 보여줄 수 있을 때 강력해진다.

다음은 생성형 AI 모니카가 알려준 VI를 만들 때 고려해야 할 사항이다.

1. 브랜드 콘셉트 : VI는 브랜드의 콘셉트와 일치해야 합니다. 브랜드의 가치와 이미지를 잘 전달할 수 있도록 디자인되어야 합니다.

2. 로고 디자인 : 로고는 브랜드의 대표적인 이미지이므로, 브랜드 콘셉트와 일치하면서도 독특하고 기억에 남는 디자인이어야 합니다.

3. 컬러 팔레트 : 브랜드의 컬러 팔레트는 브랜드 이미지를 형성하는 중요한 요소입니다. 적절한 색상을 선택하여 브랜드의 감성을 전달할 수 있어야 합니다.

4. 폰트 : VI에서 사용되는 폰트는 브랜드의 이미지와 일치하면서도 가독성이 좋아야 합니다.

5. 디자인 가이드 라인 : VI를 만들 때, 브랜드의 디자인 가이드 라인을 작성하여 일관된 디자인을 유지할 수 있도록 해야 합니다.

6. 다양한 매체에 대한 대응 : VI는 다양한 매체에서 사용될 수 있도록 디자인되어야 합니다. 웹, 모바일, 인쇄 등 다양한 매체에서 일관된 이미지를 유지할 수 있어야 합니다.

당신이 하는 일에서 주목받기 위해서는 어쨌거나 있어빌러티해야 한다. 있어빌러티는 '있어 보이다'와 'ability'가 결합된 합성어다. 있어 보이게 표현하는 것도 해당 분야에 대한 축적된 지식이 최적화되었을 때 가능해진다.

그 많던 1등은 다 어디로 간 것일까?

해마다 1등은 나온다. 하지만 그해 어떤 브랜드가 1위였는지 기억하는 사람은 없다.

피겨하면 김연아

국민MC하면 유재석

마케팅하면 필립 코틀러

주식하면 워렌 버핏

퍼스널 브랜딩하면 조연심

우리가 기억하는 건 카테고리 1위뿐이다. 당신은 어떤 카테고리에서 1위가 될 것인가?

_____하면 〇〇〇

그 많던 1등은 다 어디로 간 것일까?

해마다 1등은 나온다. 하지만 그 해 어떤 브랜드가 1위였는지 기억하는 사람은 없다.

피겨하면 김연아. 국민 MC 하면 유재석. 프로젝트 하면 톰 피터스. 주식 하면 워런 버핏.

퍼스널 브랜딩 하면 조연심.

우리가 기억하는 건 카테고리 1위뿐이다. 당신은 어떤 카테고리에서 1위가 될 것인가?

마케팅에서 성공하는 법 중에 이런 말이 있다. 최초가 되거나, 최고가 되거나. 하지만 브랜딩에서는 다른 공식이 더해진다. 최초가 되거나, 최고가 되거나, 최종이 되거나.

결국 자신이 속한 카테고리에서 오래도록 살아남아야 한다.

누가 더 친구가 많을까?

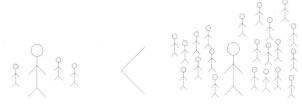

어떻게 하면 남들의
관심을 얻을 수 있을까?

저들의 관심은 뭘까?

"남들의 관심을 얻으려고 애쓰는 사람이 2년동안 얻은 친구보다,
다른 사람에게 관심을 갖는 사람이 2개월만에 얻은 친구가 더 많다."

– 데일 카네기 《인간관계론》 중에서

※ 인기를 얻기 위한 3가지 방법

1. 비위 맞추기 : 'I like you.'

하루 18대. 연간 평균 1,000대의 자동차를 판 조 지라드. 상대방의 특별한 점을 발견하고 상대방을 좋아한
다는 것을 일깨워줘라. 구체적인 칭찬. 존경거리를 찾아라. 상대방에게 충고를 구하라. 존경심의 최고치다.

2. 의견의 일치 : '카멜레온 효과' '나'보다 '우리'라는 말을 써라.

"흉내내기는 가장 솔직한 비위 맞추기의 방식이다."   – 오스카 와일드

핵심가치를 공유하라. 상대와 공통분모를 찾아라. 사람들은 자신과 같은 의견을 가진 사람에게 끌린다.

3. 호감을 얻는 자기서술 : '긍정적'인 사람처럼 보여라. '우등생 효과'

될 사람은 뭘 해도 되는 것처럼 보여라. 당신 자신에 대해 〈유능하게〉 소개하라.

개인적인 면을 드러냄으로써 호의를 이끌어내라.

– 잭 내셔 《어떻게 능력을 보여줄 것인가》 중에서

당신 주변에는 유독 인기가 많은 사람이 있을 것이다. 도대체 왜 그 사람 주변에는 사람이 많은 걸까? 데일 카네기의 《인간관계론》에 보면 그 답이 나온다.

"남들의 관심을 얻으려고 애쓰는 사람이 2년 동안 얻는 친구보다 다른 사람에게 관심을 갖는 사람이 2개월 만에 얻는 친구가 더 많다."

그렇다면 사람들에게 인기를 얻으려면 어떻게 하면 될까? 《어떻게 능력을 보여줄 것인가》의 저자 잭 내셔는 인기를 얻기 위한 3가지 방법을 제시한다.

하나, 비위 맞추기다.

"I like you." 나를 좋아한다는 사람을 싫어하는 건 그리 쉽지 않다. 하루 18대, 연간 평균 1,000대의 자동차를 팔아 기네스에 올라간 영업의 신, 조 지라드가 했던 방법은 고객들의 비위를 맞추는 거였다. 그는 상대방의 특별한 점을 발견하거나 상대방을 좋아한다는 것을 일깨워주고 구체적인 칭찬이나 존경거리를 찾았다. 상대방에게 충고를 구하는 것은 존경심의 최고치다. 결국 내가 잘났다는 것을 자랑하는 것이 아니라 상대방이 잘났다는 것을 알게 해 주는 것이 친구가 되는 좋은 방법이다.

둘, 의견의 일치다.

'카멜레온 효과'를 아는가? 상대방의 행동을 따라 하면 뭔가 대화가 잘 흘러간다거나 혹은 우리가 뭔가 잘 맞는다는 느낌을 받고, 상대방이 나랑 뭔가 통하고 비슷하다는 생각을 하게 된다. 그래서 자신도 모르게 호감도가 상승하는 효과가 나타나는데 이 현상을 카멜레온 효과라고 한다.

"흉내 내기는 가장 솔직한 비위 맞추기의 방식이다." 오스카 와일드의 말이다. '나'보다 '우리'라는 말을 쓰고, 핵심 가치를 공유하고, 상대와 공통분모를 찾아라. 사람들은 자신과 같은 의견을 가진 사람에게 끌린다.

셋, 호감을 얻는 자기 서술을 하라.

긍정적인 사람처럼 보여라. 될 사람은 뭘 해도 되는 것처럼 보이는 '우등생 효과'가 호감도를 높인다. 우등생 효과란, 학교나 직장에서 성적이나 성과가 우수한 사람들이 다른 사람들보다 더 큰 기회와 혜택을 누리는 현상을 말한다. 사람들이 우등생처럼 보이는 사람과 친해지려는 이유는 우등생이 누리는 기회와 혜택을 자신에게도 나눠줄 수 있다고 믿기 때문이다. 개인적인 면을 드러냄으로써 호의를 이끌어내라.

사람들은 다른 사람에게 사랑받는 사람을 사랑한다. 피곤한 뇌가 작동하는 원리가 단순하기 때문이다. 다른 사람들이 사랑한다는 건 그럴 만한 이유가 있을 것이다. 그러니 나도 믿고 사랑하면 되겠다고 생각하는 것이다. 인기 있는 사람이나 베스트셀러가 더 사랑받는 이유다.

나를 칭찬하는 사람에게 호감을 보이고 같은 생각을 하는 사람들끼리 모이고 긍정적으로 말하는 사람들에게 후한 점수를 준다. 한 마디로 아무 이유 없이 사랑받는 사람은 없다.

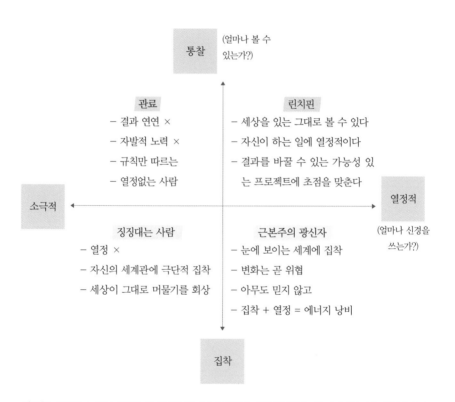

린치핀과 골드칼라 노동자는 닮았다. 자기주도적이고 스스로 결정하고 책임지고 결과를 만든다. 중요한 점은 자신만의 아이디어(생각)가 있고, 그 아이디어를 실현시킬 수 있는 지식과 역량을 갖춘 사람들이다.

— 세스 고딘의 《린치핀》 중에서

내가 어떤 부류의 사람인지 아는 것은 중요하다. 세상의 변화를 얼마나 볼 수 있는지(통찰)와 그 변화에 얼마나 신경을 쓰는지(열정)에 따라 4부류의 사람 중 어느 한 곳에 속한다.

세스 고딘의 《린치 핀》에 나오는 사사분면을 보면 내가 어떤 부류의 사람인지를 알 수 있다.

첫째, 통찰은 높은데 소극적인 관료는 결과에 연연하지 않고, 자발적 노력도 하지 않는다. 규칙만 따르고 열정이 없는 사람이다.

둘째, 통찰도 낮고 소극적인 사람은 매사에 징징대는 사람이다. 그는 열정도 없고, 자신의 세계관에 극단적 집착을 하고 세상이 그대로 머물기를 희망한다.

셋째, 통찰은 낮고 열정적인 사람은 근본주의 광신자다. 눈에 보이는 세계에 집착하고 변화는 곧 위협이라고 여긴다. 아무도 믿지 않고 무언가에 집착하고 열정을 보이는 것을 에너지 낭비라고 여긴다.

넷째, 통찰도 높고 열정도 높은 린치핀이다. 세상을 있는 그대로 볼 수 있다. 자신이 하는 일에 열정적이고 결과를 바꿀 수 있는 가능성 있는 프로젝트에 초점을 맞춘다.

조연심의 《나를 증명하라》에는 3가지 부류의 노동자가 나온다.

19세기 산업 시대에는 단순 육체노동을 하는 블루칼라 노동자가, 20세기 정보 시대에는 고도의 정신노동을 하는 화이트칼라 노동자가, 21세기 지식 창조 시대에는 아이디어로 일하는 골드칼라 노동자가 뜬다.

골드칼라 노동자Gold collar worker는 구글 위키백과에 따르면 육체적인 노동력, 학력, 경력, 자격증이 아닌 '아이디어'를 무기로 일하는 사람들이다. 자신이 좋아하는, 자신만이 할 수 있는 일을 하기 때문에 자발적이고 주도적이다. 골드칼라가 되기 위해서는 자기관리, 폭넓은 시각과 전망, 네트워크 활용, 팀워크, 설득력 등이 필요하다. 아이디어 노동자는 내가 누구이고, 어떤 사람이 될 것이며, 무슨 일을 가장 잘하고, 앞으로 언제까지 무엇을 해낼 것인지를 스스로 결정해야 한다.

이 시대가 요구하는 사람은 시대의 변화를 객관적으로 볼 수 있는 통찰을 가지고 있고 현재의 상황에서 내가 집중해서 변화를 이끌어낼 수 있는 것에서 결과를 만들어내는 사람이 되는 것이다. 그런 사람들을 우리는 '린치핀' 또는 '골드칼라 노동자'라 부른다.

"당신의 손에는 주로 무엇이 들려 있는가?"
핸드폰, 노트북, 카드, 로또, 수저, 가위, 책, 펜, 친구와 맞잡은 손…. 선택은 자유다.
다산 정약용이 말한 "결국 인간의 본성은 비슷하나 배우고 익히는 것에 따라 멀어진다."는 문장처럼 어떤 일을 반복하던 결국 자신이 선택한 결과로 우리의 삶은 달라진다.

팔리는 능력은 뭘까?

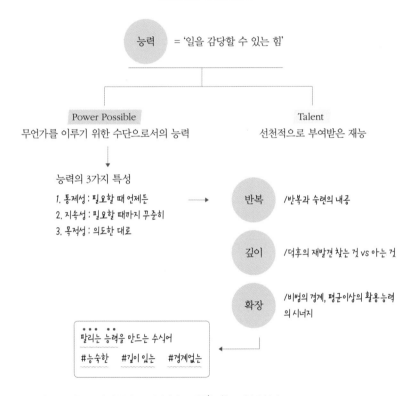

능력 = '일을 감당할 수 있는 힘'

Power Possible
무언가를 이루기 위한 수단으로서의 능력

Talent
선천적으로 부여받은 재능

능력의 3가지 특성
1. 통제성 : 필요할 때 언제든
2. 지속성 : 필요할 때까지 꾸준히
3. 목적성 : 의도한 대로

반복 /반복과 숙련의 내공

깊이 /덕후의 재발견 찾는 것 vs 아는 것

확장 /비범의 경계, 평균이상의 활용능력
의 시너지

팔리는 능력을 만드는 수식어
#능수한 #깊이 있는 #경계없는

※ 능력은 통제 가능하고, 지속적이야 하며, 목적달성을 위해 활용할 수 있어야 한다.

– 박창선 《팔리는 나를 만들어 팝니다》 중에서

'나는 뭘 잘하지?', '이제 뭐 해 먹고 살지?'

아는 것 같거나, 한두 번 해 봤거나, 할 수 있다고 자신한다고 해서 능력이 있다는 의미는 아니다. 특히 '팔리는 능력'은 더욱 아니다.

능력은 일을 감당할 수 있는 힘을 말한다. 그리고 능력에는 두 가지 능력이 존재한다. 하나는 무언가를 이루기 위한 수단으로서의 능력, 즉 Power Possible과 다른 하나는 선천적으로 부여받은 재능인 Talent가 있다. 이 두 가지 능력이 더해져야 비로소 팔리는 능력이 된다.

박창선의 《팔리는 나를 만들어 팝니다》에는 시장에서 팔리는marketable 능력인지 아닌지 알아보려면 세 가지 특성을 살펴보라고 조언한다.

첫째, 통제성이다. 필요할 때면 언제든 사용할 수 있어야 한다. 둘째, 지속성이다. 필요할 때까지 꾸준히 지속되어야 한다. 셋째, 목적성이다. 의도한 대로 활용할 수 있어야 한다. 결국 팔리는 재능인지 아닌지는 통제성, 지속성, 목적성의 잣대로 재보면 된다.

그렇다면 어떻게 해야 팔리는 능력을 만들 수 있을까?

첫째, 반복이 답이다. 반복과 숙련으로 만들어진 내공은 재능을 언제든 통제 가능한 상태로 만들어 놓는다. 어떤 것을 꾸준히 하면 이론적으로 이해하는 것을 넘어 두뇌가 저절로 기억하고 손이 먼저 반응하는 단계가 됩니다. 흔히 설명하지 않아도 저절로 그 일을 하는 단계에 이르게 된다. 자신이 하는 일이 어떤 분야의 일이건 반복과 숙련은 몸값의 차이를 만드는 가장 확실한 방법이다.

둘째, 깊이가 답이다. 흔히 무언가를 하나 깊이 파고드는 덕후의 재능이 빛을 발할 수 있다. 단순하게 아는 것을 넘어 자신만의 지식과 지혜로 필요한 정보를 찾아 연결하고 그에 따른 의미를 발견하는 수준에 이를 수 있다.

셋째, 확장을 통한 비범이다. 각 능력이 합쳐져 시너지를 내려면 각각의 능력이 모두 평균 이상의 활용 능력을 갖추어야 한다. 흔히 정상에 오르면 다른 정상이 보인다고 한다. 분야별 최고의 고수들은 각자의 전문성을 바탕으로 다른 영역의 고수와 얼마든지 융합하고 시너지를 만든다. 프로페셔널의 집합체가 되어 성과를 내는 어벤저스를 상상하면 된다.

팔리는 능력을 만드는 수식어는 #능숙한, #깊이있는, #경계없는 능력이다. 세상이 필요로 하는 능력은 필요할 때면 언제든 발휘할 수 있어야 하고 필요로 할 때까지 꾸준히 지속되어야 하며 목적한 바에 맞게 활용 가능해야 한다. 당신의 능력은 팔리는 능력인가?

좋아하는 것 vs 잘하는 것 차이 알기

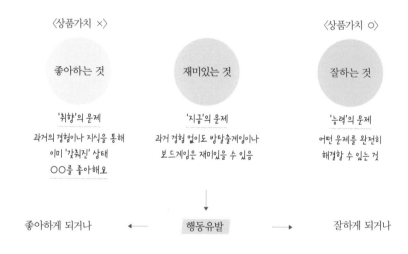

〈상품가치 ×〉

좋아하는 것

'취향'의 문제

과거의 경험이나 지식을 통해
이미 '갖춰진' 상태
○○를 좋아해요

재미있는 것

'지금'의 문제

과거 경험 없이도 방탈출게임이나
보드게임은 재미있을 수 있음

〈상품가치 ○〉

잘하는 것

'능력'의 문제

어떤 문제를 완전히
해결할 수 있는 것

좋아하게 되거나   ←   행동유발   →   잘하게 되거나

※ 좋아하는 일을 (능력)으로 바꾸지 못하면 그저 좋아하는 일만 중독성 있게 한 것이다. '좋아하는 일로 돈을 벌고 살거야'
라는 명제는 스스로를 합리화하기에 최적의 수단이다.

– 박창선 《팔리는 나를 만들어 팝니다》 중에서

'좋아하는 것으로 먹고 살고 싶다'는 사람이 많다. 하지만 좋아하는 것은 '취향'의 문제로 과거의 경험과 지식을 통해 이미 갖춰진 상태를 말하고, 이 자체만으로는 상품가치가 없다.

재미있는 것은 '지금'의 문제로 과거 경험이 없어도 얼마든지 즐길 수 있는 일이다. 방탈출 게임이나 보드게임처럼 말이다. 잘하는 것은 '능력'의 문제로 어떤 문제를 완전히 해결할 수 있다는 것을 뜻한다.

흔히 재미있는 것은 취향과 능력 두 갈래 길로 행동을 유발한다. 그 일을 좋아하게 되거나 잘 하게 되거나.

좋아하는 것을 상품 가치가 있는 잘하는 것으로 바꾼다는 것은, 아는 것에서 활용 가능한 것으로 넘어갔다는 것이고 실무적인 과정을 포함한 정제 과정을 거쳤다는 의미다. 이 과정은 강렬하고 빡세고 지루하고 더딘 반복의 연속선상 어딘가를 지난다.

'좋아하는 일로 돈을 벌고 살 거야'라는 명제는 스스로를 합리화하기에 최적의 수단이다. 결국 좋아하는 일을 능력으로 바꾸지 못하면 그저 좋아하는 일만 중독성 있게 한 것이기 때문이다.

자기 자신에 대해서 간단하게 설명해 보세요

– 구글의 채용 인터뷰 중에서

'최근에 만난 다섯 명의 사람'이 나 자신을 설명해준다

매일 만나는 가족이나 친구, 직장 동료를 제외하고 어떤 사람을 만났는가가 자신의 관심사와 성장 목표를 확연히 보여준다. 이때 온·오프라인 만남, 강의 수강, 책 속의 멘토 등도 포함한다.

〈가장 좋은 교재, 사람〉

나에게 필요한 역량이 무엇인지 고민하고, 각 분야별 멘토를 찾는다.

조언심의 | 퍼스트브랜드 분야 멘토 | List

역량	포트폴리오	프로젝트	마켓	일의 미래	퍼스널 브랜딩
멘토	찰스 핸디 영국	톰 피터스 미국	필립 코틀러 미국	린다 그래튼 영국	히데유키 야마모토 일본

당신에게 필요한 역량은 무엇이고, 그 역량과 관련된 멘토는 누구인가?

– 조용민 《언바운드》 중에서

"최근 관심사가 무엇인가?"

한 유명한 사업가가 처음 만나는 사람에게 묻는 질문이라고 한다. 실제로 구글의 채용 인터뷰에서는 '자기 자신에 대해서 간단하게 설명해 보라'는 주문을 한다고 한다.

조용민의 《언바운드》에도 비슷한 내용이 나온다. '최근에 만난 다섯 명의 사람'이 나 자신을 설명해 준다. 매일 만나는 가족이나 친구, 직장 동료를 제외하고 어떤 사람을 만났는가가 자신의 관심사와 성장 목표를 확연히 보여준다. 이때 온-오프라인 만남, 강의 수강, 책 속의 멘토 등도 내가 누구인지를 보여주는 증거가 된다.

당신에게 필요한 역량은 무엇이고, 그 역량과 관련된 멘토는 누구인가? 가장 좋은 교재는 사람이라는 말이 있다. 내가 만난 다섯 명의 사람은 모두 나의 멘토가 되었다. 퍼스널 브랜드라는 개념조차 희미했을 때부터 지금까지 만나게 된 멘토는 나를 지금의 자리에 올 수 있게 한 최고의 구원투수들이다.

나는 역량별로 멘토가 있다. 첫째, 포트폴리오 멘토는 영국의 매니지먼트 사상가인 찰스 핸디다. 그는 포트폴리오 인생을 살아야 하는 이유와 방법에 대해 그의 책을 통해 친절하게 설명해 주었다.

둘째, 프로젝트 멘토는 미국의 톰 피터스다. 프로젝트가 무엇인지, 어떻게 해야 상대방으로부터 '와우WOW'하는 반응을 이끌어낼 수 있는지, 끌리는 프로젝트를 만들기 위해서는 무엇을 어떻게 해야 하는지에 대한 모든 것을 알려주었다.

셋째, 마켓 멘토는 미국의 필립 코틀러다. 첨단 기술이 눈부신 하이테크 High Tech시대에는 사람의 마음을 어루만질 수 있는 하이터치High Touch 능력이 더해져야 고객이 지갑을 연다는 사실을 강력하게 알려 주었다.

넷째, 일의 멘토는 영국의 린다 그래튼이다. 《일의 미래》라는 책을 통해 앞으로 미래가 어떻게 변할 것인지와 그로 인해 우리가 알고 있는 직업들이 어떻게 될 것인지에 대한 통찰을 일찌감치 깨우쳐 주었다. 나는 이 책을 2012년 출간되던 해에 읽을 수 있었고 덕분에 프리랜서로 사는 삶을 선택하는 데 주저하지 않을 수 있었다.

다섯째, 퍼스널 브랜딩 멘토는 일본의 히데유키 야마모토다. 그는 퍼스널 브랜드는 실제로 존재하는 것이 아니라 다른 사람의 머릿속에 자리 잡는 것이고 그것을 위해 온-오프라인 필요한 일을 하는 과정이 퍼스널 브랜딩 이라는 것을 명확하게 알려 주었다.

정리하면 나를 이 자리에 있게 한 멘토들도 결국은 나의 관심사에서 시작한 책 속에서 만난 인연들이었다. 요즘 만나는 사람이 누구인가, 관심사가 무엇인가라는 질문에 대한 답이 그 사람을 말해준다.

나에게 필요한 역량이 무엇인지 궁금한가? 그 역량을 키우려면 누구를 만나야 하는지 아는가? 자신에게 필요한 역량과 그 역량을 키우기 위해 만나면 좋을 멘토를 도표로 만들어보라. 해당 역량을 채워줄 멘토가 반드시 한 명일 필요는 없다. 세상은 넓고 우리가 배울 멘토는 얼마든지 있다.

혜택에 따라 고객이 달라진다

1. 기능적 혜택
문제해결이 핵심
가성비 중요

#공감
#강력한 기능적
　차별화

#핵심은 가격이 아니라 희소성

합리적 < 감정적의사결정
#팬덤마케팅
#불매운동불사
#공정

5. 자존적 혜택
의리가 우선!
이익포기, 브랜드공명

재미있는 것

2. 상징적 혜택　'이상적인 나' 표현욕구
남에게 뽐내고 싶은 과시욕 '기부행위'
자아 이미지, 사회적 지위,
집단소속감, 표현욕구

4. 이타적 혜택
사회에 기여하는 브랜드

#공생
#죄책감

#CSR
#CSV
기업이 무엇을 만드는
가 vs 기업이 무엇에 신
경 쓰고 있는가
　　　－ 필립 코틀러
고객가치중심 마케팅
→ 사회지향적 마케팅

가격 ↑ 희소성 ↑ 수요 ↑
#Flex # 챌린지과정
#잇어빌러티

3. 경험적 혜택
감각적 경험은 특별해
이케아 효과, 오감의 즐거움
음식을 눈으로 먹는 시대. 지적 즐거움
문제해결이 핵심
가성비 중요

－ 김지헌 《마케팅 브레인》 중에서

당신이 브랜드를 선택하는 이유는 무엇인가? 지금 당장 필요해서, 그냥 예뻐서, 내가 사기만 해도 좋은 일 하는 것 같아서, 의리상 필요도 없는 물건을 사기도 한다.

지금은 무언가 필요해서 물건을 사는 시대가 아니다. 당신은 고객에게 어떤 혜택을 약속하고 있는가? 혜택에 따라 고객이 달라진다.

김지헌의 《마케팅 브레인》에 보면 고객에게 약속할 수 있는 다섯 가지 혜택이 나온다.

첫째, 기능적 혜택이다. 문제해결이 핵심이고 가성비가 중요하다. 고객의 문제에 대한 공감이 중요하고, 그에 따른 강력한 기능적 차별화가 포인트다. '거북목에는 꼬북배게'와 같은 마케팅이 통하는 이유다.

둘째, 상징적 혜택이다. '이상적인 나'를 표현하고자 하는 욕구에 소구하면 된다. 여기서 핵심은 가격이 아니라 희소성이다. 남에게 뽐내고 싶은 과시욕, 자아 이미지, 사회적 지위, 집단 소속감 등의 표현 욕구를 만족시켜주면 된다. 가격이 높을수록, 희소성이 클수록 수요가 올라간다. #Flex, #있어빌러티 #챌린지과정 등도 일종의 상징적 혜택에 포함된다.

셋째, 경험적 혜택이다. 감각적 경험은 특별한 감동을 준다. 직접 조립하는 가구라서 더 특별한 이케아 효과를 기억해 보라. 오감의 즐거움을 선물하라. 음식을 눈으로 먹는 시대다. 지적 즐거움 또한 놓칠 수 없는 경험적 혜택이다.

넷째, 이타적 혜택이다. 사회에 기여하는 브랜드에 고객은 움직인다. #공생, #죄책감 등에 어필하면 된다. 필립 코틀러에 의하면 '기업이 무엇을 만드는가'보다 '기업이 무엇에 신경 쓰고 있는가'가 더 중요하다. 고객가치중심 마케팅에서 사회지향적 마케팅으로 변했기 때문이다.

다섯째, 자존적 혜택이다. 브랜드 공명상태로 의리가 우선이다. 브랜드 공명은 소비자들이 기업의 제품 또는 서비스를 받았을 때 느끼는 인식, 감정, 경험 등의 종합적인 이미지를 의미한다. 이쯤 되면 브랜드가 곧 나라고 생각한다. 이들은 합리적이 아닌 감정적 의사결정을 한다. #팬덤마케팅도 가능하지만 반대로 공정하지 않다는 이유로 불매운동도 불사한다.

지식 비즈니스를 하는 나는 주로 상징적 혜택을 약속한다. 퍼스널 브랜딩을 하게 되면 당신의 위상이 올라가게 될 것이고, 당신의 비즈니스 영향력이 높아지고 그 결과 고객들로부터 인정과 감사를 받게 된다. 결국 존경받는 사람이 될 것이다. 그렇게 자신의 높아진 위상을 상상하게 되면 고객의 반응은 하나다.

"저도 하고 싶어요. 이제 전 무엇을 하면 될까요?"

그 다음은 계약하고 절차대로 매니지먼트 서비스를 제공하면 된다. 아무 것도 필요 없는 시대의 마케팅에도 공식이 있다.

Personal Branding에서 고민해야 할 것들

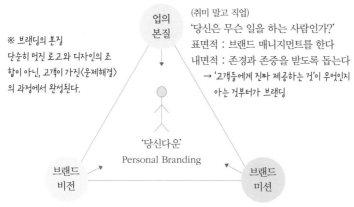

※ 브랜딩의 본질
단순히 멋진 로고와 디자인의 조합이 아닌, 고객이 가진〈문제해결〉의 과정에서 완성된다.

(취미 말고 직업)
'당신은 무슨 일을 하는 사람인가?'
표면적 : 브랜드 매니지먼트를 한다
내면적 : 존경과 존중을 받도록 돕는다
→ '고객들에게 진짜 제공하는 것'이 무엇인지
아는 것부터가 브랜딩

업의 본질

'당신다운'
Personal Branding

브랜드 비전

브랜드 미션

어떤 문제를 해결해서 어떤
세상이 도래하길 원하는가?
→ '일상'에서 고객이 '불편'하다고
느끼는 부분이 무엇인가?
→ 그 '불편'을 해소하고 나면 고객이
느끼는 세상은 어떻게 될까?

비전을 성취하기 위해 무슨
일을 해야 하는가?
→ 유효한 디지털 평판데이터는
어떻게 쌓아야 할까?
→ 네트워크 확대를 위해 누구와
협력할 것인가?

MU의 비전과 미션, 업의 본질을 하나의 문장(FAB)에 담아본다면, 퍼스널 브랜딩 그룹 엠유는 검색 가능한,

거래 가능한, 신뢰 가능한 비즈니스 평판을 매니지먼트함으로써 지속가능한 성취경험을 서비스합니다.

– 조연심 《퍼스널 브랜드대학》 M2 중에서

퍼스널 브랜딩 전성시대, 무엇을 어떻게 왜 해야 하는가? 퍼스널 브랜딩에 있어 중요한 세 가지는 '업의 본질, 브랜드 미션, 브랜드 비전'을 정의하는 것이다.

당신다운 퍼스널 브랜드가 되려면 다음의 세 가지가 명확해야 한다.

첫째, 업의 본질을 정의하라. 당신은 무슨 일을 하는 사람인가? 취미 말고 직업을 묻는 것이다. 나의 경우 표면적으로는 브랜드 매니지먼트 일을 한다고 정의한다. 그러나 내면적으로는 고객이 존경과 존중을 받도록 돕는다고 정의한다. 핵심은 고객들에게 진짜 제공하는 것이 무엇인지 아는 것부터가 브랜딩의 시작이다.

둘째, 브랜드 비전을 제시하라. 당신이 하는 일은 고객의 어떤 문제를 해결해서 어떤 세상이 도래하길 원하는가? 일상에서 고객이 불편하다고 느끼는 부분이 무엇인가? 그 불편을 해소하고 나면 고객이 느끼는 세상은 어떻게 될까? 나의 브랜드 비전은 고객의 문제해결 자체가 아니라 문제해결 저 너머에서 느낄 수 있는 그 무엇과 닿아 있어야 한다.

셋째, 브랜드 미션을 공개하라. 비전을 성취하기 위해 무슨 일을 해야 하는가?

고객의 문제해결을 위해 언제까지 무엇을 어떻게 할 것인지를 구체적으로 공개하면 된다. 유효한 디지털 평판 데이터는 어떻게 쌓아야 하는지, 네트워크 확대를 위해 누구와 협력할 것인지를 고객이 알 수 있도록 보여주면 된다.

브랜드 정체성에는 업의 본질, 브랜드 미션, 브랜드 비전이 담기고 그것을 명문화된 하나의 문장으로 보여줄 수 있어야 한다. 조연심의《퍼스널 브랜딩에도 공식이 있다》에 소개한 브랜드 정체성 FAB가 그것이다.

내가 누구인지 정의하고Feature, → 업의 본질

무엇을 할 것인지 어필하고Aadvantage, → 브랜드 미션

무엇을 줄 것인지 혜택을 약속하는 것Benefit. → 브랜드 비전

엠유MU의 업의 본질, 브랜드 비전, 브랜드 미션을 하나의 문장FAB에 담아 본다면, 다음과 같다.

"퍼스널 브랜딩그룹 엠유는 검색 가능한, 거래 가능한, 신뢰 가능한 비즈니스 평판을 매니지먼트함으로서 지속 가능한 성취 경험을 서비스한다."

브랜드 정체성은 업의 본질, 브랜드 비전, 브랜드 미션을 정의하면서 명확해진다.

당신에게는 '또다른 AI'가 있나요?

미적지능 Aesthetic Intelligence , 혹은 '또다른 AI'
미적지능을 키우기 위해 여러 가지 접근법과 구체적인 연습들로 미적 근육을 만들고,
그 근육들을 이용해 고객을 내 편으로 만드는 과정 4단계

또다른 AI, 미적지능을 키우는 4STEP

1STEP '적응'(Attunement)
주위 환경과 그 속에서 받는 자극들이 어떤 효과를 내는지
예민하게 받아들이는 능력을 발전시키는 연습과정

4STEP '큐레이션'(Curation)
최대의 효과를 이루기 위해 다양한
소스와 이상들을 조직, 통합, 편집
하는 과정

2STEP '해석'(Interpretation)
감각기관이 자극을 받으면서 일어나는 긍정적이거
나 부정적인 감정들을 미적입장·선호·표현의 토대
를 형성하는 생각들로 번역해 내는 과정

3STEP '명료화'(Articulation)
팀원들이 전망을 이해할 뿐 아니라 신중히 수행
하도록 당신의 브랜드, 제품, 서비스의 미적 이상
을 분명하게 표현하는 과정

코코 샤넬 '우아함은 거절에서 비롯된다.(Elegance is refusal.)'라고 말했듯 미학을 달성하는 과정에서
'편집'에 관련된 지시는 정말로 중요하다.

– 폴린 브라운 《사고 싶게 만드는 것들》 중에서

사람들은 더 이상 '물건'을 찾지 않는다. 그들은 배움과 발견의 기회를 필요로 하며 자신들이 누구인지, 각자가 어떻게 느끼는지를 표현하고 싶어한다.

고객의 85%는 품질이 아닌 '다른 무언가' 때문에 상품을 선택한다. 나를 상징하는 온갖 종류의 코드를 구성하는 방법을 알고 있는가?

로고, 재질, 냄새, 소리, 패키징까지 소유욕을 부르는 상품의 특별한 비밀은 무엇일까? 미적 지능, 또 다른 AI Aesthetic Intelligence가 그 답이다.

"우아함은 거절에서 비롯된다. Elegance is refusal." 코코 샤넬의 말이다. 미학을 달성하는 과정에서 '편집'에 관련된 지시는 정말로 중요하다. 미적 지능을 키우기 위해 여러 가지 접근법과 구체적인 연습들로 미적 근육을 만들고, 그 근육들을 이용해 고객을 내 편으로 만들어야 한다.

폴린 브라운의 《사고 싶게 만드는 것들》에 소개된 미적 지능은 적응-해석-명료화-큐레이션의 4단계의 과정을 통해 훈련된다.

1단계는 적응이다. 주위환경과 그 속에서 받는 자극들이 어떤 효과를 내는지 예민하게 받아들이는 능력을 발전시키는 연습 과정이다.

2단계는 해석이다. 감각기관이 자극을 받으면서 일어나는 긍정적이거나 부정적인 감정들을 미적 입장, 선호, 표현의 토대를 형성하는 생각들로 번역해 내는 과정이다.

3단계는 명료화다. 팀원들이 전망을 이해할 뿐 아니라 신중히 수행하도록 당신의 브랜드, 제품, 서비스의 미적 이상을 분명하게 표현하는 과정이다.

4단계는 큐레이션이다. 최대의 효과를 이루기 위해 다양한 소스와 이상들을 조직, 통합, 편집하는 과정이다.

당신을, 당신이라는 브랜드를, 당신의 퍼스널 브랜딩을 '있어빌리티'하게 하려면 '또다른 AI'는 거절할 수 없는 역량이다. 무엇이, 어떻게 미적 매력을 풍기는지, 그리고 사업이나 삶에서 왜 그렇게 미학이 중요한지를 아는 것은 비즈니스나 브랜딩에 있어서 거의 절대적이다.

당신이 선택한 단어는 무엇을 상징하고 있나요?

15%
분석적 사고
이성과 논리, 상품의 생김새와 기능

〈 구매결정 〉

85%
느낌(미적 기쁨)
감각적인 요소, 오감, 미적, 창의적 자산

※ 우리 모두는 각자의 경험과 환경이 만들어낸 산물이다. 남들을 따라하는 브랜드는 눈에 띄는 발전이 없다.

→ 자신이 하는 일이 무엇을 의미하며 무엇을 하고 싶은지를 이해하는 게 각자가 더욱 독특해질 수 있는 길.

✿ 여러 감각을 자극할 무언가를 [연상]시키거나 [감정적 연결]을 이끌어내는 방법을 터득한 회사만이 얻는 장기적 가치가 존재한다.

〈미적 명료화〉에서 가장 중요한 요소는 구체성

제품의 목적을 전달하고, 제품에 의미를 불어넣고, 제품을 통해 강력하고 긍정적인 감정들을 불러일으키고 싶다면,
명료화가 구체적이어야만 한다.

→ 우리가 선택하는 단어들은 반드시 자사의 제품(서비스)을 사용하는 경험을 상기시켜야 한다.

〈좋은 선택〉을 부르는 단어(또는 문장) 선택법

1) 정확성	2) 독점성
당신이 생각한 거과 정확히 같은 이미지를 다른 사람도 떠올릴만큼 그 단어가 제품을 정확히 묘사하는가?	그 단어들은 '독점 가능'한가? 단어를 듣자마자 제품 특유의 형태를 떠올리는가?
3) 핵심성	4) 상징성
그 단어들이 당신이 제공하고자 하는 경험의 핵심인가, 아니면 부속품인가?	그 단어는 제품과 회사에 불어넣고 싶은 전반적인 어조에 부합하는가? 제품의 속성, 미학, 회사의 가치도 강화하는가?

미적 명료화 : 정확한 소통, 강력, 매력적, 기억에 남는 표현이어야 한다.

— 폴린 브라운 《사고 싶게 만드는 것들》 중에서

내가 사용하는 단어Word가 내가 속한 세상World을 결정한다. 명료한 단어 사용은 나의 브랜드의 비전을 전달하고, 긍정적인 감정을 불러일으킨다. 당신이 선택한 단어는 무엇을 상징하고 있는가?

고객이 구매를 결정하는 것은 분석적 사고(15%)보다 미적 느낌과 같은 감각적 요소(85%)에 더 끌린다. 분석적 사고는 이성과 논리, 상품의 생김새와 기능을 중요하게 여긴다. 감성적 사고는 오감, 미적, 창의적 자산, 느낌 등으로 어필한다. 결과적으로 보면 상품 자체의 효능은 충분한 격차를 만들어내지 못한다.

우리 모두는 각자의 경험과 환경이 만들어낸 산물이다. 남들을 따라 하는 브랜드는 눈에 띄는 발전이 없다. 고로 자신이 하는 일이 무엇을 의미하며 무엇을 하고 싶은지를 이해하는 게 각자가 더욱 독특해질 수 있는 길이다.

여러 감각을 자극하고 무언가를 '연상'시키거나 '감정적 연결'을 이끌어내는 방법을 터득해야 지속가능한 장기적 가치를 얻을 수 있다.

미적 명료화에서 가장 중요한 요소는 '구체성'이다. 제품의 목적을 전달하고, 제품에 의미를 불어넣고, 제품을 통해 강력하고 긍정적인 감정들을 불러일으키고 싶다면, 미적 명료화가 구체적이어야 한다. 우리가 선택하는 단어들은 반드시 당신의 제품(또는 서비스)을 사용하는 경험을 떠올릴 수 있어야 한다.

폴린 브라운의 《사고 싶게 만드는 것들》에는 '좋은 선택'을 부르는 단어 선택법이 나온다. 내가 사용하는 단어나 문장이 좋은 선택인지를 확인해보는 4가지 기준이 있다.

첫째, 정확성이다. 당신이 생각한 것과 정확히 같은 이미지를 다른 사람도 떠올릴 만큼 그 단어가 제품을 정확히 묘사하는가?

둘째, 독점성이다. 그 단어들은 '독점 가능'한가? 단어를 듣자마자 제품 특유의 형태를 떠올리는가?

셋째, 핵심성이다. 그 단어들이 당신이 제공하고자 하는 경험의 핵심인가, 아니면 부속품인가? 미적 명료화에 따르면 정확한 소통, 강력, 매력적, 기억에 남는 표현이어야 한다.

넷째, 상징성이다. 그 단어는 제품과 회사에 붙어넣고 싶은 전반적인 어조에 부합하는가? 제품의 속성, 미학, 회사의 가치도 강화하는가?

고객의 좋은 선택을 부르는 단어 또는 문장을 선택하고자 한다면 내가 생각한 것과 똑같이 생각하게 하는 정확성, 그 단어를 듣자마자 '아하! 거기' 하고 떠올릴 수 있는 강력한 독점성, 브랜드 경험이 핵심적인지 아닌지를 체크하는 핵심성, 맥락과 어조를 강화시키는 상징성이 있는지 점검해 보면 된다.

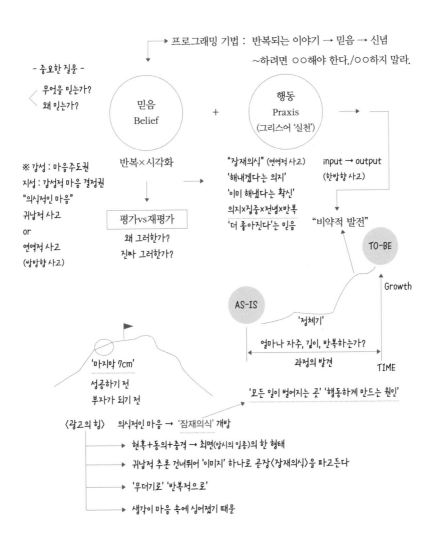

프로그래밍 기법 : 반복되는 이야기 → 믿음 → 신념
~하려면 ○○해야 한다./○○하지 말라.

- 중요한 질문 -

무엇을 믿는가?
왜 믿는가?

믿음
Belief

+

행동
Praxis
(그리스어 '실천')

※ 감성 : 마음주도권
지성 : 감성적 마음 결정권
"의식적인 마음"
귀납적 사고
or
연역적 사고
(쌍방향 사고)

반복×시각화

평가vs재평가

왜 그러한가?
진짜 그러한가?

"잠재의식" (연역적 사고)
'해내겠다는 의지'
'이미 해냈다는 확신'
의지×집중×전념×반복
'더 좋아진다'는 믿음

input → output
(한방향 사고)

"비약적 발전"

TO-BE

AS-IS

Growth

'정체기'

얼마나 자주, 깊이, 반복하는가?

과정의 발견

TIME

'마지막 7cm'

성공하기 전
부자가 되기 전

'모든 일이 벌어지는 곳' '행동하게 만드는 원인'

〈광고의 힘〉 의식적인 마음 → '잠재의식' 개방

→ 현혹+동의+충격 → 최면(암시의 일종)의 한 형태
→ 귀납적 추론 건너뛰어 '이미지' 하나로 곧장〈잠재의식〉을 파고든다
→ '무더기로' '반복적으로'
→ 생각이 마음 속에 심어졌기 때문

중요한 질문을 해 보겠다.

"당신은 무엇을 믿는가?"

"왜 믿는가?"

프로그래밍 기법에 다르면 우리는 반복되는 이야기에 귀를 기울이고 마음을 열고 믿음을 주고 신념을 갖게 된다. '~하려면 ○○해야 한다'거나 '○○하지 말라'와 같은 신념은 일종의 프로그래밍 기법에 따라 누군가가 나의 뇌를 세뇌했기 때문에 생긴다.

프로그래밍은 믿음Belief과 행동Praxis(그리스어로 '실천')의 연결고리를 자극해 반복과 시각화를 통해 잠재의식을 강화시킨다. 잠재의식은 '모든 일이 벌어지는 곳'이고 '행동하게 만드는 원인'이다.

잠재의식은 연역적 사고로 인풋input하면 아웃풋output하는 한 방향 사고를 한다. '해내겠다는 의지', '이미 해냈다는 확신'이 잠재의식에 쌓이면 의지와 집중, 전념과 반복을 통해 '더 좋아진다'는 믿음을 갖게 된다.

이런 믿음은 정체기에 빠진 상태를 '비약적 발전'의 단계로 끌어올리는 행동력의 동인이 된다.

이에 반해 지성은 의식적인 마음을 자극해 귀납적 사고로 끊임없이 평가와 재평가를 하며 '왜 그러한가?', '진짜 그러한가?'에 대해 묻는다. 이런 마음은 우리의 행동에 끊임없이 제동을 건다. 하지만 아무리 견고한 지성이라도 무분별한 반복과 시각화에는 무방비가 된다. 결국 프로그래밍으로 어떤 이미지가 잠재의식 속에 자리하게 되면 귀납적 추론을 멈추고 즉시 연역적 사고로 전환된다.

마치 지금 힘든 것은 성공하기 전, 부자가 되기 전 '마지막 7cm'라는 믿음을 갖게 되고, 어떤 고난도 이겨내고 행동하게 하는 힘을 발휘한다. 프로그래밍 기법으로 잠재의식을 길들이는 힘은 결국 반복과 시각화다.

이런 프로그래밍을 가장 잘 활용하는 곳이 바로 광고 시장이다. 광고의 힘은 의식적인 마음을 '잠재의식'을 개방할 때까지 현혹하고 동의하고 충격을 주면서 암시의 일종인 '최면'을 건다. 귀납적 추론을 건너뛰어 '이미지' 하나로 곧장 '잠재의식'을 파고든다. 그것도 '무더기로', '반복적으로'. 이제 생각이 마음속에 심어졌다.

시장은 반복에 의해 신뢰를 학습하도록 주도해 왔다. 스토리가 완성됐다면 반복 노출이 필요하다. 반복적으로 접하는 사건과 이야기는 '신뢰'와 연결된다. 익숙한 것은 정상적인 것이 되고, 정상적인 것은 믿을 만한 것이 된다.

퍼스널 브랜딩도 그렇게 하면 된다. 당신을 믿고 선택하게 하려면 다른 사람들의 잠재의식 속에 '풍덩' 하고 들어가야 한다. 랜드마크와 러브마크 속 어딘가로 말이다.

관건은 당신이라는 브랜드가 얼마나 자주, 깊이, 반복적으로 눈에 띄는가에 달렸다.

우리는 매일 반복과 시각화로 무언가에 세뇌되도록 프로그래밍 되어가는 중이다.

4장

퍼스널 브랜딩의 정의

브랜드 아이덴티티는?

<table>
<tr><td align="center">브랜드 A</td><td align="center">고객</td></tr>
</table>

"전 사과입니다"　　　　　　　　　　　"당신은 바나나 같은데요?"

"아니오, 전 사과라니까요"　　　　　　"암만 봐도 바나나인데…"

A브랜드가 아무리 우겨봐야 결국 A의 아이덴티티는 바나나다. '고객'이 그렇게 생각하기 때문이다.

고객이 사과라고 생각할때까지 그 인식의 차이를 좁혀 나가는 것, 그것이 브랜드 매니지먼트, 즉 브랜딩이다.

－ 유니타스브랜드 《브랜딩 임계지식 사전》 중에서

　유니타스브랜드가 펴낸 《브랜딩 임계지식 사전》에 나오는 아이덴티티
Identity의 사전적 의미는 다음과 같다.

1. 동일함, 일체성, 일치점

2. 본인, 신원, 정체

3. 개성, 독자성, 고유성, 주체성, 작품

4. 구어 : 잘 알려진 사람 혹은 명사

"당신의 아이덴티티는 무엇인가?"라는 질문에 구구절절해지는 이유는 아이덴티티라는 단어에 담긴 다양한 의미 때문이다. 콕 집어 한마디로 정의할 수 없는 애매함 때문에 퍼스널 브랜딩을 어렵게 만드는 주범 중 하나다.

하지만 아이덴티티가 중요한 이유는 브랜드가 가진 정체성, 즉 아이덴티티가 명확하게 되면 그 어떤 것으로도 대체되지 않기 때문이다.

브랜드 아이덴티티는 생산자가 만들고자 애쓰는 것이지만 대부분은 소비자에 의해 결정된다.

브랜드 A : "전 사과입니다."

고객 : "당신은 바나나 같은데요?"

브랜드 A : "아니요, 전 사과가 확실하다니까요."

고객 : "암만 봐도 바나나인데…."

A 브랜드가 아무리 우겨봐야 결국 브랜드 A의 아이덴티티는 바나나다. '고객'이 그렇게 생각하기 때문이다.

퍼스널 브랜딩에도 같은 맥락이 흐른다. 미래의 모습으로 나를 바라보게 하면서 현재와의 인식 격차를 줄여가는 과정이 브랜딩이다. 하지만 미래의 나TO-BE의 모습으로 보여주기 위해 아무리 몸부림을 쳐도 대부분의 사람들의 시선은 언제나 현재의 나AS-IS의 모습에 머문다. 그래서 브랜딩이 어려운 것이다.

고객이 사과라고 생각할 때까지 그 인식의 차이를 좁혀나가는 것, 타인이 미래의 나의 모습을 브랜드라고 생각할 때까지 그 인식의 차이를 좁혀나가는 것. 그것이 브랜드 매니지먼트, 즉 브랜딩이다.

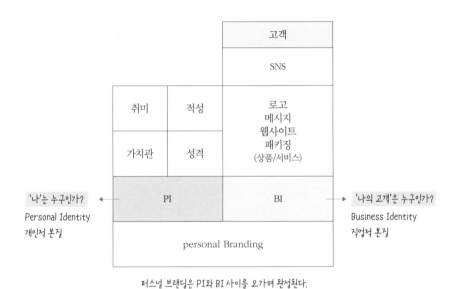

퍼스널 브랜딩은 PI와 BI 사이를 오가며 완성된다.

퍼스널 브랜딩에는 자신의 정체성을 확인할 수 있는 두 개의 질문이 존재한다.

'나는 누구인가?' 이 질문에 대한 답은 퍼스널 정체성PI으로 향한다. 개인적 본질에 해당하는 퍼스널 정체성은 취미, 적성, 성격, 가치관으로 나타난다. 취미는 좋아하는 것이고, 적성은 잘하는 것이고, 성격은 외부 자극에 어떻게 반응하는가로 나타나고, 가치관은 어떤 기준으로 선택하는지를 보면 알 수 있다. 하지만 성격과 가치관은 어떤 환경에 놓이는가에 따라 얼마든지 변할 수 있다. 고로 나도 나를 모르는 게 맞을지 모른다.

퍼스널 브랜딩에 있어서 다른 질문은 '나의 고객은 누구인가?'이다. 이는 비즈니스 정체성BI으로 찾을 수 있다. 직업적 본질에 해당하는 Business Identity는 로고, 메시지, 웹사이트, 패키징(상품/서비스), SNS 등을 통해 드러난다.

'나는 누구인가?'와 '나의 고객은 누구인가?'는 고민의 대상부터 다른 그 무엇이다. 개인의 어떤 특성을 브랜딩 해야 한다면 직업적 본질에 해당하는 BI 영역이 될 것이다. 퍼스널 브랜딩은 PI와 BI 사이를 오가며 완성된다.

퍼스널 브랜드가 되어가는 과정

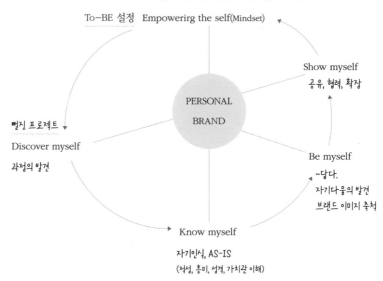

개인적 본질+직업적 본질/비전의 명문화/꿈의 시각화

To-BE 설정   Empowerirg the self(Mindset)

Show myself
공유, 협력, 확장

PERSONAL
BRAND

멀지 프로젝트
Discover myself
과정의 발견

Be myself
~답다.
자기다움의 발견
브랜드 이미지 축척

Know myself
자기인식, AS-IS
(적성, 흥미, 성격, 가치관 이해)

– 최장순 《의미의 발견》 중에서

'나답게 살고 싶다!' 흔하게 듣는 이야기이다. 하지만 정작 어떻게 해야 자기답게 살 수 있는지를 명확하게 아는 이는 드물다. 머리로 생각해서는 결코 찾을 수 없는 것이 자기다움이기 때문이다. 퍼스널 브랜드는 나다움에서 시작하지만, 브랜드다움(자기다움)을 거쳐 다시 나다움으로 오는 여정을 통해 만들어진다.

"저는 마케팅을 합니다."
"저는 디자인을 합니다."
"저는 홈페이지를 기획하고 제작하는 일을 합니다."

대부분의 사람들이 자신이 하는 일을 소개하는 방법이다. 하지만 이렇게 표현하는 일 어디에서 나다움을 찾을 수 있는 것일까? 일은 표면적 기능만 보면 제품이나 서비스를 상세 설명하면 된다. 하지만 그것만으로는 어떤 차별점도 만들지 못한다. 일의 내면적 기능인 의미를 생각할 수 있어야 한다. 이는 케네디 대통령이 미항공우주국NASA에 방문했을 때 만난 청소부의 답변을 기억하면 쉽다.

"무슨 일을 하시나요?"
"저는 달에 사람을 보내는 일을 돕고 있습니다."

당신이 브랜드로 기억되기 위해서는 자신이 하는 일의 의미를 찾는 것부터 시작해야 한다.
나다움은 단순히 내가 가진 강점이나 장점, 가치관, 성격과 같은 개인적 본질을 안다고 해서 완성되지 않는다. 개인적 본질 외에도 직업적 본질로부터 탄생하는 브랜드다움은 당신이라는 브랜드가 비즈니스를 하며 약속한 이상이나 가치가 기대한 수준으로 지속적으로 보여져야 비로소 만들어지는 가치다. 한 마디로 당신이 하는 일로 상대로부터 인정을 받을 수 있어야 자기다움이 만들어진다는 의미다. 거기다 제품이나 서비스를 팔고 난 후 그것을 넘어서는 무언가를 고객의 뇌리에 남길 때 비로소 브랜드가 생긴다.

최장순의 《의미의 발견》에는 퍼스널 브랜드가 되어가는 과정이 나온다. 책에는 단어와 약간의 설명으로 소개한 과정을 생성형 AI 모니카의 도움으로 자세하게 설명해 본다.

첫째, Empowering the self (Mindset). 자기 자신을 강화시키기 위한 마인드셋이 먼저다. 자기 자신을 강화하는 방법은 각자 다를 수 있다. 일상생활에서 자신이 가진 강점과 약점을 파악하고, 목표를 설정하고 그것을 달성하기 위한 계획을 세우는 것이 중요하다. 미래의 내 모습TO-BE를 설정하고, 개인적 본질과 직업적 본질을 정의하고, 비전을 명문화하고, 꿈을 시각화하는 게 효과적이다.

둘째, Discover Myself. 나 자신을 발견하는 단계다. 나 자신을 발견하기 위해서는 몇 가지 조건이 필요하다. 우선 나 자신을 발견하기 위한 시간이 필요하다. 나 자신과 함께 시간을 보내며 내면의 목소리를 듣고, 자신의 감정과 생각을 탐구해야 한다. 그다음 호기심은 나 자신을 발견하는 데 중요한 역할을 한다. 새로운 경험과 새로운 사람들을 만나면서 자신의 선호도와 관심사를 알아갈 수 있다. 개방적인 마음가짐은 나 자신을 발견하는 데 필수적이다. 나 자신을 발견하는 과정은 언제나 어렵고 불안정하다. 이를 극복하기 위해서는 용기가 필요하다. 자신의 불안과 두려움을 극복하고, 새로운 것에 도전하며 나 자신을 발견해보라. 마지막으로, 나 자신을 발견하기 위해서는 자기 이해가 필요하다. 결국 나를 발견하기 위해서는 과정이 필요하고, 뻘짓 프로젝트라도 하면서 무언가를 시도하는 게 중요하다.

셋째, Know myself. 나 자신을 아는 단계다. 현재의 나AS-IS의 모습은 솔직한 자기인식이 수반되어야 알 수 있다. 나 자신을 알기 위해서는 내가 좋아하는 것, 싫어하는 것, 강점과 약점 등을 파악해야 한다. 또한, 내가 어떤 상황에서 어떻게 반응하는지, 내가 가지고 있는 가치관과 믿음 등을 자세히 살펴보는 것이 중요하다.

넷째, Be myself. '―답다' 즉 자기다움의 발견 단계다. 자기다움은 브랜드가 보여져야 할 모습으로 보여질 때 완성된다. 사람들은 자기가 기대한 모습으로 상대방을 바라본다. 그 기대는 브랜드답게 행했던 말과 행동, 이미지 등의 축적으로 충족된다. 핵심은 내가 먼저 브랜드가 가져야 할 생각과 느낌을 솔직하게 표현할 수 있어야 한다. 다른 사람들의 과도한 시선에 눌려 이도 저도 아닌 모습을 보여주게 되면 결국 브랜드다움은 아무런 인상도 남기지 못하고 자취를 감춘다. 자기다움은 자신에게 집중하고, 자신의 의견을 표현하고, 자신을 받아들이고 사랑할 때 강력해진다. 자신을 받아들이고 사랑하는 것은 자신의 생각과 느낌을 솔직하게 표현하는 데 매우 중요하다. 이처럼 자기다움은 자신이 표출한 이미지들이 축적되며 만들어지는 것이다.

다섯째, Show myself. 자신의 실력이나 능력을 다른 사람들에게 보여주어야 하는 단계다. 당신이 먼저 보여주지 않으면 아무도 당신을 알아차릴 수 없다. 사람은 신이 아니기 때문이다. 당신의 '쓸모 있음'을 공유하고 협력하고 확장하다 보면 당신이 바라던 바로 그 사람TO-BE이 되어가게 될 것이다.

이 과정을 온라인으로 기록하면 만들어지는 것이 나를 증명하는 데이터이다. 내가 만들어낸 데이터를 보는 사람들은 친구이거나 고객이거나 팬이 되기도 한다. 그들 스스로가 생각하는 나는 나와 관련되어 만들어진 데이터를 해석하면서 탄생하는 또 다른 나이고, 그것이 퍼스널 브랜드 자체가 된다. 온라인 리뷰를 보며, 많은 사람들이 좋다고 말하고, 훌륭하다고 말한 다수결에 해당하는 소비를 하면서 사람들은 스스로를 합리적이라 믿는다.

퍼스널 브랜드를 위해 우리가 해야 할 일은 나라는 브랜드를 선택해야 할 고객에게 고민 없이 탁월한 선택을 한 거라는 인식을 심어주기 위한 데이터를 끊임없이 생산해야 한다는 거다. 의도하든 의도하지 않든 말이다.

내가 누구인지 궁금한 사람들에게 주는 한마디! 일단 시작해야 나를 발견하고 나를 이해하고 나답게 만들어질 수 있다. 그 과정을 온-오프라인에 공유하다 보면 '아하! 그 사람'하고 남들이 알아보는 때가 온다. 나로부터 출발해 타인을 만나 결국 다시 나에게로 돌아온다. 퍼스널 브랜딩의 종착역은 언제나 나 자신이다.

브랜딩 개론

제1장   일관성

     └─➤ 내부 일관성은 명확성과 집중!!

     마케팅과 메세지의 외부 일관성은 다양하게!!

                └─➤ 의외성

☆

Q : 브랜드의 개성은 어떻게 나타나는가?

두 형용사 게임

        자기 자신이 어떤 유형인지 '두 단어' 완벽하게 설명하라

              └─➤ 두 형용사

익숙하고 뻔한	VS	낯설고 어울리지 않는
'재미있고 여유로운'		'거만하고 소심한'
'섹시하고하한'		'강인하고 얼빠진'
'신뢰할만한 좋은'		'화려하고 은밀한'
휘칭하고 믿음직한'		'서툴고 시큰둥한'
(X)		(O)

좋은 조합, 정곡을 찌르는 답은 언뜻 보기에 "전혀 어울리지 않을듯한" 조합이다.

⇒ 「의외성」 ⇒ 이성+감성

         날카롭고 따스한, 정밀하고 화사한

MU의 개성

    ├─➤ 브랜딩은 화려하게, 비즈니스는 은밀하게

    └─➤ 있어빌러티한 디자인, 정교한 비즈니스 모델

브랜딩개론 제1장은 언제나 일관성이다. 하지만 모든 곳에서 일관적이면 식상해지고 뻔해진다. 당연히 재미가 없어지고 외면당한다. 고로 실패한다. '어라? 이런 면이 있었네… 몰랐는데 재밌네.' 생각지도 못했던 '의외의 무언가'가 감칠맛을 더하고 매력을 더하고 선택을 이롭게 한다.

일관성에도 나름의 법칙이 있다. 내부 일관성은 명확성 있게 집중해야 한다. 하지만 마케팅과 메시지의 외부 일관성은 '의외성'을 담아 다양하게 표현할 수 있어야 한다.

인스타그램 피드에 올라오는 콘텐츠가 모두 다 똑같은 컬러와 디자인에 담겨 있다면 어떨까? 이미 디자인에 익숙해진 뇌는 지루하다고 판단하고 집중하지 않게 된다.

그렇다면 브랜드의 개성은 어떻게 나타내야 하는가? 두 형용사 게임을 하면 된다. 두 형용사 게임은 같은 대상에 대해 두 개의 단어(형용사)로 설명하면 된다. 자기 자신이 어떤 유형인지 두 단어(형용사)로 완벽하게 설명하라.

'익숙하고 뻔한, 재미있고 여유로운, 섹시하고 핫한, 신뢰할만한 좋은, 훤칠하고 믿음직한' 이런 조합은 좋은 조합이 아니다. 두 단어에 의외성이 없기 때문이다.

'낯설고 어울리지 않는, 거만하고 소심한, 강인하고 얼빠진, 화려하고 은밀한, 서툴고 시큰둥한' 좋은 조합의 예이다. 정곡을 찌르는 답은 언뜻 보기에 전혀 어울리지 않을 듯한 조합이다. 의외성은 '이성과 감성'이 더해지면 나올 수 있다. 날카롭고 따스한, 정밀하고 화사한 등은 이성과 감성을 나타내는 두 형용사 조합이다.

퍼스널 브랜딩그룹 엠유의 개성은 두 형용사 조합으로 만들어졌다.

'브랜딩은 화려하게(감성), 비즈니스는 은밀하게(이성)'

'있어빌러티한 디자인(감성), 정교한 비즈니스 모델(이성)'

브랜딩은 좋은 것들의 결합이 아니라 의외의 것들이 결합될 때 강렬해진다.

도대체 뭘 잘 하는지 모르는 당신에게

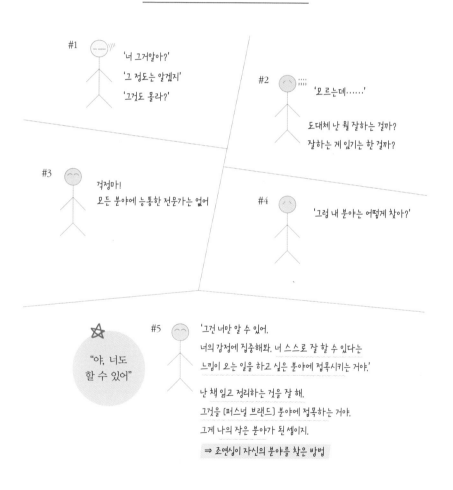

#1
'너 그거 알아?'
'그 정도는 알겠지'
'그것도 몰라?'

#2
'모르는데......'
도대체 난 뭘 잘하는 걸까?
잘하는 게 있기는 한 걸까?

#3
걱정마!
모든 분야에 능통한 전문가는 없어

#4
'그럼 내 분야는 어떻게 찾아?'

"야, 너도 할 수 있어"

#5
'그건 너만 알 수 있어.
너의 감정에 집중해봐. 너 스스로 잘 할 수 있다는
느낌이 오는 일을 하고 싶은 분야에 접목시키는 거야.'
난 책 읽고 정리하는 것을 잘 해.
그것을 [퍼스널 브랜드] 분야에 접목하는 거야.
그게 나의 작은 분야가 된 셈이지.
⇒ 조연심이 자신의 분야를 찾은 방법

Q : 자신의 분야는 어떻게 찾을 수 있나요?

A : 22세나 50세나 모든 것에 전문가가 되는 것은 불가능하다는 거예요. 저는 지금 여기에도 저보다 한국에 대해 더 많이 아는 사람이 있다는 것을 알고 있어요. 하지만 내가 대부분의 사람들보다 더 잘 할 수 있다고 느끼는 것은 내가 더 많이 느낄 수 있어요. 그 느낌을 내 소설 작품을 만드는 데 사용할 수 있다는 겁니다. 그것이 자신의 작은 분야가 되는 것이에요.

누구든 처음 자신의 분야를 찾게 되면 처음에는 넘어질 것 같지만 그게 정상이에요. 사람들이 어렵다고 말하는 게 그것이 어렵기 때문인지 아니면 낯설어서인지를 생각해봅니다. 그건 매우 다른 겁니다. 뭔가를 시작할 때는 낯설긴 하지만 그렇다고 해서 나쁜 것은 아니란 거에요. 그러니 전 당신이 자신의 분야를 찾을 것을 정말로 권해드려요.

하버드에 방문한 《파친코》 이민진 작가가 한국 학생과 나눈 대화이다. 정리해보면 이렇다.

"내 분야는 어떻게 찾아?"

"그건 너만 알 수 있어. 너의 감정에 집중해 봐. 너 스스로 잘할 수 있다는 느낌이 오는 일을 하고 싶은 분야에 접목시키는 거야!"

지식소통가 조연심이 자신의 분야를 찾은 방법이다.

"난 책 읽고 정리하는 것을 잘 해. 그것을 '퍼스널 브랜딩' 분야에 접목하는 거야. 그게 나의 작은 분야가 된 셈이지. 이 책 《하루 하나 브랜딩》도 그렇게 탄생한 거야."

그렇다. 자신만 알 수 있는 느낌을 하고 싶은 분야에 접목하면 된다.

300project = personal branding

100 books + 100 Interviews × 100 columns

Input	output
지식 100 books	100 columns 결과물
지혜 100 Interviews	

? start!

contents

문자, 부호, 음성, 음향, 이미지 영상 등

SNS channel

Brand   Data

Finish

portfolio

?   Meta   TikTok   Brunch   Blog   Youtube   Instagram   오디오클립   Now

"신원 정보는 당신의 것일지 몰라도, 당신이 세상과 소통하며 비롯되는 데이터는 다른 누군가의 것이다."

– 와이즈키 창업자, 카를로스 모레이

당신의 데이터가 곧 당신이다. 대부분의 기업과 조직이 인터넷에 딸려 있는 데이터로 당신을 파악한다.

데이터는 정보를 수집하고 기록한 것으로, 컴퓨터가 처리할 수 있는 형태로 저장된 정보를 말한다. 문제는 컴퓨터가 인식할 수 있는 숫자는 0 아니면 1이라는 데 있다. 내가 아무리 열심히 무엇인가를 했다고 주장해도 인터넷은 알아주지 않는다. 실제로 수행한 데이터 '1'만을 인식할 뿐이다. 무언가를 많이 했다는 것도 소용이 없다. 유의미한 데이터 '11111111' 이렇게 축적된 결과만을 인정할 뿐이다. 몇억을 써서 만든 광고영상도 데이터 '1'로 간주하고, 핸드폰으로 만든 공짜 영상도 데이터 입장에서는 같은 '1'로 본다. 결국 나와 관련된 유효한 데이터가 많이 축적되어야 나를 증명할 수 있는 빅데이터로서 힘을 발휘하게 된다.

실제로 데이터는 콘텐츠라는 옷을 입고 인터넷에 쌓인다. 콘텐츠란 인터넷, 컴퓨터 통신 등을 통하여 제공되는 각종 정보나 그 내용물을 말하고 글, 사진, 이미지, 영상의 형태를 갖춘다.

한계효용체감의 법칙에 따라 킬러 콘텐츠의 경쟁력은 시간이 지날수록 떨어진다. 콘텐츠의 일관성과 지속성이 어려운 이유다. 콘텐츠는 판타지Fantasy를 만들지 못하면 기능적으로 전락할 수 있다. 콘텐츠는 수명이 짧다. 높이 뜰수록 콘텐츠의 한계가 금방 드러나기 때문에 유명세를 유지하기 어렵다. 하지만 일관성을 유지하지 못하면 브랜드로 인식될 수 없다. 놀랍고, 재미있고, 의미 있는 콘텐츠를 지속적으로 만들어내야 한다.

"내가 무슨 말을 했느냐가 중요한 것이 아니라 상대방이 무슨 말을 들었느냐가 중요하다."

피터 드러커의 말이다. 아무리 열심히 콘텐츠를 만들었다 해도 상대방이 어떻게 보느냐에 따라 콘텐츠의 영향력이 달라진다.

그렇다면 나를 증명하는 데이터는 어떻게 만들어야 할까? '300 프로젝트'를 하면 된다. 나의 브랜드 포지셔닝 목적지에 맞게 우선 나의 분야와 관련된 100권의 책을 읽고 리뷰를 쓰고, 관련 분야 사람 100명을 만나 인터뷰하고, 내 전문 분야 관련 칼럼 100개를 쓰게 되면 내가 누구인지 알 수 있는 정량적 데이터가 된다. 300개의 콘텐츠는 다양한 SNS 채널을 통해 발행되면서 '연관성+일관성+지속성'을 유지하게 되면 나를 증명하는 온라인 포트폴리오가 된다. 거기에 나의 전문 분야 책과 같은 정성적 콘텐츠가 더해지면 데이터의 힘은 더욱 강력해진다.

다른 사람의 지식과 지혜는 간접경험으로 쌓이고 나 스스로의 결과물이 직접경험으로 더해져 내가 누구이고 어떤 사람인지를 데이터로 증명해주면서 퍼스널 브랜딩을 하게 되면 누구든 해당 분야의 전문가로 인정받게 된다.

마케팅의 대부 필립 코틀러는 말한다. 아무리 좋은 상품이나 브랜드라 하더라도 시간이 지나면 그 가치는 점점 줄어든다. 브랜드를 갖고자 노력하는 것은 당연하고 또 반드시 해야 할 일이지만 끌리는 매력도 함께 가져야 구축한 브랜드의 영향력이 길게 갈 것이다.

퍼스널 브랜딩은 한순간의 매출이나 퍼포먼스로 완성되는 게 아니라 길고 지루한 축적의 시간으로 완성된다. 자기다움은 내가 한 말이 아니라 내가 직접 실행한 결과물의 축적으로 증명하는 것이다.

나의 브랜드 주제를 찾는 법

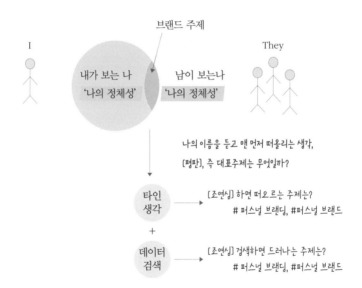

※ 퍼스널 브랜딩에서 가장 중요한 질문은 '어떻게 하면 나를 가장 잘 상품화할 수 있을까?'가 아니라
'사람들이 나를 생각할때 가장 먼저 떠올리는 주제가 뭘까?'이다

– 티젠 오나란 《있어 보이는 나를 만드는 법》 중에서

퍼스널 브랜딩에서 가장 중요한 질문은 '어떻게 하면 나를 가장 잘 상품화할 수 있을까'가 아니라 '사람들이 나를 생각할 때 가장 먼저 떠올리는 주제가 뭘까?'이다.

퍼스널 브랜딩은 인식의 영역에서 마케팅이 아니라 특정 주제에 대해 포지셔닝을 하는 것으로 완성된다.

한 놈만 패야 전문성이 생긴다

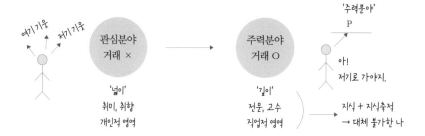

※ 넓게 시작해서 [주력분야]로 좁혀나가면서 깊어져야 한다.

'○○분야 하면 그 사람'하고 떠오르게 하려면 '주력하는 단 하나'에 집중해야 한다.

✿ 퍼스널 브랜딩은 이거저거이 아닌 '주력하는 단 하나'를 상대방의 머리 속에 집어넣는 인식의 문제이기 때문이다.

"그냥 하면 되는 거 아닌가?"

"호텔에서 그냥이라는 건 없어요. 모서리 떨어지는 위치랑 각도까지 다 맞춰야 해요."

"어차피 한 번 쓰고 치울 건데 굳이 그럴 필요까지 있나?"

"이 자리에 앉으실 손님을 위해 많은 사람들이 정성을 담았잖아요. 그 정성을 제가 펼치는 거구요."

"깔끔하기만 하면 됐지, 그런 의미까지 담아야 하나?"

"그런 의미라도 없으면, 제가 하는 일은 누가 해도 상관없는 허드렛일이에요. 하지만 의미를 부여하면 저만이 할 수 있는 특별한 일이 되죠. 그게 호텔리어로서 제가 존재하는 이유이기도 하구요."

Jtbc드라마 〈킹더랜드〉에서 7성급 호텔 VVIP 라운지에서 테이블보를 씌우다가 주인공 호텔 본부장 구원(이준호)과 호텔리어 천사랑(임윤아)이 나누는 대화다. 관심 분야에서 시작한 일을 자신만의 주력 분야로 바꿔 일하는 사람들이 어떻게 일하는지 보여주는 대목이다. 거기다 호텔리어가 하는 일 중 가장 중요한 것은 고객을 반갑게 맞아주며 환하게 웃는 거라고 말하는 천사랑. 아무리 슬픈 일이 있어도 고객 앞에서는 입꼬리 들어 올리며 기분 좋게 웃을 줄 안다. 결국 2년 연속 고객이 선정한 친절사원이 되면서 여러 기회를 맞이하게 된다.

자신의 분야를 주력 분야로 만드는 방법 중 하나는 허드렛일과 같은 일이라도 자신만의 의미를 부여해 스스로 일의 가치를 만드는 것이다.

대부분의 사람들은 관심 분야에 있는 영역에서 직업을 찾는다. 호텔리어도 그런 직업 중 하나다. 호텔리어는 호텔이나 리조트 등의 숙박 시설에서 다양한 업무를 수행한다. 예를 들면, 고객 서비스, 예약 및 체크인 프로세스, 객실 관리, 음식 및 음료 서비스, 마케팅 및 판매, 인사 관리 등이 있다. 사실 7성급 호텔에 입사했다면 무척이나 어려운 면접을 통과했을 것이다. 하지만 겉으로 볼 때 좋아 보이는 호텔리어의 모습에 관심이 있어서 선택한 사람들은 고객 서비스를 하다가 진상 고객을 만나면 이런 생각을 할 것이다.

"내가 이러려고 이 일을 하는 게 아닌데… 너무 힘들다."

그런 일이 반복되면 '이 일은 내 일이 아닌가 봐' 하면서 조만간 회사를 그만둘 것이다. 자신이 좋아하는 관심 분야의 또 다른 일을 찾을 것이다. 마치 파랑새를 찾으러 다니는 사람처럼 말이다. 일을 시작한 후 관심 분야에서 벗어나지 못하면 절대로 그 일을 지속할 수 없게 될 것이다. 당신의 관심을 무관심이나 흥미 없음의 상태로 밀어 넣는 일들은 매 순간 끝도 없이 닥쳐올 것이기 때문이다. 어쨌거나 일은 힘든 것이다.

"신발을 정리하는 일을 맡았다면, 신발 정리를 세계에서 제일 잘 할 수 있는 사람이 되어라. 그렇게 된다면 누구도 당신을 신발 정리만 하는 심부름꾼으로 놔두지 않을 것이다." 한큐철도 설립자, 고바야시 이치조의 말이다. 주력 분야를 찾는 또 다른 방법은 지금 하는 일에서 일인자가 되는 것이다.

어떤 분야의 일을 하던 처음부터 주력 분야로 진입하기는 어렵다. 이것저것 관심 있는 것으로부터 시작하지만 자신만의 전공을 선택해 나 아니면 안 될 의미를 부여하며 시간과 열정을 쏟아내는 과정을 통해 결국 해당 분야 하면 떠오르는 사람이 되어가는 것이다. 마치 의사 공부를 하는 학생이 이것저것 공부하다가 전공을 선택해 집중하고 결국은 전문의가 되어가는 것과 마찬가지다. 주력 분야를 정해야 전문가가 될 수 있다.

관심 분야의 책에서 시작한 독서도 주력 분야 책을 집중해서 읽다 보면 해당 분야와 관련된 지식이 점점 깊어지게 마련이다.

영화 〈주유소 습격사건〉의 유오성이 했던 대사가 떠오른다. "난 한 놈만 팬다." 퍼스널 브랜딩은 관심 분야에서 시작해 한 놈(한 분야)만 패면서 주력 분야에서 살아남는 것이다.

Q: 나만의 USP는 어떻게 찾는 걸까?

Unique Selling Point(고유한 장점)

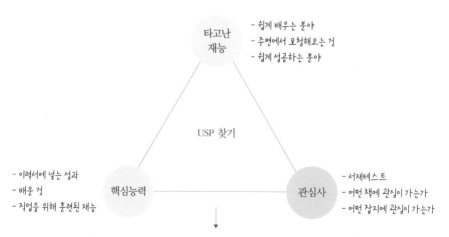

타고난 재능
- 쉽게 배우는 분야
- 주변에서 요청해오는 것
- 쉽게 성공하는 분야

USP 찾기

핵심능력
- 이력서에 넣는 성과
- 배운 것
- 직업을 위해 훈련된 재능

관심사
- 서재테스트
- 어떤 책에 관심이 가는가
- 어떤 잡지에 관심이 가는가

☆ "나를 특별하게 만드는 것은 무엇일까?" 타인이 나에게 (궁금해 하는 것)은 무엇인가?

USP는 Unique Selling Proposition의 약어로 제품이나 서비스의 독특한 가치를 강조하는 마케팅 전략이지만 퍼스널 브랜딩에서는 Unique Selling point의 약어로, 고유한 장점을 말한다.

나만의 특별한 USP를 발견하려면 세 가지 요소를 파악해야 한다. 첫째, 타고난 재능을 알아야 한다. 쉽게 배우는 분야, 주변에서 요청해 오는 것, 쉽게 성공하는 분야가 있다면 그곳에 타고난 재능이 있다는 증거다.

둘째, 핵심 능력이 있어야 한다. 이력서에 넣을 성과, 배운 것, 직업을 위해 훈련된 재능 등이 나를 특별하게 만들 코어core 역량이다.

셋째, 관심사를 알아야 한다. 서재 테스트를 해 보면 된다. 우리 집 서재에 꽂힌 책들을 유심히 살펴보라. 어떤 분야의 책들이 보이는가? 많이 보이는 책은 어떤 분야의 책인가?

서점에 갔을 때 어떤 책에 관심이 가는가? 어떤 잡지에 관심이 가는가? 낚시, 여행, 종교, 문화, 예술, 철학 등 관심 분야는 얼마든지 많다.

점수화 된 실력
토익 900점 vs 영어를 잘한다

전문지식이 있다는 증거
자격 취득 → 의사자격증, 교사자격증

단순히 영어를 잘한다고 할 게 아니라 토익 900점이라고 표현해야 하고, 의사 면허증, 교사자격증과 같은 자격취득은 특정 분야의 전문지식이 있다는 증거가 된다. 횟수, 매출액, 목표 달성 정도(%) 등 수치화된 스코어가 당신의 전문성을 증명해 줄 수 있다.

결국 나를 특별하게 만드는 USP는 무엇인가? 타인이 나에게 궁금해하는 것은 무엇인가? 내가 관심이 있는 분야에서 타고난 재능을 발휘하여 성과를 내고 이력서에 넣을 만큼 핵심 능력을 발휘할 수 있는 것에 나만의 USP가 존재한다.

당신의 유일무이한 특징을 찾고 정의하고 표현하는 것! 퍼스널 브랜드 구축에서 필수적인 요소다. 내가 알고, 남도 알고, 남이 필요로 하는 것의 교집합에서 나를 특별하게 하는 USP를 찾을 수 있다.

#060   일단 유능하다는 이미지를 만들어야 하는 이유

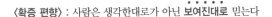

〈확증 편향〉: 사람은 생각한대로가 아닌 **보여진대로** 믿는다

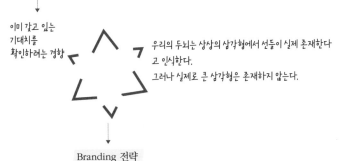

이미 갖고 있는
기대치를
확인하려는 경향

우리의 두뇌는 상상의 삼각형에서 선들이 실제 존재한다
고 인식한다.
그러나 실제로 큰 삼각형은 존재하지 않는다.

Branding 전략

유능하다는 이미지가 만들어지면, 남들은 당신의 유능함을
뒷받침해주는 특성과 사건들을 주로 기억한다.

미국 심리학자
아모스 트버스키
+
다니엘 카너먼
타인을 평가하는 2단계

유능함
지표들

1단계
첫인상 평가
감성적 평가
- 말이 빠르다
- 눈을 보며 말한다
- 자신있게 걷는다
- 돌발질문에 즉시
  답한다

2단계
이성적 평가
- 중요한 거과 중요하지 않은 거 구분
- 일의 핵심에 대해 질문을 하면
  논리적으로 답변한다
- 이점 뿐 아니라 불리한 점까지
  제시한다

– 책 내셔 《어떻게 능력을 보여줄 것인가》 중에서

브랜드는 존재하는 게 아니라 존재한다고 믿는 그 무엇이다. 그렇다면 브랜딩은 뭘까? 존재하지도 않는 것을 존재한다고 믿게 만들기 위해 하는 온-오프라인의 처절한 아우성이 아닐까?

인간에게는 이미 갖고 있는 기대치를 확인하려는 경향, 확증편향이 있다. 왼쪽에 보이는 도형에서 삼각형을 발견할 수 있는가? 그렇다고 답했다면 당신의 두뇌는 확증편향대로 반응한 것이다. 그러나 실제로 삼각형은 존재하지 않는다. 핵심은 사람은 생각한 대로가 아니라 보여진 대로 믿는다는 사실이다. 여기에 브랜딩 전략이 숨어 있다.

유능하다는 이미지가 만들어지면, 남들은 당신의 유능함을 뒷받침해주는 특성과 사건들을 주로 기억하게 된다는 것이다.

잭 내셔의 《어떻게 능력을 보여줄 것인가》에서 미국 심리학자 아모스 트버스키와 다니엘 카너먼은 '유능함' 지표들이 담긴 타인을 평가하는 2단계를 소개한다.

1단계는 첫인상 평가 즉 감성적 평가다.
- 말이 빠르다.
- 눈을 보며 말한다.
- 자신 있게 걷는다.
- 돌발 질문에 즉시 답한다.

2단계는 이성적 평가다.
- 중요한 것과 중요하지 않은 것을 구분한다.
- 일의 핵심에 대해 질문을 하면 논리적으로 답변한다.
- 이점 뿐 아니라 불리한 점까지 제시한다.

인터넷으로 모든 것이 연결된 요즘 아주 잠시 소수의 사람들을 속일 수 있다. 하지만 오래도록 다수의 사람들을 믿게 하는 건 불가능하다. 해당 분야의 고수라는 사실을 인정받기 위해서는 진짜 그런 사람이라고 믿게 할 만한 특성과 사건들이 끊이지 않아야 한다. 그 전에 유능함을 인정받는 게 먼저다.

내 이름의 검색결과를 바꾸는 법

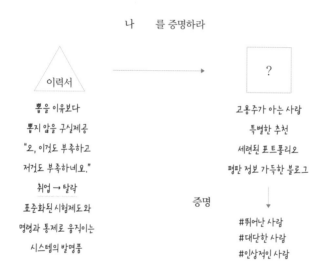

나   를 증명하라

이력서

뽑을 이유보다
뽑지 않을 구실제공
"오, 이것도 부족하고
저것도 부족하네요."
취업 → 탈락
표준화된 시험제도와
명령과 통제로 움직이는
시스템의 발명품

?

고용주가 아는 사람
특별한 추천
세련된 포트폴리오
평판 정보 가득한 블로그

증명

#뛰어난 사람
#대단한 사람
#인상적인 사람

자신의 작품을 가진 사람들에게는 자신의 업적을 직접적으로 보여줄 수 있는 [프로젝트]가 진정한 이력서다.

검색결과를 원하는대로 바꾸기 위해서는

실천하기 ＋ 관계맺기 ＋ 베풀기 가 필요하다

– 세스 고딘 《린치핀》 중에서

내 이름의 검색 결과를 바꾸는 법을 아는가?

우리가 제출하는 이력서는 뽑을 이유보다 뽑지 않을 구실을 제공한다.

"오, 이것도 부족하고, 저것도 부족하네요."

사실 대부분의 이력서는 취업 시장에서 탈락으로 가는 견인차 역할을 한다. 표준화된 시험제도와 명령과 통제로 움직이는 시스템의 발명품이기 때문이다.

그렇다면 이력서 대신 나를 증명하는 방법은 무엇일까? 고용주가 아는 사람, 특별한 추천, 세련된 포트폴리오, 평판, 정보 가득한 블로그 등으로 스스로를 # 뛰어난사람 #대단한사람 #인상적인사람 등으로 증명하면 된다.

이력서에 채워 넣을 키워드와 숫자를 위해 까만 밤들을 얼마나 많이 지새웠던가? 이제 제출하는 이력서에는 영혼이 없다. 고로 영향력도 없다. 세상은 검색 몇 번이면 나에 대해 무엇이든 알아낼 수 있다. 내가 누구인지, 어떤 사람인지, 성실한지, 열정적인지, 신뢰 가능한지….

세스 고딘은 《린치 핀》에서 이력서 대신 자신을 증명할 수 있는 방법을 조언한다. 온라인으로 연결된 사람들은 내가 바라는 모습이 아니라 내가 보여준 모습으로 나를 기억한다. 그러니 나에 대한 긍정적 이미지로 이력서를 채워야 한다.

자기 작품을 가진 사람들에게는 자신의 업적을 직접적으로 보여줄 수 있는 '프로젝트'가 진정한 이력서다. 검색 결과를 원하는 대로 바꾸기 위해서는 '실천하기+관계 맺기+베풀기'가 필요하다.

- - - - -
당신의 성공비결은 무엇인가요?

나영석 PD ⟶ "무언가를 엄청 잘해서가 아니라 좋아하는 걸 꾸준히 버티면서 했기 때문이다."

명사 **열정, 끈기** ⟶ 동사 **좋아하는 걸 꾸준히 버티면서 하기**

벤틀리 모허스 ⟶ "남들이 중단한 데서 우리는 출발한다.(We start where others stop)"

⟨성공하는 사람들의 4가지 특성, GRIT⟩

성장 마인드셋 Growth mindset	회복탄력성 Resilience	각각의 첫글자를 딴
끈기 Tenacity	내재적 동기 Intrinsic Motivation	'GRIT' 그릿

성공의 비결은 [재능]이 아니라 [열정과 끈기의 조합] 이다
— 펜실베니아대학교 심리학 교수 앤젤라 더크워스

버틴다, 즉 끈기는 생존을 위한 수동적인 방어자세가 아니라 가장 공격적인 방법론 이다.
— 조용민 《언바운드》 중에서

"당신의 성공비결은 무엇인가요?"

"무언가를 엄청 잘해서가 아니라 좋아하는 걸 꾸준히 버티면서 했기 때문이다."

히트 제조기 나영석 PD의 말이다.

성공하기 위해서는 명사인 '열정'이나 '끈기'를 동사인 '좋아하는 걸 꾸준히 버티면서 하기'로 바꿀 수 있어야 한다. 벤틀리 모터스의 슬로건도 같은 의미의 결을 지녔다.

"남들이 중단한 데서 우리는 출발한다We start where others stop!"

그저 그런 보통의 성공 말고 눈부신 성공을 이룬 사람들에게는 공통적인 특성이 존재한다. 성장을 향한 마인드Growth Mindset, 실패에도 일어서는 회복탄력성Resilience, 외부가 아닌 내재적 동기Intrinsic Motivation 거기에 놀라울 정도의 끈기Tenacity다. 이들 영어의 첫 자를 합하면 그릿GRIT이 된다. 성공의 비결은 '재능'이 아니라 '열정과 끈기의 조합'이라고 펜실베니아대학교 심리학 교수 앤젤라 더크워스는 말한다.

누구나 성공을 꿈꾸지만 비약적 성공은 소수의 몫이다. 당신은 지금 어디에서 어떻게 버티고 있는가? 버틴다, 즉 끈기는 생존을 위한 수동적인 방어자세가 아니라 가장 공격적인 방법론이다.

063

기억에 남는 스토리는 구조화된 과정을 거친다

당신에게는 스토리가 있나요?

리더십 발휘하려면 ↘   ↗ 브랜드를 탄생시키려면

회사의 미션에 적응하려면 ← 스토리 → 경쟁전략을 구축하려면

↓ 상품개발을 하려면

'이런게 있으면 좋겠다' ; 두근거리는 미래를 향한 스토리, 이야기의 힘
구글, 페이스북(메타), 테슬라

스토리 ──→ '사람을 움직이는 원동력' 고객이 히어로가 되어가는 과정을 그리는지 아닌지가 매출과 직결.
〈히어로〉가 된다는 것은 그 상품이나 서비스를 사용하여 새로운 자신을 만나는 것

[스토리 형식]

"일상에서 비일상의 세계로 여행을 떠난다. 그 과정에서 보물을 획득하고 다시금 일상으로 돌아온다"는 형식.

― 신화학자 조지프 캠벨

Story =	처음 +	중간 +	끝	☆ 고객 = 난관에 빠진 영웅
헐리우드 방식	제1부 출발·이별	제2부 전반/제2부 후반 시련 통과의례	제3부 귀환	당신 = 난관극복을 도와줄 계획을 가진 가이드
☆ Business	: 현재의 문제점	각각의 논점 해결책	희망이 느껴지는 미래와 가능성	

※ 성공한 기업, 잘나가는 사람 모두 [스토리의 힘]을 활용해왔다. 고객은 이야기의 [주인공]이 되고 싶어한다. 스토리란 '처음·중간·끝'의 형식을 지닌다.

― 간다 마사노리 《스토리씽킹》 중에서

재미있는 영화나 드라마를 보면 몇 시간이 어떻게 지나갔는지 모른다. 왜 저렇게 되었는지를 논리적으로 이해하지 못해도 끝까지 보는 게 힘들지 않다. 거기다 어떤 내용이었는지 시시콜콜 상대방에게 이야기를 전한다. 그렇게 입소문이 만들어진다.

기업도 마찬가지다. 이미 있는 시장을 빼앗는 것이 아니라 기존에 없던 시장을 만들어가는 것, 0에서 1을 창조하는 것이 요구되는 시점에 필요한 것은 분석력이 아니다. 어떻게 해야 다음 세대에 필요한 것을 만들어낼 수 있을까? 정답은 스토리다.

간다 마사노리의 《스토리 씽킹》은 구조화된 스토리가 어떤 힘을 발휘하는지를 명료하게 보여준다. 리더십을 발휘하려면, 브랜드를 탄생시키려면, 경쟁전략을 구축하려면, 회사의 미션에 적용하려면, 상품개발을 하려면, '이런 게 있으면 좋겠다'와 같은 두근거리는 미래를 향한 스토리가 필요하다. 즉 이야기의 힘은 사람을 움직이는 원동력이다. 구글, 페이스북, 테슬라 등도 모두 이야기의 힘을 이용해 성공을 거뒀다.

성공한 기업은 모두 다음과 같은 스토리 구조를 갖췄다.
첫째, 고객을 히어로로 간주할 것. 둘째, 난관에 빠진 히어로에게 문제를 해결할 수 있는 계획이 있음을 알릴 것. 셋째, 그 계획을 가진 가이드가 바로 나라는 것을 알릴 것.
고객이 히어로가 되어가는 과정을 그리는가, 아닌가가 기업 매출과 직결된다. '히어로'가 된다는 것은 그 상품이나 서비스를 사용하여 새로운 자신을 만나는 것이다.

기억에 남는 스토리에는 형식이 있다. 신화학자 조지프 캠벨이 그 답을 알려준다. '일상에서 비일상의 세계로 여행을 떠난다. 그 과정에서 보물을 획득하고 다시금 일상으로 돌아온다.'라는 형식이다.

할리우드가 취하는 스토리의 형식도 마찬가지다. 제1부에 해당하는 '처음'은 출발이나 이별을 보여준다. '중간'에 해당하는 제2부 전반은 시련을, 제2부 후반은 통과의례를 보여준다. 마지막 '끝'은 제3부로 귀환이다.

비즈니스도 마찬가지다. 처음은 현재의 문제점이 있고, 중간에는 각각의 논점과 해결점이 있을 것이고, 마지막 끝에는 희망이 느껴지는 미래와 가능성이 있을 것이다.

성공한 기업, 잘나가는 사람 모두 '스토리의 힘'을 활용해왔다. 고객은 이야기의 주인공이 되고 싶어 한다. 그리고 자신이 영웅이기를 바란다. 악당들을 물리치고 세상을 구하는 이야기의 서사에서 당당히 살아남기를 원한다. 그런 영웅들에게 기업들의 스토리는 일종의 구원이고, 알라딘의 '지니' 역할을 한다.

"당신이 원하면 무엇이든 다 해결해 드릴게요. 저에게는 다 계획이 있답니다. 주인님!"

두근거리는 미래를 향한 스토리, 이야기를 자아내는 힘은 언제나 중요하다.

당신에게는 어떤 스토리가 있는가? 당신의 기업에는 어떤 스토리가 있는가? 당신의 상품이나 서비스에는 어떤 스토리가 있는가?

기억에 남는 이야기란 언제나 처음, 중간, 끝을 가진다. 스토리는 사람이 만들어낸 가장 오래된 최고의 테크놀로지다.

스토리의 5가지 장점

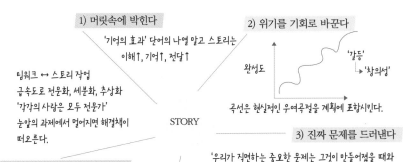

1) 머릿속에 박힌다

'기억의 효과' 단어의 나열 말고 스토리는
이해↑, 기억↑, 전달↑

팀워크 ↔ 스토리 작업
급속도로 전문화, 세분화, 추상화
'각각의 사람은 모두 전문가'
눈앞의 과제에서 멀어지면 해결책이
떠오른다.

2) 위기를 기회로 바꾼다

완성도

'갈등'
↘'창의성'

곡선은 현실적인 우여곡절을 계획에 포함시킨다.

STORY

3) 진짜 문제를 드러낸다

'우리가 직면하는 중요한 문제는 그것이 만들어졌을 때와
동일한 사고방식으로는 해결할 수 없다' – 아인슈타인
「인식」자체를 바꿔야 한다.

5) 서로 다른 재능을 통합한다

〈훌륭한 이름(제목)의 5가지 효과〉
❶ 한번 들으면 잊히지 않는다
❷ 복잡한 개념을 심플하게 전한다
❸ 다른 관점으로 바라볼 수 있다
❹ 자신도 관여하고 싶다고 생각한다
❺ 주변에 알리고 싶어 한다

※ 스토리를 응축한 것이 바로 훌륭한
이름(제목)이다. 훌륭한 제목(이름)은
듣는 것만으로 스토리가 전개된다.

4) 팔리는 이름을 낳는다

지명검색 : 상품명, 기업명, 단체명등을 입력해 직접
검색하는것.
비교 검색 : 여러 상품을 비교하기 위한 목적으로
카테고리명을 검색하는 것.
'그 회사 제품을 사고 싶어!'라고 지명 검색되는 경
우 명성이 유지된다. 기억되는 이름 하나로 막대한
부를 창출하는 시대다
"brand Naming"☆☆

→ 스토리를 바탕으로 한 [이름 짓기]는 미래로 이어지는 전설을 만들어 가는 작업이다.

– 간다 마사노리 《스토리 씽킹》 중에서

제목만 들어도 어떤 이야기가 펼쳐질지 기대가 되는 영화는 흥행을 하고, 이름만 들어도 어떤 효능일지 예측되는 제품은 잘 팔리고, 이름만 들어도 무슨 일을 하는지 아는 사람은 잘 기억되고 잘 팔린다.

딱 그 회사, 그 제품, 그 사람을 지명해서 검색한다는 것은 이미 상대방의 머리에 자리를 잡았다는 것이고, 그만큼 선택될 확률도 높다는 의미다. 브랜드 네이밍Brand Naming이 중요한 이유다. 훌륭한 이름(제목)은 이런 효과가 있다.

1. 한 번 들으면 잊히지 않는다.
2. 복잡한 개념을 심플하게 전한다.
3. 다른 관점으로 바라볼 수 있다.
4. 자신도 관여하고 싶다고 생각한다.
5. 주변에 알리고 싶어 한다.

성공하는 브랜드 네이밍을 위한 최적의 방법은 바로 스토리의 장점을 활용하는 것이다. 간다 마사노리의 《스토리 씽킹》에는 스토리의 다섯 가지 장점이 나온다.

첫째, 머릿속에 박힌다. '기억의 효과'다. 단어의 나열이 아닌 스토리는 이해를 높이고, 기억을 좋게 하며 전달에도 효과적이다.

둘째, 위기를 기회로 바꾼다. 스토리에는 완성도를 높이기 위한 시간이 필요하다. 모든 스토리는 직선이 아니라 곡선의 형태로 문제를 해결한다. 곡선은 현실적인 우여곡절을 계획에 포함시킨다. 그 결과 위기를 기회로 바꾸는 것이다.

셋째, 진짜 문제를 드러낸다. "우리가 직면하는 중요한 문제는 그것이 만들어졌을 때와 같은 사고방식으로는 절대 해결할 수 없다."는 아인슈타인의 말을 기억하라. 인식 자체를 바꿔야 한다.

넷째, 팔리는 이름을 낳는다. 지명검색은 상품명, 기업명, 단체명, 개인명 등을 입력해 직접 검색하는 것을 말하고, 비교검색은 여러 상품을 비교하기 위한 목적으로 카테고리 명을 검색하는 것이다. 그럴 때 '그 회사 제품을 사고 싶어!', 또는 '그 사람에게 맡기고 싶어!'라고 지명검색되는 경우 명성이 유지된다.

'○○분야 하면 그 사람'이 떠올라야 하는 이유다. 지금은 기억되는 이름 하나로 막대한 부를 창출하는 시대다.

다섯째, 서로 다른 재능을 통합한다. 팀워크로 하는 스토리 작업은 문제 해결에 도움이 된다. 눈앞의 과제에서 멀어지면 해결책이 떠오를 수 있다. 여기서 말하는 팀워크는 급속도로 전문화, 세분화, 추상화된 세상에서 '각각의 사람은 모두 전문가'라는 형식에 부합해야 한다. '프로페셔널 완전체'여야 한다는 말이다.

스토리를 응축한 것이 바로 훌륭한 이름(제목)이다. 훌륭한 제목은 듣는 것만으로도 스토리가 전개된다. '스토리를 바탕으로 한 '이름짓기Brand Naming'는 미래로 이어지는 전설을 만들어가는 작업이다.

세상의 비즈니스는 이야기를 중심으로 상대방의 기억회로를 조작할 수 있을 때 성공확률이 올라간다.

모든 비즈니스는 언제나 자기를 소개하는 것에서 시작된다. 구구절절한 자기소개는 애매함을 만들고, 애매모호하면 까이는 세상이다. 어떻게 해야 기억에 남는 자기소개를 할 수 있을까? 스토리가 있는 자기소개를 하면 된다.

퍼스널 브랜딩에서 가장 먼저 해야 하는 일은 당신을 부를 브랜드 이름 Brand Naming을 만드는 것이다.

'당신은 누구인가?', '당신은 무슨 일을 하는 사람인가?'

당신이 누구인지 소개하는 문장에는 위 질문에 대한 답이 담겨야 한다. 가장 좋은 자기소개법은 당신의 이름이다. 이름만 들어도 당신이 누구인지 안다는 것은 이미 브랜드 인지도와 영향력이 상당하다는 방증이다. 그러나 평범한 우리 대부분은 태어나면서 만들어진 이름 말고 당신의 비즈니스 정체성을 담은 브랜드 이름이 필요하다.

퍼스널 브랜드 이름Brand Naming에는 공식이 있다. 자신을 소개하는 자기

당신을 한 마디로 소개 할 수 있나요?

브랜드 네이밍   명사 + 동명사 + 사람

미래에 내가 가고자 하는 곳에서 만들고
싶은 포지셔닝이 포함된 미래의 직업이다.

※ 당신을 차별화 하고 당신의 능력과 재능을 보여
주는 특정 제품이나 서비스가 연상 되어야 한다.

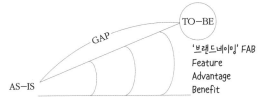

TO—BE

GAP

AS—IS

'브랜드네이밍' FAB
Feature
Advantage
Benefit

→ 당신이 누구이든, 재능이 어떠하든 핵심은 다른 사람이 알아볼수 있을 때가지 하는 것이다. 그 이름으로 [히트작]이
나올때까지 지속하면 누구나 유명해지고 브랜드 가치가 올라간다.

※ 누구나 '아하!' 하고 알아볼 수 있게 하려면 당신답다 는 '중심성과 차별성' 브랜드 지도를 그려보면서
일관성있게 경로를 이어가야 한다.

브랜드 네이밍 →

「긍정적 자기 정의 하기(Self-Definiton)기법」으로 완성. 본인이 하고 싶고,
되고 싶은 모습으로 자신을 정의 내리면 된다.

나는 누구인가?(명사)
나는 무슨일을 하는 사람인가?(동사)

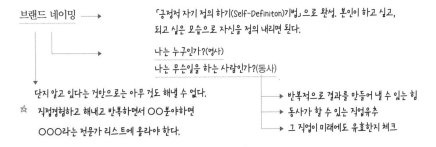

단지 알고 있다는 것만으로는 아무 것도 해낼 수 없다.
☆ 직접경험하고 해내고 반복하면서 ○○분야하면
○○○라는 전문가 리스트에 올라야 한다.

→ 반복적으로 결과를 만들어 낼 수 있는 힘
→ 동사가 할 수 있는 직업유추
→ 그 직업이 미래에도 유효한지 체크

→ 미래에는 일이 없는 게 아니라 다가올 미래의 일에 필요한 [훈련된 역량] 이 없을 뿐이다.

─조연심 《퍼스널 브랜딩에도 공식이 있다》 중에서

소개 문장은 FAB 공식으로 만들어진다. 직업 정체성을 담은 자기소개는 3단계 문장 공식을 따른다.

내가 누구인지 정의하고Feature,

나의 차별화된 강점으로 무엇을 할 것인지 어필하고Advantage,

고객에게 줄 혜택을 약속하는 것이다Benefit.

여기서 당신을 한 마디로 소개할 수 있는 브랜드 이름이 만들어진다. 바로 내가 누구인지 정의하는Feature것이 당신을 부르는 브랜드 이름이다.

브랜드 이름은 '명사+(동)명사+사람'으로 구성된 복합명사로 만들어진다. 브랜드 이름은 미래에 내가 가고자 하는 곳에서 만들고 싶은 포지셔닝이 포함된 미래의 직업이다.

현재의 나AS-IS가 아니라 미래의 나TO-BE와 연결된 브랜드 이름이라는 것을 기억해야 한다. 그러므로 당신을 차별화하고 당신의 능력과 재능을 보여주는 특정 제품이나 서비스가 연상되어야 한다. 미래의 나를 상징하는 브랜드 이름에는 당신의 비즈니스가 담겨 있기 때문이다.

퍼스널 브랜드 네이밍은 긍정적 자기 정의하기Self-Definition기법으로 완성해야 한다. 본인이 하고 싶고, 되고 싶은 모습으로 자기를 정의 내리면 된다. 누구에게 허락받을 필요도 없다. 물론 자격증이나 수치화된 점수도 필요 없다. 그저 내가 먼저 그 이름으로 하겠다고 결정하면 그뿐이다.

하지만 여기서 주의할 것이 있다. 브랜드 이름에 담긴 '나는 누구인가'는 명사로 정의할 수 있지만 '나는 무슨 일을 하는 사람인가?'를 드러내는 것은 반드시 동사(동명사)여야 한다. 동사는 반복적으로 결과를 만들어낼 수 있는 힘이 있고, 어떤 일을 하는지 직업을 유추할 수 있을 뿐만 아니라 그 직업이 미래에도 유효한지 체크하는 것도 잊지 말아야 한다.

브랜드 이름을 통해 어떤 분야에서 어떤 수준으로 어떤 일을 반복할 것 인지를 정의하고 나면 앞으로 어떤 일을 어떻게 하면 되는지가 보인다.

당신이 누구이던, 재능이 어떠하든 핵심은 다른 사람이 알아볼 수 있을 때까지 그 일을 반복하는 것이다. 당신이 특정한 분야와 관련된 이야기를 일관된 메시지로 꾸준하게 발신하면, 그것을 필요로 하는 사람들에게 수신을 받게 된다. 그 과정을 브랜드 이름으로 '히트작'이 나올 때까지 지속하면 누구나 당신이 누구인지 알아보는 때가 온다. 그때가 돼야 비로소 당신의 퍼스널 브랜드가 힘을 발휘하는 때다.

누구나 아하! 하고 알아볼 수 있게 하려면 '당신답다'는 중심성과 차별성이 담긴 브랜드 지도를 그려보면서 일관성 있게 경로를 이어가야 한다.

단지 브랜드 이름을 결정했다는 것만으로는 아무것도 해낼 수 없다. 직접 경험하고 해내고 반복하면서 당신의 주력 분야 하면 당신이라는 이름이 전문가 리스트에 올라야 한다.

미래에는 일이 없는 게 아니라 다가올 미래의 일에 필요한 '훈련된 역량'이 없을 뿐이다.

5장

퍼스널 브랜딩의 과정

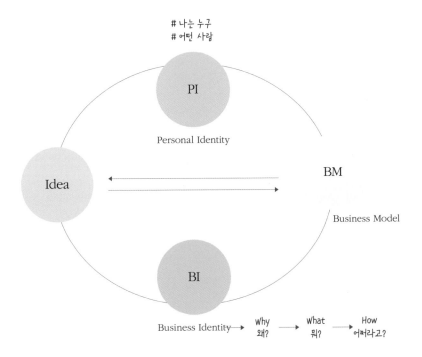

"넌 누구냐? 신원을 대라?"

전쟁터에서 누군가 내게 총을 겨누며 묻는다. 내 한 마디에 생명이 달려 있을 때 나는 도대체 누구라고 말해야 하는가? 신원이란 개인 또는 단체의 정체성을 나타내는 정보를 말한다.

소속과 일련번호(주민번호, 학번, 사원 번호 등)가 진짜 나를 증명할 수 있는 것일까? 더구나 소속이 사라진 프리랜서라면 자신의 정체성을 어떻게 증명해야 하는 걸까?

"넌 도대체 뭐하는 사람이냐?"

역시 누군가 나에게 이렇게 물으면 난 나를 어떻게 소개해야 하는가? 책을 쓰니 작가라 할까, 강의를 하니 강사라 할까, 회사를 운영하니 대표라 하면 될까? 어떤 직업으로 소개해야 나의 정체성이 온전히 담길 수 있을까?

권민의 《자기다움》에는 브랜드의 정체성을 찾는 것이 얼마나 어려운지가 나온다. '자기다움'과 '자기를 찾는 것'은 같은 의미일까? 결론부터 말하면 자기를 찾는다고 자기다워지는 것은 아니다. MBTI나 각종 심리, 능력테스트를 통해 자신의 유형이 어떠한지 알고 있다 하더라도 그 자체가 자기다움이라고 말할 사람은 없다. 자신을 찾는 것은 '자기다움'의 과정일 뿐 결과는 아니다.

그렇다면 브랜드에 있어서 자기다움을 찾는 이유는 도대체 뭘까? '차별화'를 구축하는 유일하고 강력한 방법이 '자기다움'밖에 없기 때문이다. 이는 애플 하면 떠오르는 그 브랜드의 스타일, 콘셉트, 메시지, 이미지가 있을 것이고, 그것이 브랜드가 추구하는 '자기다움'이기 때문이다. 자기다움은 '나다움'보다는 '브랜드다움'에 더 가깝다.

브랜드의 궁극적인 목표는 세상에 하나밖에 없는 유일한 것이 되어 다른 것에 의해서 대체되지 않는 것이다. 대체 불가한 나를 위해 우리는 모두 각자의 '자기다움'을 증명할 수 있어야 한다.

내가 하는 일은 '브랜드를 브랜드답게 브랜딩하는 일'이라고 모하 안종연 작가가 말한 적이 있다. 브랜드를 브랜드답게 하는 브랜딩은 일반적인 상품을 특별한 상품으로 만드는 모든 마케팅 행위를 말한다. 일반적인 상품이 특별한 상품이 되기 위해서는 유일한 것과 원본이 되어야 한다.

"먹고 살기 힘든데 꼭 브랜딩을 해야 하나요?"

이런 질문은 지금도 흔하다. 결론부터 말하자면 그렇다. 브랜딩의 핵심 가치인 '자기다움'을 구축하는 것은 이상이 아니라 현실이며, 잘 먹고 잘살기 위한 무척이나 영리한 전략이라는 것을 알려주고 싶다.

능력을 키워 전문가가 되는 것과 전문가처럼 보이는 것은 엄연히 다른 일이다. 퍼스널 브랜드에는 실력과 명성 둘 다 절대적임을 기억하자. '자기다움'을 자신의 능력과 잘 결합해서 성공한 퍼스널 브랜드가 이미 넘쳐나는 시대다. ○○ 하면 ○○○! 이렇게 떠오르는 사람들 모두 각자의 영역에서 자기다움으로 승부를 겨뤄 이긴 사람들이다.

나는 누구인가? 나는 어떤 사람인가? 자신의 재능을 찾고 그에 맞는 비즈니스를 결정한 후 그 일을 잘하는 사람처럼 보이는 수많은 마케팅 과정(TO-BE 브랜드에 걸맞은 스타일, 콘셉트, 메시지, 이미지 등으로 증명하는 브랜드다움)을 거쳐 '자기다움'을 인정받게 되면 비로소 성공적인 퍼스널 브랜드가 되어

나답게 살아남을 수 있게 된다.

나다움은 선천적으로 타고나는 것이고 자기다움은 후천적 노력으로 만들어지는 것이다. 그러니까 나다움은 발견하는 것이고, 자기다움은 구축하는 것이다.

PI(퍼스널 아이덴티티)와 연관된 아이디어가 BI(비즈니스 아이덴티티)를 거쳐 BM(비즈니스 모델)으로 완성된 후 다시 퍼스널 아이덴티티로 축적된다.

자기다움은 내가 한 말이 아니라 내가 직접 실행한 결과물의 축적으로 만들어진다. 퍼스널 브랜딩은 나로부터 시작해서 다시 나에게로 돌아온다.

칼럼이 브랜딩 되는 공식

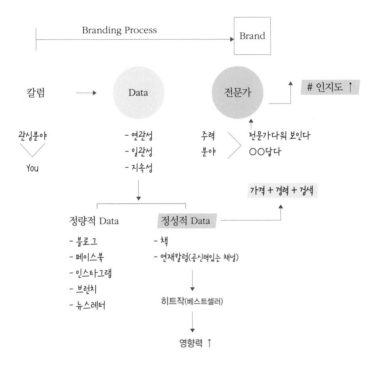

"칼럼만 쓰면 브랜딩이 되나요?" 이런 질문을 받은 적이 있다.

"물론입니다. 단, 칼럼이 브랜딩이 되는 공식을 따라야 합니다."

칼럼이 브랜딩이 되기 위해서는 칼럼이 데이터라는 것을 이해하는 게 먼저다. 이것저것 닥치는 대로 칼럼을 쓴다면 데이터 입장에서 볼 때 무엇을 증명해줄 수 있을까?

칼럼이 브랜드로 인식되기까지는 데이터 측면에서 '연관성+일관성+지속성'의 3요소가 필요하다. 데이터는 정량적 데이터와 정성적 데이터로 나눈다. 정량적 데이터는 SNS 채널, 예를 들면 블로그, 페이스북, 인스타그램, 브런치, 유튜브, 뉴스레터 등을 통해 쌓인다. 정성적 데이터는 당신의 이름으로 발행된 책이나 공신력 있는 채널에 발행된 연재칼럼 등이 있다. 정량적 데이터는 양으로 승부를 보는 것이고, 정성적 데이터는 질로 말하는 것이다.

당신이라는 브랜드가 전문가로 인정받기 위해서는 주력 분야가 있어야 하고, 그에 따른 자격과 경력, 검색 가능한 데이터가 뒷받침되어야 한다. 물론 전문가다워 보여야 함은 기본이다. 실제로 책과 같은 정성적 데이터가 히트작이 되면 막강한 인지도와 영향력을 발휘하는 브랜드가 될 수 있다.

칼럼이 브랜딩이 될 수 있으려면 브랜드에 걸맞는 양과 질을 채울 수 있어야 한다. 퍼스널 브랜드는 정량적 데이터와 정성적 데이터의 축적으로 완성된다.

기업인이 반드시 알아야 할 아이템 사사분면

☆ 풀이

1. 젖소 아이템 ：현재 기업의 캐시카우를 책임지는 아이템

2. 신데렐라 아이템 ：미래 대박을 낼지도 모르는(?) 아이템

3. 마우저 아이템 ：보호막이 되어주는 아이템. 수익률이 높진 않지만 고정수익이 되는 아이템.

4. 도그 아이템 ：더 이상 회사의 수익창출에 도움이 되지 않는 아이템. 퇴출시켜야 할 것들.

비즈니스는 정교하고 명확해야 위대해진다. 그냥 무작정 열심히만 하면 빨리 망한다.

－ NFT Biz 미팅 때 나온 이야기 중에서

"내가 손대는 건 뭐든 돈이 될 거야"

이런 생각은 기업인이라면 누구나 꿈꾸는 신데렐라 아이템 모델이다. 실제로 신데렐라 아이템에 시간과 돈, 열정을 쏟아붓다 보면 언젠가는 기업의 돈줄이 될 수도 있다. 물론 아닐 경우의 확률도 50%다.

그렇다면 우리 회사 또는 1인 기업가인 내가 가지고 있는 사업 아이템은 어떤 영역에 속할까? 기업가라면 반드시 알아야 할 사업 아이템 선정 사사분면 체크리스트를 알아보자.

가로축은 시장점유율을 의미하고, 세로축은 관련시장 성장률로 보았을 때 4개의 아이템으로 나눠질 수 있다.

첫째, 젖소 아이템은 현재 기업의 캐시카우CashCow를 책임지는 아이템이다.

둘째, 신데렐라 아이템은 미래 대박을 낼지도 모르는(?) 아이템을 말한다.

셋째, 마우서 아이템은 쥐 잡는 고양이 아이템으로 기업의 보호막이 되어주는 아이템이다. 수익률이 높진 않지만 고정 수익이 되는 아이템을 말한다.

넷째, 도그 아이템은 더 이상 회사의 수익 창출에 도움이 되지 않는 아이템으로 퇴출해야 할 품목이다.

비즈니스는 정교하고 명확해야 위대해진다. 그냥 무작정 열심히만 하면 빨리 망한다. 정상적인 기업을 운영하기 위해서는 반드시 아이템 선정 사사분면 체크리스트를 점검해야 한다. 현재를 위한 아이템뿐만 아니라 눈부신 미래를 위한 아이템도 함께 준비해야 하는 이유다.

어떤 영역에서 최고의 자리에 오른 사람에게서는 그만의 아우라가 뿜어져 나온다. 그야말로 '존재감 뿜뿜'이다. 그렇다면 그런 아우라Aura는 어떻게 해야 만들어지는 걸까?

"세상은 업적 자체보다 업적이라는 겉모습에 보상을 해줄 때가 더 많다." 라고 프랑수아 드 라로슈푸코는 말한다.

높은 등급의 호텔일수록 직원들은 고객의 첫인상만 보고도 VIP인지 아닌지를 알아본다고 한다. 5성급 호텔 직원들은 어떤 기준으로 몇 초 만에 고객을 '스캔'하는 걸까?

바로 고객의 거동habitus이다. 거동은 한 사람의 태도와 몸짓을 말하고, 이는 겉으로 보이는 의상, 언어, 몸짓, 표정, 톤 등 복합적인 이미지의 축적으로 만들어진다. 한번 몸에 밴 '거동'은 어지간해선 변하지 않는다.

거동 말고도 회사 밖 사람들이 나의 지위를 판단하는 6가지 상징이 있다. '공무용 자동차, 개인 비서, 명함에 적힌 높은 직함, 당신 몫의 경비 예

당신만의 '아우라(Aura)'를 만드는 법

"세상은 업적 자체보다 업적이라는 겉모습에 보상을 해 줄때가 더 많다."

— 프랑수아 드 라로슈푸코

공무용 자동차	개인비서	명함에 적힌 높은 직함
당신 몫의 경비예산	회사 신용카드	사무실에 걸린 예술작품

〈회사 밖 사람들이 나의 지위를 판단하는 6가지 상징〉

거동 'habitus'
한 사람의 태도와 몸짓

겉으로 보이는 의상, 언어
몸짓, 표정, 톤

5성급 호텔 직원들은 어떤 기준으로 몇 초안에 고개을 '스캔'하는걸까?
⇒ 한 번 몸에 밴 '거동'은 어지간해선 변하지 않는다.

Aura를 만드는 법

1. 리더는 고양이처럼 우아하게 꼭대기에 오른다

- 질문하는 사람이 주도한다.
- 질문한 뒤에는 우선 침묵해라.
- 상대를 칭찬해라.
- 파워토킹하라.
- 당혹감 테스트를 하라.

2. 지적 대화를 위한 가진자들의 '고양게임'을 하라

- 있어보이는 직함을 만들어라.
- 능력에 대한 객관적 근거를 들어라.(졸업장, 상장, 자격증 등)
- '출판하거나 망하거나.(어느 분야의 전문가로 인정받고자 한다면, 책을 출간하는 것이 가장 좋은 길이다.)
  ⇒ 글로 쓰인 말이 무한히 강력한 효과를 얻고 있기 때문이다.
- 지식인으로 보여라.(책, 신문칼럼, 블로그 등에 노출되라.)

3. 반사된 영광누리기

- 유명한 사람과 연결하라.
- 지위와 후광효과 더해진다.
- 결불뫼기
- 권위있는 사람과의 유사점을 드러내라.
- 아주 사소한 공통점이라도 효과는 크다.
- 실제로 만난 사람들의 '아우라'만 후광효과를 일으키는 것이 아니다.(존경하는, 대단한 사람 사진 걸기)
- 당신과 연결되는 것들을 가장 높은 목소리로 칭찬하라.

결론 : 쉽게 듬뿍 사랑받고 싶은 당신, 기꺼이 최고가 되어라.

'나는 헤비급 세계 챔피언 마이크 타이슨이오.'   '나는 옥스퍼드 대학교의 논리학 교수요.'   '나는 퍼스널 브랜딩계의 시조새요.'

협상테이블

'이제 서로 각자의 영역에서 최고의 자리에 오른 사람들이라는 걸 알았으니, 신사답게 이야기를 해봅시다.'

당신은 [어떤 영역] 에서 최고의 자리 에 오른 사람인가?

— 잭 내서 《어떻게 능력을 보여줄 것인가》 중에서

산, 회사 신용카드, 사무실에 걸린 예술 작품' 등이다.

그렇다면 어떻게 해야 나의 '거동'만 보고도 '아우라'를 느끼게 할 수 있는 걸까? 잭 내셔의《어떻게 능력을 보여줄 것인가》에는 당신만의 아우라를 만드는 구체적인 방법이 나온다.

첫째, 리더는 고양이처럼 우아하게 꼭대기에 오른다.

고양이는 그룹 내에서 자신의 위치를 잘 알고 있으며, 자신만의 개성과 독특한 특징을 가지고 있어서 독보적인 존재로 인식될 수 있다. 중요한 역할을 수행하면서도 겸손하고 유연한 자세를 유지해야 한다.

질문을 주도하고, 질문 후에는 침묵하고, 상대를 칭찬하는 것도 당신을 자신감 있는 사람으로 보여지게 한다. 말을 할 때도 '진짜로, 저는, 음, 아시다시피, 과도한 존대' 등과 같은 다섯 가지 군더더기를 걷어내면 유능한 사람처럼 보일 수 있다.

둘째, 지적 대화를 위한 가진 자들의 '교양 게임'을 하라.

있어 보이는 직함이나 능력에 대한 객관적 근거를 제시할 수 있으면 좋다. 같은 일을 하더라도 인턴이나 과장보다는 본부장이나 총괄책임이라는 직책이 그럴듯해 보인다. 책, 신문칼럼, 블로그 등을 통해 노출되면 좋다. 지식인으로 보이는 사람에게 유독 약한 모습을 보이는 사람들이 많다. 해당 분야의 전문가로 보이는 가장 강력한 방법은 여전히 책을 출간하는 것이다.

셋째, 반사된 영광을 누려라.

햇살이 강하게 내리쬐는 곳 근처에는 온기가 느껴지는 법이다. 유명한 사람과 연결되면 유명세가 가진 아우라를 나눠 가질 수 있다. 그런 이유로 SNS 대부분은 대단한 ○○, 유명한 ○○와 함께 찍은 인증샷, 높은 지위의 ○○, 베스트셀러 작가 ○○와 친하다는 것을 어필하는 내용이 많다. 나도 그 사람처럼 대단하거나 유명하다는 것을 알리는 무언의 메시지다. 실제로 만나지 않더라도 존경하는, 대단한 사람의 사진도 후광 효과를 일으킬 수 있다.

세상은 그리 공평하지 않다. 세상은 잘하는 사람보다 잘하는 사람처럼 보이는 사람에게 기회를 준다. 하지만 자신의 주력 분야에서만큼은 자신이 유능한 사람임을 믿고 능력을 드러내는 데 관심을 두면, 실제로 더욱 능력 있는 사람이 될 것이다. 이는 믿음이나 기대가 현실로 이어진다는 '자기실현적 예언'으로 증명된 사실이다.

옥스퍼드대학교 학자인 크리스 매켄나는 컨설턴트로서 성공하기 위한 전략을 이렇게 말했다.
"꼭 최고가 될 필요는 없다. 최고인 것처럼 등장하기만 해도 똑같은 효과를 낸다."
이것은 비단 컨설턴트뿐만 아니라 우리 모두에게 적용되는 말이다.

평범한 사람이 특별한 사람이 되기 위해서는 유일하거나 원본이거나 둘 중 하나가 되어야 한다. 브랜드가 브랜드다워지는 '자기다움'을 만들기 위해서는 복제본이 판을 치는 시대에 원본이 가진 아우라를 만들어야 한다.
조연심의 《퍼스널 브랜딩에도 공식이 있다》에서 소개한 아우라를 만드는 세 가지 방법이다.

첫째, 정체성→ 자신의 분야→ 업력→ 축적된 시간의 힘→ 일관된 메시지→ 일관된 모습→ 탁월한 성과→ 차별화된 강점→ 증명 가능한 그 무엇이 있어야 한다.

둘째, 해당 분야의 최고의 자리에 오른 사람으로 보여질 수 있도록 '거동'을 포함한 보여지는 이미지를 통제하는 게 필요하다.

셋째, 결국 해당 분야의 최고가 되어야 아우라가 생긴다.

어쨌거나 시간이 지나간다고 해서 무조건 아우라가 생기는 것은 아니다. 그렇다고 실망할 필요는 없다. 어차피 우리의 때는 우리에게 올 것이기 때문이다. 오스카 와일드의 말로 우리 모두에게 응원을 보낸다.
"마지막에는 모든 것이 좋아진다. 만일 좋지 않다면, 아직 끝이 아니다."

실제로 '해낸 것'의 총합이 자기다움의 원천!

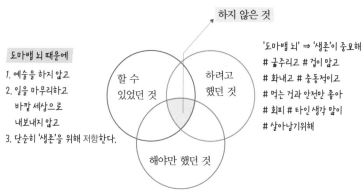

도마뱀 뇌 때문에

1. 예술을 하지 않고
2. 일을 마무리하고
   바깥 세상으로
   내보내지 않고
3. 단순히 '생존'을 위해 저항한다.

하지 않은 것

할 수 있었던 것
하려고 했던 것
해야만 했던 것

'도마뱀 뇌' ⇒ '생존'이 중요해
굶주리고 # 겁이 많고
화내고 # 충동적이고
먹는 거과 안전만 좋아
회피 # 타인생각 많이
살아남기위해

Q : 나는 왜 계속 미루기만 하는 걸까?

A : 이유는 튀는 것을 두려워하는 '도마뱀 뇌' 때문이다. 위협이나 위험으로 느껴지는 거, 자신
    의 속마음을 드러내는 것은 피해야 한다. 고로 어떤 것도 세상 밖으로 내놓을 수 없다.

But 세상의 걸작은 '마감'을 거쳐 '다작' 속에 탄생한다.

다작 :

100권

1000점

11권

걸작이 나오기엔
아직 멀었다!

세스 고딘

걸작 :《보랏빛 소가 온다》
《마케터는 새빨간 거짓말쟁이》
《퍼미션마케팅》
《더 딥》
19권의 베스트셀러

피카소

〈게르니카〉
〈아비뇽의 처녀들〉
〈꿈〉
...

조연심

《과정의 발견》
《퍼스널 브랜딩에도 공식이 있다》
《300프로젝트》
...

– 세스 고딘《린치핀》중에서

할 수 있었던 것과 해야만 했던 것, 그리고 하려고 했던 것의 교집합은 언제나 '하지 않은 것'이다. 실제로 '해낸 것'의 총합이 자기다움의 원천이다.

그렇다면 나는 왜 계속 미루기만 하는 걸까? 이유는 튀는 것을 두려워하는 '도마뱀 뇌' 때문이다. 위협이나 위험으로 느껴지는 것, 자신의 속마음을 드러내는 것은 피해야 한다. 고로 어떤 것도 세상 밖으로 내놓을 수 없다. 그러나 세상의 걸작은 '마감'을 거쳐 '다작' 속에서 탄생한다.

내일까지, 이번 주까지, 이번 달까지, 올해까지 하루 이틀 미루는 마음에는 도마뱀이 산다. 이대로 발표해도 될까? 더 잘할 수 있는데···. 다 하고도 공개를 꺼리는 마음에도 도마뱀이 산다. 나는 언제나 도마뱀과 함께 안전지대에 살고 싶다. 아무것도 하지 않고, 아무 평가도 받지 않고.

하지만 세상이 알아주는 뛰어난 걸작들은 각자의 영역에서 도마뱀 뇌의 저항을 극복하고 마감을 거쳐 세상 밖으로 내놓은 각자의 결과물 중 세상이 알아봐 준 히트작으로 만들어진다.

걸작을 만드는 가장 강력한 노하우는 걸작이 나올 때까지 지속하는 것이다.

〈신뢰 프로토콜〉은 어떻게 작동되는가?

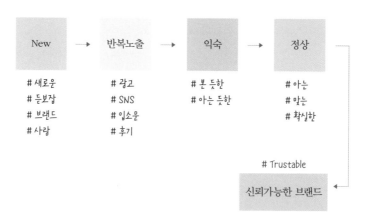

시장은 반복을 통해 신뢰를 얻도록 학습되어왔다.

[주력분야]와 연관된 콘텐츠를 [일관성 있게], [반복] 발행하면 믿을 수 있는 브랜드가 된다.
단, [히트작]이 나올 때까지 지속할 수 있어야 한다.

— 조연심 《퍼스널 브랜드대학》 중에서

'당신은 신뢰가 어떻게 만들어지는지 아는가?', '당신은 어떤 사람을 믿을 수 있는가?'

두 질문 모두 신뢰 프로토콜이 작동되는 대로 만들어진다. 신뢰 프로토콜은 다음과 같은 프로세스를 거친다.

첫째, 처음 보는 것은 모두 다 낯설다. 사람이든, 상품이든 마찬가지다. 새롭기는 하지만 결과가 어떨지 알 수가 없다. 고로 믿을 수 없다.

둘째, 반복 노출이 된다. 광고, SNS, 입소문, 후기 등을 통해 자꾸 눈에 띈다. 낯선 감정이 사라진다.

셋째, 익숙한 상태가 된다. 어디선가 본 듯하고, 아는 듯한 기분이 든다. 실제로 어떤 사람인지, 어떤 제품인지 설명할 수 있을 정도가 된다. 마치 처음부터 아는 것처럼 말이다.

넷째, 정상이 된다. 이미 알고 있는, 이치에 맞는, 확실한 것이라고 믿게 된다. 어쩌면 당연하다고 생각할지도 모른다.

다섯째, 이미 믿을 수 있는, 신뢰 가능한 그 무엇이 되어 있다. 사람이든, 제품이든 마찬가지다.

시장은 '반복'을 통해 '신뢰'를 얻도록 학습되어 왔다. '주력 분야'와 연관된 콘텐츠를 '일관성'있게 '반복' 발행하면 익숙해지고 급기야는 믿을 수 있는 브랜드가 된다. 단, '히트작'이 나올 때까지 지속할 수 있어야 한다.

누구에게나 처음은 낯설다. 낯설다는 건 설렘이 되기도 하지만 예측할 수 없기에 불안을 야기한다. 한 사람을 믿을 수 있다는 것은 그 사람의 반응을 예측할 수 있다는 말이다. 누구든 자주보면 익숙해지고, 익숙해지면 당연해지며, 당연해지면 믿게 된다. 믿음은 누적된 약속의 이행으로 만들어진다.

결국 신뢰를 얻기 위해서는 신뢰 프로토콜대로 작동하면 된다.

Q : 대체 불가능한 퀀텀점프를 위한 필수능력은?

☆ 퀀텀 점프능력
  기존지식, 기술 흡수
  + 다각적 관점 연결

현재 : '퀀텀 점프'
단기간, 비약적, 비연속적
한계를 넘어선

기존 : 단계적, 점진적, 연속적 성장 ×

"21세기의 문맹은 읽고 쓸 줄 모르는 사람이 아니라 배우고Learn, 배운 것을 일부러 잊고unlearn, 다시 배우는relearn
능력이 없는 사람이다."

— 미래학자 엘빈 토플러

21세기 핵심역량 : 데이터 리터러시(data literacy)

→ 데이터를 읽고 그 안에 숨겨진 의미를 파악하는 데이터 해독 능력.

데이터 리터러시

데이터 다양성 : 넓게 보는 것 → 데이터의 양과 다양성 확보

데이터 신선도 : 깊게 보는 것 → 데이터의 질과 신선도 파악

'내일' '내 삶' 연결, 구체적 성과와 성장 창출하기 위한 역량 3가지

Trend Savvy
트렌드 새비

+×

Deep Thinking
딥 씽킹

+×

Collaboration
콜라보레이션

데이터를 넓고
깊게 보는 능력
'자신의 일에 새로운 기술을
연결하라'

데이터 상관관계분석
최적의 솔루션 창출 능력
'다양한 관점에서 집요하게
솔루션을 찾아라'

함께 하는 사람들과 솔루션
공유, 구체적인 성과 창출 능력
'이타적인 사람'이
더 크게 성공한다.

— 조용민 《언바운드》 중에서

"21세기의 문맹은 읽고 쓸 줄 모르는 사람이 아니라 배우고learn, 배운 것을 일부러 잊고unlearn, 다시 배우는relearn 능력이 없는 사람이다." 미래학자인 엘빈 토플러의 말이다.

퍼스널 브랜드에서 가장 중요한 것은 대체되지 않는, 대체불가능한 내가 되는 것이다. 기존과 같은 단계적, 점진적, 연속적 성장만으로는 생성형 AI가 판을 치는 요즘, 절대로 특별한 나를 만들 수 없다. 지금 우리에게 필요한 것은 '퀀텀 점프'와 같은 단기간, 비약적, 비연속적, 한계를 넘어선 성장이다. 퀀텀 점프 능력은 기존 지식과 기술을 흡수하고 다각적 관점을 연결해야 발휘할 수 있다.

정보 해일 시대, 이제 단순히 많은 데이터는 정보가 아니라 처치 곤란 쓰레기일 뿐이다. 어떤 정보를 누구로부터 얻고 볼 것인가? 그 정보는 얼마나 최신이고 신뢰할 수 있는가?

구글 커스터머 솔루션팀의 조용민은 《언바운드》에서 데이터 리터러시 능력에 대해 말하고 있다. 21세기 핵심역량인 데이터 리터러시data literacy 능력은 데이터를 읽고 그 안에 숨겨진 의미를 파악하는 데이터 해독 능력을 말한다.

데이터 리터러시는 두 가지 영역으로 구분된다. 데이터 다양성은 넓게 보는 것을 말하고, 데이터의 양과 다양성을 확보하는 것이다. 데이터 신선도는 깊게 보는 것을 말하고, 데이터의 질과 신선도를 파악하는 것이다.

데이터 리터러시를 통해 '내 일', '내 삶'을 연결하고 구체적 성과와 성장을 창출하기 위해서는 세 가지 역량이 동반되어야 한다.

첫째, 트렌드 새비Trend Savvy 역량이다. 데이터를 넓고 깊게 보는 능력을 말한다. 이 능력으로 자신의 일에 새로운 기술을 연결할 수 있다.

둘째, 딥 씽킹Deep Thinking 역량이다. 데이터 상관관계를 분석하고 최적의 솔루션을 창출할 수 있는 능력이다. 다양한 관점에서 솔루션을 찾을 수 있다.

셋째, 콜라보레이션Collaboration 역량이다. 함께 하는 사람들과 솔루션을 공유하고 구체적인 성과를 창출할 수 있는 능력이다. 이타적인 사람이 더 크게 성공할 수 있음을 기억하자.

실제로 위의 세 가지 역량은 각각이 더해지기도 하지만 때로는 곱하기로 시너지를 내기도 한다.

앞으로 대체 불가능한 사람이라 함은 '배운 게 도적질이라 평생 배운 대로 도적질하는 사람'이 아니라 새로운 도적질을 배워 기존 도적질과 연결하여 새로운 도적질을 창조할 수 있는 사람이다. 데이터 리터러시 능력을 가진 사람만이 게임의 룰을 바꿀 수 있다.

내 삶을 구조화시키는 도구, 피쉬본 다이어그램

엉망진창 엉킨 내 삶을 구출해 줄 도구는?

'우선 순위'에 해당하는 일, 피쉬본 다이어그램으로 구조화하기

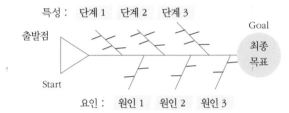

최종 목표가 문제해결, 꿈, 직업, 능력 무엇이던 간에(머리)

(꼬리)출발점에서 순차적 단계별 목표를 구조화 하고(큰뼈)

이를 방해하는 원인도 각 단계별로 정리하고(작은 가시)

우선 순위에 맞게 하나씩 실행하면 된다.

피쉬본 다이어그램은 생산 공정에서 일어나는 원인과 결과와의 관계를 체계화하여 도시화 한 것. Cause and Effect Diagram. 특성과 원인과의 관계를 정리하여 하나의 도형으로 묶어 나타낸 것.

특성요인도

특성 : 일의 결과로 나타나는 모든 것 ex) 품질, 원가, 납기, 안전 등

요인 : 특성에 영향을 주는 원인의 모든 것 ex) 사람, 재료, 작업방법, 기계 등 생산요소

문제를 발견하고 분석하기 위해서, 문제해결을 위해 중요한 개선요인을 발견, 중요한 관리 특성에 대한 Know-how를 정리하기 위해 작성한다.

※ 생선뼈 다이어그램은 일본 동경대 교수인 이시가와 가오루 교수가 고안, 이시가와 다이어그램이라고도 부른다. 여러가지 원인을 찾아서 나열하고 우선 순위를 매겨 단계별로 해결해야 할 문제들을 정리할 때 쓴다.

– 조용민 《언바운드》 중에서

뒤죽박죽 내 인생, 뭐부터 해야 할까요? 생선 뼈 다이어그램(피시 본 다이어그램)을 그려보면 된다.

조용민의 《언바운드》에 소개된 피시 본 다이어그램은 '우선순위'에 해당하는 일을 피시 본 다이어그램으로 구조화시킴으로 문제해결을 돕는 도구다. 생선 뼈 다이어그램은 일본 동경대 교수인 이시카와 가오루 교수가 고안, 이시카와 다이어그램이라고도 부른다. 여러 가지 원인을 찾아서 나열하고, 우선순위를 매겨 단계별로 해결해야 할 문제들을 정리할 때 쓴다.

피시본 다이어그램은 다음과 같이 구성되어 있다. 생선 꼬리가 출발점이고 긴 생선 뼈의 윗부분 큰 뼈는 특성을 단계별로 구분할 수 있고, 가시에 해당하는 아랫부분은 목표를 방해하는 요인을 원인별로 구별해서 정리할 수 있다. 마지막 생선 머리는 최종목표, 즉 Goal이 된다.

최종 목표가 문제해결, 꿈, 직업 능력 무엇이든 간에(머리), 출발점(꼬리)에서 순차적, 단계별 목표를 구조화하고(큰 뼈), 이를 방해하는 원인도 각 단계별로 정리하고(작은 가시) 우선순위에 맞게 하나씩 실행하면 된다.

피시본 다이어그램은 생산 공정에서 일어나는 문제의 원인과 결과와의 관계를 체계화하여 도식한 것으로 '원인과 결과 다이어그램Cause and Effect Diagram' 즉, 특성과 원인과의 관계를 정리하여 하나의 도형으로 묶어 나타낸 것이다.

특성 요인도에서 특성은 일의 결과로 나타나는 모든 것을 말하고(예를 들어 품질, 원가, 납기, 안전 등이 여기에 해당한다), 요인은 특성에 영향을 주는 원인의 모든 것을 말한다(예를 들어 사람, 재료, 작업 방법, 기계 등 생산 요소가 포함된다).

특성 요인도는 문제를 발견하고 분석하기 위해서, 문제해결을 위해 중요한 개선요인을 발견, 중요한 관리 특성에 대한 노하우를 정리하기 위해 작성한다.

원하는 목표를 이루기 위해서는 단계별 해야 할 것들이 있고, 그 일을 잘 해내기 위한 요소들이 필요하다. 무엇을 해야 하고 무엇을 먼저 하고 어떻게 해야 잘 할 수 있는지는 정답이 있다. 다만 개인차에 의해 깊이와 넓이가 달라질 뿐이다.

결국 내 삶을 구조화시키려면 피시 본 다이어그램을 활용하면 된다.

당신의 액션플랜(Action Plan)은 안녕한가요?

명확한 목표를 찾았는데 바로 행동으로 옮기지 못한다면, '실천 내용'이 애매하기 때문이다.

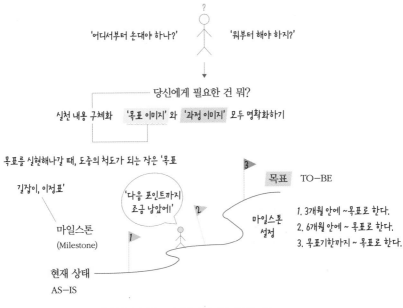

→ 실천내용을 세분화하고 구체화한다면 오늘, 이번주, 이번달 실천 내용이 명확해진다. 여기에 '언제, 어디서, 무엇을 할지'까지 구체화하면 보다 확실하게 움직일 수 있다.

– 오히라 노부타카 《게으른 뇌에 행동 스위치를 켜라》 중에서

원대한 목표는 세웠는데 제대로 행동하지 못하는 이유는 뭘까? 이는 실천 내용을 구체화하지 못했기 때문이다. 실천 내용을 구체화하기 위해서는 '목표 이미지'와 '과정 이미지' 둘 다 명확하게 하는 게 필요하다.

대부분 목표를 세울 때 현재 상태AS-IS에서 출발해 과정은 생략한 채 바로 목표 상태TO-BE로 가야 한다고 생각한다. 구체적인 액션플랜을 준비하고 야심차게 출발하지만 얼마 지나지 않아 여러가지 이유로 목표에 이르지 못한 채 중단하는 일이 많다. 이럴 때는 액션플랜에 마일스톤을 활용하면 된다. 마일스톤milestone은 길잡이, 이정표로서 목표를 실현해 나갈 때 도중의 척도가 되는 작은 목표를 말한다.

실천 내용을 명확화하는 방법은 첫째, 현재 상태와 목표 사이에 세 개의 '마일스톤'을 배치한다. 둘째, 마일스톤을 세분화한다. 셋째, 목표에서 거꾸로 계산해서 숫자와 기준을 이용하면 더욱 알기 쉽다. 예를 들어 마일스톤 1은 3개월 안에 ○○을 목표로 한다. 마일스톤 2는 6개월 안에 ○○을 목표로 한다. 마일스톤 3은 목표 기한까지 ○○를 목표로 한다, 같이 정리하면 된다.

액션플랜에는 목표 이미지와 과정 이미지 모두를 명확히 해야 하고 현재 상태에서 목표지점 사이에 3개의 마일스톤을 설정하고 마일스톤을 세분화시키면 된다. 실천 내용을 세분화하고 구체화한다면 오늘, 이번 주, 이번 달 실천 내용이 명확해진다. 여기에 '언제, 어디서, 무엇을 할지' 구체화하면 보다 확실하게 움직일 수 있게 된다.
꿈을 시간과 목표로 잘게 쪼개면 이룰 수 있는 로드맵이 생긴다.

우리 마음에는 코끼리가 살고 있다. 그 코끼리는 고집이 세서 어지간해선 통제하기가 어렵다. 그 코끼리는 본능, 욕심, 고집, 게으름과 한 편이 되어 점점 더 고집불통이 된다. 우리가 목표를 달성하지 못하는 것은 순전히 마음속 코끼리 때문인 셈이다.

그렇다면 어떻게 해야 코끼리를 통제하고 목표를 달성할 수 있을까?

첫 번째 방법은 외부의 도움을 활용하는 것이다. 아침에 잠에서 깨는 것이 너무 힘든 코끼리에게 '클락키clocky'를 선물해 보라. 발 달린 알람 시계인 클락키가 알람을 울리면 무조건 침대에서 일어나 도망 다니는 클락키를 꺼야 한다. 결국 잠에서 깨어날 수밖에 없다.

훈련캠프를 이용해 보라. 고액 캠프일수록 비용이 아까워서라도 참가하게 되고, 라이벌의 성공이 자극제가 되기도 한다.

두 번째 방법은 실행 의도를 활용하는 것이다. 흔히 사람들은 목표 의도를 활용한다. 목표 의도는 '난 어떻게 하겠다.', '난 다이어트 할 거야.', '난 승진할 거야.' 같은 것이다. 이런 목표 의도를 실행 의도로 대체하는 것이다. 실행 의도는 어느 시간, 어느 장소, 어느 조건에서 목표를 달성하기 위

고집센 코끼리(본능)를 통제하고 목표를 달성하려면?

방법 1. 외부의 도움 활용하기

    1) 도구 - '클락키(Clicky)'   발 달린 알람시계… 무조건 침대에서 일어나 도망다니는 클락키를 꺼야 한다.

    2) 타인의 감시나 감독 - 훈련캠프 이용, 고액캠프일수록 비용이 아까워서라도 참가, 라이벌의 성공이 자극제가
        되기도 함.

방법 2. 실행의도 활용하기

'난 어떻게 하겠다'
'난 다이어트할거야'   목표의도   대체   →   실행의도   어느 시간, 어느 장소, 어느 조건에서
'난 승진할거야'   목표를 달성하기 위해 무엇을 할 지 생각한다.
                                         ☆ '만약에(If)…, 그렇다면(Then) ……,
                                       촉발 조건+전략 연계조건과 목표를 결합한 실행 의도

큰 목표 : 다이어트 – **작은 목표 : 하루 1만보 걷기** – **실행의도 : 퇴근 후 버스 타고 집에 갈때**
                                                     두 정거장 먼저 내려 걷기

'실행의도' 1999 미국 뉴욕대학교 동기심리학자 피터 골위처 제시

'실행의도의 도구'
Woop   심리학자 가브리엘 외팅겐
             〈무한 긍정의 덫〉   'Woop'   소망(Wish)   결과(Output)
                                                장애물(Obstacle)   계획(Plan)

프로세스

① 소망(Wish) : 실현되었으면 하는 소망을 적고, 시간을 설정한다.

② 결과(Output) : 소망 실현 후의 만족스러운 상황을 상상한다. 명확할수록, 글로 쓸수록 좋다.

③ 장애물(Obstacle) : 목표를 실현하는 과정에서 생길 수 있는 어려움을 구체적으로 나열한다.

④ 계획(Plan) : 나열한 장애물을 '만약에…, 그렇다면…'의 방식에 하나씩 적용한다.

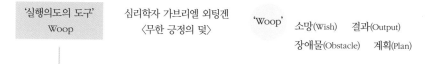

W : 소망	O : 결과	O : 장애물	P : 계획

'Woop' 생각 카드

                           – 황양밍·장린린 《심리학이 불안에 답하다》 중에서

해 무엇을 할지 생각하는 것이다.

'만약에IF~, 그렇다면then~.' 촉발조건과 전략을 연계하는 방식이다. 결국 조건과 목표를 결합한 실행의도는 목표 달성에 도움이 된다.

'큰 목표'인 다이어트를 '작은 목표'인 하루 만 보 걷기로 바꾸기보다는 '실행 의도'인 퇴근 후 버스 타고 집에 갈 때 두 정거장 먼저 내려 걷기로 바꾸는 것이다.

'실행 의도'는 1999 미국 뉴욕대학교 동기심리학자 피터 골 위처가 제시한 개념이다. 심리학자 가브리엘 외팅겐도 '무한 긍정의 덫'이라며 실행의도 도구인 WOOP 활용 프로세스를 추천한다. 'WOOP'는 소망Wish, 결과Output, 장애물Obstacle, 계획Plan의 앞 자를 딴 약자다.

실행의도 도구 WOOP 프로세스는 어떻게 하면 되는 걸까?

첫째, 소망은 실현되었으면 하는 소망을 적고, 시간을 설정한다.

둘째, 결과는 소망 실현 후의 만족스러운 상황을 상상한다. 명확할수록, 글로 쓸수록 좋다.

셋째, 장애물은 목표를 실현하는 과정에서 생길 수 있는 어려움을 구체적으로 나열한다.

넷째, 계획은 나열한 장애물을 '만약에 ―면, 그렇다면 ―' 방식에 하나씩 적용한다.

내 인생의 가장 큰 숙제인 다이어트. '저녁만 먹고 내일부터 해야지, 이것만 먹고 할 거야.' 내 마음속에 사는 고집 센 코끼리의 유혹에 넘어가 다이어트의 꿈은 점점 멀어져간다. 이럴 때 WOOP 프로세스를 활용하면 된다.

W : 소망– 6개월 안에 체중을 5킬로그램 감량한다.

O : 결과– 늘씬해진 내 모습에 사람들이 칭찬을 해주고 등 파인 이브닝 드레스를 입을 수 있다.

O : 장애물– 달콤한 간식은 참을 수 없고 회식은 거절하기 어렵다.

P : 계획– 달콤한 간식 자체를 집에 두지 않고, 회식에서는 샐러드만 주문한다.

목표를 조각으로 분해하고 작은 조각마다 의미를 부여하고 날짜와 시간을 더하면 실행할 수 있는 만만한 상태가 된다. 고집 센 코끼리를 통제하고 무엇이든 이루는 방법은 결국 실행 의도 도구를 잘 활용하면 된다.

충동이나 유혹에 굴복하는 나에게!
〈10-10-10법칙〉

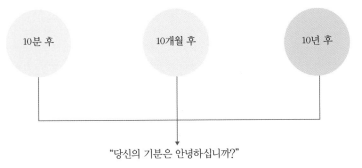

"당신의 기분은 안녕하십니까?"

과식, 폭식의 유혹, 10분 후 당신의 기분은 어떨까요?

운동, 영어, 다이어트 미루기, 10개월 후 당신의 기분은 어떨까요?

직업, 공부, 사람 선택, 10년 후 당신의 기분은 어떨까요?

혹독한 자기관리의 비법, 10-10-10법칙을 떠올려보라.

— 《하버드비즈니스리뷰》 편집장 수지 웰치가 제안한 법칙

먹지 말아야 했는데, 놀지 말아야 했는데, 공부했어야 했는데, 그 일을 했어야 했는데, 그 사람을 만났어야 했는데….

유혹 앞에 약해지고 충동 앞에 무너지기를 반복하는 나를 어찌할 것인가? 지금처럼만, 남들처럼만 하기를 바라지만 그렇게 하면 결국 지금까지 얻어왔던 것도 놓치게 될 것이다.

퍼스널 브랜딩을 위해 꼭 필요한 역량은 '자기관리'.

유혹의 순간마다 혹독한 자기관리의 비법, 10-10-10 법칙을 떠올려보라. 10-10-10 법칙은 〈하버드 비즈니스 리뷰〉 편집장 수지 웰치가 제안한 법칙이다.

과식이나 폭식의 유혹에 넘어가면, 10분 후 당신의 기분은 어떨까?

운동, 영어, 다이어트 미루기, 10개월 후 당신의 기분은 어떨까?

직업, 공부, 사람 선택, 10년 후 당신의 기분은 어떨까?

10분 후의 기분은? 10개월 후의 기분은? 10년 후의 기분은? 이렇게 떠올리는 것만으로도 충동을 잠재우는 데 효과가 있다.

잘 팔리는 상품을 기획하는 방법은?

도널드 밀러의 〈무기가 되는 스토리〉가 제안하는 3가지 방법

첫째, 영웅은 고객이다

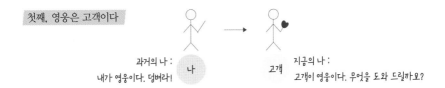

과거의 나 :
내가 영웅이다. 덤벼라!

지금의 나 :
고객이 영웅이다. 무엇을 도와 드릴까요?

둘째, 고객이 가진 문제를 정의할 것

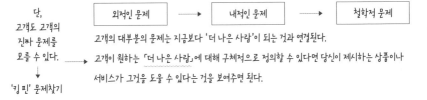

단,
고객도 고객의
진짜 문제를
모를 수 있다.
↓
'킹 핀' 문제찾기

| 외적인 문제 | 내적인 문제 | 철학적 문제 |

고객의 대부분의 문제는 지금보다 '더 나은 사람'이 되는 거과 연결된다.

고객이 원하는 「더 나은 사람」에 대해 구체적으로 정의할 수 있다면 당신이 제시하는 상품이나

서비스가 그것을 도울 수 있다는 것을 보여주면 된다.

셋째, 고객의 생존욕구를 이용할 것

사람은 생존과 번창에 도움이 된다고 해야 관심을 보인다.

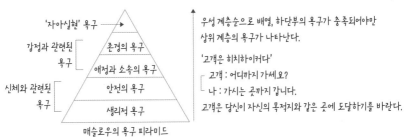

'자아실현' 욕구

감정과 관련된
욕구 {
존경의 욕구
애정과 소속의 욕구

신체와 관련된
욕구 {
안전의 욕구
생리적 욕구

매슬로우의 욕구 피라미드

우선 계층순으로 배열, 하단부의 욕구가 충족되어야만
상위 계층의 욕구가 나타난다.

'고객은 히치하이커다'
┌ 고객 : 어디까지 가세요?
└ 나 : 가시는 곳까지 갑니다.
고객은 당신이 자신의 목적지와 같은 곳에 도달하기를 바란다.

– 조연심 《퍼스널 브랜드대학》 중에서

누구나 잘 팔리는 상품을 기획하고 싶어 한다. 방법은 고객을 알고 고객의 문제를 정의하면 된다.

구체적으로 어떻게 하면 잘 팔리는 상품을 기획할 수 있는 것일까? 도널드 밀러의 《무기가 되는 스토리》에 나오는 3가지 방법을 소개한다.

첫째, 영웅은 고객이다. 고객이 영웅이라고 가정하고, 나는 영웅을 도와주는 가이드라고 생각해야 한다.

둘째, 고객이 가진 진짜 문제를 정의할 것! 고객이 가진 문제는 외적인 문제, 내적인 문제, 철학적 문제로 나뉜다. 하지만 고객도 고객의 진짜 문제를 모를 때가 있다. 이럴 때는 핵심문제에 해당하는 '킹핀 문제'를 찾아야 한다. 고객의 대부분의 문제는 지금보다 '더 나은 사람'이 되는 것과 연결된다. 고객이 원하는 '더 나은 사람'에 대해 구체적으로 정의할 수 있다면 당신이 제시하는 상품이나 서비스가 그것을 도울 수 있다는 것을 보여주면 된다.

셋째, 고객의 생존욕구를 이용할 것! 사람은 생존과 번창에 도움이 된다고 해야 관심을 보인다.

매슬로우의 욕구 피라미드는 지배적 욕구부터 계층별로 배열(우성 계층 dominance hierarchy)되어 있고, 하단부의 욕구가 충족되어야만 상위 계층의 욕구가 나타난다. 신체와 관련된 욕구 → 감정과 관련된 욕구 → 자아실현 욕구 순이다.

고객이 원하는 것은 생존을 위하거나 번창을 위한 것이다. 그중 번창을 위한 것은 지금보다 '더 나은 사람'이 되도록 돕는 것이다. 당신의 제품과 서비스는 고객의 어떤 문제를 해결할 수 있는가? 그 문제를 해결하고 나면 고객은 어떤 욕구를 충족할 수 있는가? 고객은 '히치하이커hitchhiker'다. 고객은 당신이 자신의 목적지와 같은 곳에 도달하기를 바란다.

칭송받는 브랜드가 되는 법

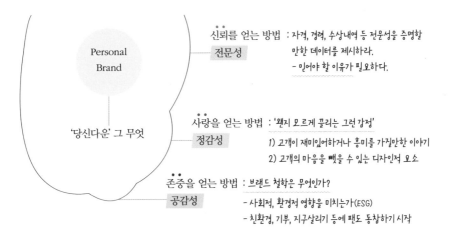

Personal Brand

'당신다운' 그 무엇

전문성 — 신뢰를 얻는 방법 : 자격, 경력, 수상내역 등 전문성을 증명할 만한 데이터를 제시하라.
- 믿어야 할 이유가 필요하다.

정감성 — 사랑을 얻는 방법 : '왠지 모르게 끌리는 그런 감정'
1) 고객이 재미있어하거나 흥미를 가질만한 이야기
2) 고객의 마음을 뺏을 수 있는 디자인적 요소

공감성 — 존중을 얻는 방법 : 브랜드 철학은 무엇인가?
- 사회적, 환경적 영향을 미치는가(ESG)
- 친환경, 기부, 지구살리기 등에 팬도 동참하기 시작

✿ 오래가는 브랜드, 칭송받는 브랜드가 되려면 전문성을 통해 신뢰를 얻거나 고객이 좋아할만한 이야기나 잉어빌러티한 디자인적 요소로 사랑을 얻거나 고객이 공감할만한 철학으로 존중을 얻어야 한다.

– 책 읽어주는 라디오 《파블로를 읽어요》 시즌 6 '배하연의북인사이트 06' 문영호 《팬을 만드는 마케팅》 중에서

당신에게는 열광하는 팬이 있는가? 그들은 왜 당신에게 열광하고 있는가? 잘나가는 브랜드에는 그 브랜드를 믿고 사랑하고 지지하는 팬들이 있다.

팬들로부터 칭송받는 브랜드는 어떻게 만들어지는 걸까? 문영호의 《팬을 만드는 마케팅》에 그 해법이 있다.

첫째, 신뢰는 전문성으로 얻는 것이다. 자격, 경력, 수상 내역 등 전문성을 증명할 만한 데이터를 제시하라. 믿어야 할 이유가 필요하다.

둘째, 사랑을 얻기 위해서는 정감성이 있어야 한다. '왠지 모르게 끌리는 그런 감정'이 정감성이다. 고객이 재미있어하거나 흥미를 가질 만한 이야기, 고객의 마음을 뺏을 수 있는 디자인적 요소로 만들어진다.

셋째, 존중을 얻으려면 공감성이 필요하다. '브랜드 철학은 무엇인가?', 사회적, 환경적 영향을 미치는가? 친환경, 기부, 지구 살리기 등에 팬도 동참하기 시작했다.

오래 가는 브랜드, 칭송받는 브랜드가 되려면 전문성을 통해 신뢰를 얻거나, 고객이 좋아할 만한 이야기나 있어빌러티한 디자인적 요소로 사랑을 얻거나 고객이 공감할 만한 철학으로 존중을 얻어야 한다.

퍼스널 브랜드는 '당신 다운 그 무엇'으로 팬으로부터 신뢰와 사랑과 존중을 얻을 때 비로소 강력해진다.

당신의 과정은 안녕한가요?

이제 '결과'가 아니라 '과정'을 파는 시대 #과정의 발견

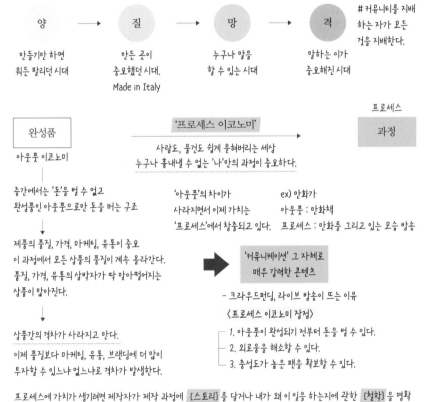

양 → 질 → 망 → 격

만들기만 하면
뭐든 팔리던 시대

만든 곳이
중요했던 시대.
Made in Italy

누구나 말을
할 수 있는 시대

말하는 이가
중요해진 시대

#커뮤니티를 지배
하는 자가 모든
것을 지배한다.

완성품

아웃풋 이코노미

'프로세스 이코노미'

사람도, 물건도 쉽게 묻혀버리는 세상
누구나 흉내낼 수 없는 '나'만의 과정이 중요하다.

프로세스

과정

중간에서는 '돈'을 벌 수 없고
완성품인 아웃풋으로만 돈을 버는 구조
↓
제품의 품질, 가격, 마케팅, 유통이 중요
이 과정에서 모든 상품의 품질이 계속 올라간다.
품질, 가격, 유통의 상박자가 딱 맞아떨어지는
상품이 많아진다.
↓
상품간의 격차가 사라지고 만다.
이제 품질보다 마케팅, 유통, 브랜딩에 더 많이
투자할 수 있느냐 없느냐로 격차가 발생한다.

'아웃풋'의 차이가
사라지면서 이제 가치는
'프로세스'에서 창출되고 있다.

ex) 만화가
아웃풋 : 만화책
프로세스 : 만화를 그리고 있는 모습 방송

'커뮤니케이션' 그 자체로
매우 강력한 콘텐츠

- 크라우드펀딩, 라이브 방송이 뜨는 이유
〈프로세스 이코노미 장점〉
 ┌ 1. 아웃풋이 완성되기 전부터 돈을 벌 수 있다.
 ├ 2. 외로움을 해소할 수 있다.
 └ 3. 충성도가 높은 팬을 확보할 수 있다.

프로세스에 가치가 생기려면 제작자가 제작 과정에 [스토리] 를 담거나 내가 왜 이 일을 하는지에 관한 [철학] 을 명확
히 제시해야 한다.

– 오바라 가즈히로 《프로세스 이코노미》 중에서

양 → 질 → 망 → 격. 시대가 변하면 돈을 버는 방법도 변한다.

양의 시대는 만들기만 하면 뭐든 팔리던 시대였다. 질의 시대는 만든 곳이 중요했던 시대였다. 메이드인 이태리 하면 없어 못 팔던 때였다. 망의 시대는 인터넷으로 모든 것이 연결되면서 누구나 스피커가 되어 말을 할 수 있는 시대였다. 격의 시대는 말하는 이가 중요해진 시대로 커뮤니티를 지배하는 자가 모든 것을 지배하게 된다.

양과 질의 시대에는 완성품(아웃풋 이코노미)만 경쟁력이 있었다. 중간에서는 '돈'을 벌 수 없고 완성품인 아웃풋으로만 돈을 버는 구조가 흔했다. 최종 아웃풋인 제품의 품질, 가격, 마케팅, 유통이 중요했다. 이 과정에서 모든 상품의 품질이 계속 올라갔다. 결과적으로 품질, 가격, 유통의 삼박자가 딱 맞아떨어지는 상품이 점점 더 많아지게 되었다. 종국에는 상품 간의 격차가 사라지고 말았다. 이제 품질보다 마케팅, 유통, 브랜딩에 더 많이 투자할 수 있느냐 없느냐로 격차가 발생한다.

'아웃풋'의 차이가 사라지면서 이제 가치는 '프로세스'에서 창출되고 있다. 망의 시대에 모든 사람이 콘텐츠 제작자이자 발신자가 된 지금, 아무리 좋은 제품이나 아무리 유명한 사람이라도 쏟아지는 정보와 콘텐츠에 묻혀 쉽게 잊히는 게 당연한 세상이다. 누구도 흉내 낼 수 없는 '나'만의 과정이 중요한 이유다.

예를 들어 만화가의 경우 과거에는 아웃풋인 만화책으로만 거래를 했지만 이제는 만화를 그리고 있는 과정에서도 얼마든지 돈을 벌 수 있게 된 것이다. 이제 '결과'가 아니라 '과정'을 파는 프로세스 이코노미 시대다. 아웃풋이 아닌 '프로세스'에서도 얼마든지 돈을 버는 게 가능해졌다는 말이다.

이제 결과가 아니라 '과정'을 팔아야 하는 시대다. '커뮤니티를 지배하는 자가 모든 것을 지배한다'고 누군가는 말했다. '커뮤니케이션' 그 자체로 매우 강력한 콘텐츠가 되기도 한다. 크라우드 펀딩이나 라이브 방송이 뜨는 이유다. 프로세스 이코노미 시대에는 사용자가 하나의 커뮤니티가 되고 또다시 새로운 사용자를 모으는 순환구조가 훨씬 중요하다.

오바라 가즈히로의 《프로세스 이코노미》에서 말하는 '과정의 발견' 장점은 무엇일까? 첫째, 아웃풋이 완성되기 전부터 돈을 벌 수 있다. 둘째, 외로움을 해소할 수 있다. 셋째, 충성도가 높은 팬을 확보할 수 있다.

프로세스에 가치가 생기려면 제작자가 제작 과정에 '스토리'를 담거나 내가 왜 이 일을 하는지에 관한 '철학'을 명확히 제시해야 한다.

당신에게는 당신만의 공감 메커니즘이 있나요?
오바마 대통령 선거전에 사용된 결정적인 수법

'퍼블릭 네러티브(Public Narrative)' '커뮤니티 오거나이징(Community Organizing)'

'자신이 여기 있는 이유'　　　　"Self Us Now" 이론

'나의 이야기'　　"저는 흑인으로서 비주류의 아픔을 겪으며 자라왔습니다. 하지만 미국이라는
나라가 제게 자유를 준 덕분에 지금 이 자리까지 올 수 있었습니다.

'우리의 이야기'　비주류의 아픔을 아는 제가 변화를 이끌겠습니다.

'지금의 이야기'　이것은 앞으로 여러분도 충분히 할 수 있는 일입니다."

지금 우리가 움직여야하는 이유

우리가 지금 여기에 있는 이유　✿ 'Self Us Now'라는 이론에 입각한 스토리인 인생의 '프로세스'를 듣다보면
우리는 타자의 이야기와 나의 이야기를 동일시하게 된다.
"나는 이런 인생을 살았다.(Me) 당신도 지금 이런 길을 걷고 있다.
나와 당신에게도 공통점이 있다.(We) 그것을 토대로 연대하여 다 같이 변화를 일으키자.(Now)"

성공적인 공감 메커니즘 공식

'Self Us Now' = Me We Now = 나, 우리 그리고 지금

일본 40만부 이상
베스트셀러
《제로》 스토리 방식

Me → We → Now

자신의 이야기　　공통점을 찾아 연대감 형성　　자신이 하고 싶은 이야기
독자와의 거리 좁히기

– 오바라 가즈히로 《프로세스 이코노미》 중에서

나의 이야기에 공감하게 하려면 어떻게 해야 할까? 성공한 브랜드에는 특별한 이야기 공식이 존재한다. 'Self, Us, Now' 이론 또는 'Me, We, Now' 이론이다. 이 이론대로라면 '나, 우리 그리고 지금'의 순서로 이야기를 구성하면 된다.

먼저 자신의 이야기로 독자와의 거리를 좁히고(Me), 공통점을 찾아내서 연대감을 형성한 다음(We), 자신이 하고 싶은 일을 설명하는(Now) 구조로 스토리를 담아낸다.

오바라 가즈히로의 《프로세스 이코노미》에 의하면 일본 40만 부 이상 베스트셀러인 호리에 다카후미의 저서 《제로》의 스토리 방식도 "나, 우리 그리고 지금' 방식을 취했다고 한다.

오바마 대통령 선거전에 사용된 '퍼블릭 네러티브Public Narrative'와 '커뮤니티 오거나이징Community Organizing'에도 '나, 우리, 그리고 지금'의 이야기 공식은 결정적인 역할을 수행했다. 퍼블릭 네러티브는 공공의 이익을 위해 만들어진 스토리텔링 기법으로, 대중들에게 특정한 메시지를 전달하고자 할 때 사용된다.

"저는 흑인으로서 비주류의 아픔을 겪으며 자라왔습니다. 하지만 미국이라는 나라가 제게 자유를 준 덕분에 지금 이 자리까지 올 수 있었습니다. 비주류의 아픔을 아는 제가 변화를 이끌겠습니다. 이것은 앞으로 여러분도 충분히 할 수 있는 일입니다."

'Self, Us, Now'라는 이론에 입각한 스토리인 인생의 '프로세스'를 듣다 보면 우리는 타자의 이야기와 나의 이야기를 동일시하게 된다. 공감 메커니즘 공식을 철저하게 따른 덕분에 오바마는 많은 사람들의 지지를 얻고 당당하게 대통령으로 당선될 수 있었다.

"나는 이런 인생을 살았다.(Me) 당신도 지금 이런 길을 걷고 있다. 나와 당신에게는 공통점이 있다.(We) 그것을 토대로 연대하여 다 같이 변화를 일으키자.(Now)

이 방식은 물건을 파는 세일즈맨이거나 연설로 청중을 공감시켜야 하는 정치인, 같은 목표를 가자고 설득해야 하는 CEO 등 누구든 상대방의 마음을 움직여야 하는 사람들에게 유효한 공식이다.

결과, 아웃풋, 스펙이 중요했던 '정답주의' 시대에서 과정, 프로세스, 경험이 중요해진 '수정주의' 시대로 옮겨진 지금, 어떻게 해야 원하는 목표를 달성할 수 있을까? '효과화 이론'이 작동하는 사이클을 이해하면 된다.

효과화 이론은 목표를 달성해내는 방법 또는 요령으로 사라스바티 교수가 성공한 창업가 27명을 연구, 불확실한 상황에 대처하며 성과를 내는 다섯 가지 원리를 정리한 이론이다. 효과화 이론이 작동하는 사이클은 다음과 같다.

수단 : 손안의 새 → 목표 : 허용 가능한 실패 → 상호작용 : 크레이지 퀼트→ 약속 : 레모네이드 → 새로운 수단&새로운 목표

처음부터 완벽한 목표가 있다 하더라도 가다 보면 다양한 변수에 의해 얼마든지 수정할 수 있고 그 과정에서 뜻하지 않은 기회를 만나기도 한다. 불확실한 상황에서 출발해야 하는 스타트업의 경우도 마찬가지다. 이럴 때 유효한 공식이 바로 사라스바티 교수의 '효과화 이론'이다.

첫째, 손안의 새 : 지금 가진 자원을 가지고 우선 시작하고,

성과를 내는 과정 설계 원리를 아는가?

과거

정답주의 → 현재·미래

수정주의

\# 과정의 발전
\# 프로세스 이코노미

급변하는 시대에 프로세스를 공개하고 반응을
살피며 끊임없이 수정해가는 것.

✿ 사라스바티 교수, 성공한 창업가 27명 연구
　불확실한 상황에 대처하며 성과를 내는 다섯 가지 원리 정리.

'효과화 이론' :
목표를 달성해내는 방법, 요령.

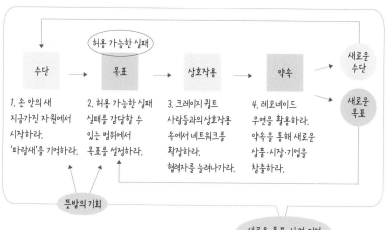

사라스바티 교수의

'효과화 이론'

성과를 내는 원리

1. 손 안의 새 : 지금가진 자원에서 시작하라. '파랑새'를 기억하라.

2. 허용 가능한 실패 : 감당할 수 있는 손실을 정해두라.

3. 크레이지 퀼트 : 협력자를 늘려나가라. 정해진 규칙없이 자유롭게 대응.

4. 레모네이드 : 우연을 활용하라. 레몬즙 + 꿀 + 얼음 = 레모네이드. 우연 → 기회

5. 비행기 조종사 : 통제할 수 있는 부분에 집중하라. 프로젝트나 행사 진행시 중심을
　　　　　잘 잡아야 한다.

　　　　　　　　　　　　　　　　　　　　　　　　　– 오바라 가즈히로 《프로세서 이코노미》 중에서

둘째, 허용 가능한 실패 : 감당할 수 있는 손실 범주에서 목표를 설정하며,

셋째, 크레이지 퀼트: 정해진 규칙 없이 유연하게 대처하며 협력자를 늘려나가고,

넷째, 레모네이드: 우연하게 발견될 기회를 생각하며 약속을 통해 새로운 시작을 하면서,

다섯째, 비행기 조종사: 어떤 경우라도 조종간을 놓지 않는 조종사처럼 과정 전체를 통제하며 중심을 잘 잡다 보면 분명 그 과정에서 새로운 기회, 새로운 목표를 만나게 될 것이다.

결국 정답이 아닌 해답을 찾아가는 과정 속에 성공이라는 파랑새가 숨어 있다는 말이다. 급변하는 시대에 프로세스를 공개하고 반응을 살피며 끊임없이 수정해 나가는 것을 기꺼이 받아들이며 당신은 당신만의 과정을 설계할 수 있어야 한다.

고객관계관리(CRM)는 안녕하십니까?

CRM : Customer Relationship Management

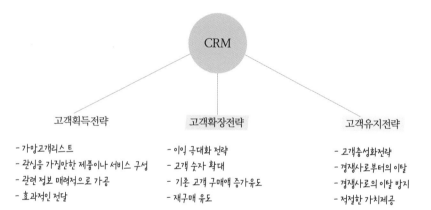

CRM

고객획득전략   고객확장전략   고객유지전략

- 가망고객리스트
- 관심을 가질만한 제품이나 서비스 구성
- 관련 정보 매력적으로 가공
- 효과적인 전달

- 이익 극대화 전략
- 고객 숫자 확대
- 기존 고객 구매액 증가유도
- 재구매 유도

- 고객충성화전략
- 경쟁사로부터의 이탈
- 경쟁사로의 이탈 방지
- 적절한 가치제공

※ 기업의 존재 원동력은

소비자가
1. 해당 기업 브랜드를 찾아줄 때
2. 그 브랜드를 구입해 줄 때
3. 이런 행위를 지속적, 반복적으로 해 줄 때
강력해진다!

행복한 기업

– 신인철 《나는 하버드에서 배워야 할 모든 것을 나이키에서 배웠다》 중에서

오래 가는 기업은 고객과의 관계관리에 정성을 다한다. 고객관계관리CRM : Customer Relationship Managenent는 한순간의 기분이나 공약으로 만들어지지 않는다.

신인철의《나는 하버드에서 배워야 할 모든 것을 나이키에서 배웠다》에는 성공하는 기업이 하는 3가지 고객관계관리 전략이 나온다.

첫째, 고객 획득 전략이다. 가망고객리스트, 관심을 가질 만한 제품이나 서비스 구성, 관련 정보를 매력적으로 가공, 효과적인 전달로 고객을 획득하는 전략이다.

둘째, 고객 확장 전략이다. 이익 극대화 전략, 고객 숫자 확대, 기존 고객 구매액 증가 유도, 재구매 유도 등이 포함된다.

셋째, 고객 유지 전략이다. 고객 충성화 전략, 경쟁사로부터의 이탈, 경쟁사로의 이탈 방지, 적절한 가치 제공으로 고객을 유지하는 전략이다.

기업의 존재 원동력은 소비자가 해당 기업 브랜드를 찾아줄 때, 그 브랜드를 구입해 줄 때, 이런 행위를 지속적, 반복적으로 해 줄 때 강력해진다. 누구나 자신의 철칙에 따라 산다. 자신이 만들면 팔릴 거라 여기고, 자신이 쓴 책이면 읽을 거라 여긴다. 문제는 책을 읽는 사람보다 책을 쓰는 사람이 많아졌다는 데 있다.

고객의 입장에서 당신을 생각하고, 당신에게 지갑을 열고, 당신을 지속적으로 소비해야 할 이유는 명확하다. 고객은 자신에게 유리한 방식, 즉 자신의 철칙에 따라 움직인다.

세상은 언제나 각자의 철칙에 따라 돌아간다. 고객관계관리에도 공식이 있다.

협업을 잘하려면 어찌해야 할까?

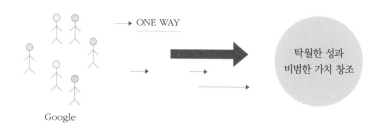

ONE WAY

Google

탁월한 성과
비범한 가치 창조

성과높은 구글의 팀 운영 노하우 5

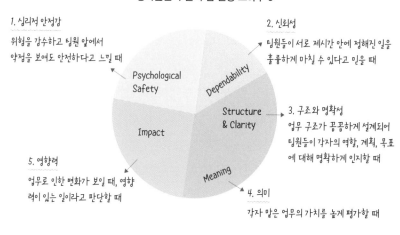

1. 심리적 안정감
위험을 감수하고 팀원 앞에서
약점을 보여도 안전하다고 느낄 때

Psychological Safety

Dependability

2. 신뢰성
팀원들이 서로 제시간 안에 정해진 일을
훌륭하게 마칠 수 있다고 믿을 때

Structure & Clarity

3. 구조와 명확성
업무 구조가 꼼꼼하게 설계되어
팀원들이 각자의 역할, 계획, 목표
에 대해 명확하게 인지할 때

Impact

Meaning

5. 영향력
업무로 인한 변화가 보일 때, 영향
력이 있는 일이라고 판단할 때

4. 의미
각자 맡은 업무의 가치를 높게 평가할 때

– 조용민 《언바운드》 중에서

아무리 똑똑한 개인이라도 보통의 집단을 이길 수 없다는 말이 있다. 이는 혼자의 힘으로는 성장도 성공도 보장할 수 없다는 의미다. 퍼스널 브랜드인 당신, 앞으로 눈부신 성과를 위해 어떤 사람과 협업을 해야 하는가? 조용민의 《언바운드》에 소개한 성과가 높은 구글의 팀 운영 노하우를 따르면 된다.

첫째, 심리적 안정감이 중요하다. 위험을 감수하고 팀원 앞에서 약점을 보여도 안전하다고 느낄 수 있어야 한다.

둘째, 신뢰성이 필요하다. 팀원들이 서로 제시간 안에 정해진 일을 훌륭하게 마칠 수 있다고 믿을 때 몰입의 강도가 세진다. 고로 성과가 좋아진다.

셋째, 구조와 명확성이 필요하다. 업무 구조가 꼼꼼하게 설계되어 팀원들이 각자의 역할, 계획, 목표에 대해 명확하게 인지할 수 있어야 한다.

넷째, 의미부여가 기본이다. 각자 맡은 업무의 가치를 높게 평가할 때 성과가 올라간다.

다섯째, 영향력이다. 업무로 인한 변화가 보일 때, 영향력이 있는 일이라고 판단할 때 높은 성과가 나온다.

자신의 약점이 공격당하지 않을 거라는 심리적 안정감, 각자 제 몫은 당연히 해낼 거라는 신뢰성, 무엇을 누가 어떻게 할 것인지에 대한 구조와 명확성, 내가 하는 일이 중요한 일이라고 여기는 의미부여, 지금 하는 일이 영향력이 있을 때 비범한 성과가 나온다.

프로페셔널 완전체가 일하는 프로젝트 사회에 구글의 팀 운영 노하우는 높은 성과를 위한 확실한 가이드가 된다. 세상에 그냥 되는 일은 없다.

'관계맺기'가 서툰 사람이 성공하려면?

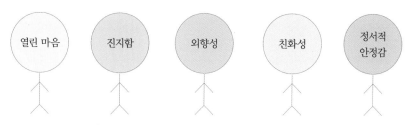

〈심리학자들이 말하는 다른 사람들을 평가할 때 눈여겨 보는 다섯가지 특성〉

지난 100년 동안 직업은 무거운 것을 드는 일에서 자신의 성격을 바꾸고 향상하는 일로 계속 진화해왔다.

결론 : 엑셀 스프레드시트를 더 잘 다루거나 시간관리를 더 잘하기 위해 노력하는 것은 쉽다. 하지만 그것이 함정이다.
실제 상호작용에 투자하는 것만이 우리에게 보상으로 되돌아온다.

－ 세스 고딘 《린치핀》 중에서

심리학자들이 말하는 다른 사람들을 평가할 때 눈여겨보는 다섯 가지 특성이 있다. '열린 마음, 진지함, 외향성, 친화성, 정서적 안정감'이다. 그렇다면 '관계 맺기'가 서툰 사람이 성공하려면 어떻게 하면 될까?

다른 사람에게 좋은 평가를 얻을 수 있는 방법으로 자신을 개발하면 된다.

첫째, 열린 마음을 가진다. 우리는 내 말에 귀를 기울여주고 나에게 마음을 여는 사람에게 호의적으로 대한다. 이때 모든 사람들에게 열린 마음으로 대하라는 것은 아니다. 그러나 사회에서 맺는 관계 대부분은 비즈니스로 연결됨을 기억하자. 세상에는 영원한 아군도 없고, 영원한 적도 없다. 일단 호의적으로 나를 기억할 수 있도록 마음을 여는 것이 먼저다.

둘째, 진지함이 필요하다. 어떤 순간에도 유머러스함을 유지해야 하는 것은 개그맨뿐이다. 일을 일답게 하기 위해서는 자신의 분야에 대한 진지함을 가져야 한다.

셋째, 외향성이 유리하다. 내향적이지만 사회적으로 만나는 사람들에게는 외향성을 돋보이게 할 필요가 있다. 내향성보다는 외향성을 강화하는 게 일과 관계에 있어서 적극적인 사람이라는 인상을 심어줄 수 있기 때문이다. 내향적이지만 외향성을 키우면 얼마든지 그렇게 보일 수 있다.

넷째, 친화성이 필요하다. 먼저 인사하는 것만으로도 충분할 때가 있다. 환하게 웃으며 인사하는 사람에게 욕을 할 사람은 드물다. 앞에 있는 사람에게 호의를 가지고 공감하며 다가간다면 분명 지금보다 많은 친구를 만들 수 있을지도 모른다. 그게 힘들다면 실력을 키워보라. 자신의 분야에 대해 확고한 지위를 확보하게 되면 다양한 사람들로부터 러브콜을 받게 될 것이다. 실력 자체가 사람을 끌어당기는 힘을 가지고 있기 때문이다.

다섯째, 정서적 안정감이 중요하다. 사람들은 나보다 강하거나 부드럽거나 따뜻한 사람에게 끌린다. 정서적 안정감은 자기 자신에 대해 자신감과 자존감이 있을 때 밖으로 표현되는 감정이다. 지금 어떤 상황에 처해 있더라도 항상심을 유지하려면 다양한 경험을 통해 내공을 다진 후라야 가능해진다. 일을 실패했을 때나, 돈이 없어서 힘들 때나 관계가 서툴러 상처를 받거나 해도 늘 정서적 안정감을 찾을 수 있다면 당신 주변에는 사람들로 넘쳐날 것이다.

지난 100년 동안 일의 진화는 힘Power에서 관계Relationship가 필요한 쪽으로 이동했다. 무거운 것을 드는 일에서 자신의 성격을 바꾸고 향상하는 일로 계속 진화되는 중이다. 과거를 알고 현재를 알면 미래를 내다볼 수 있다.

우리가 성격을 바꿔야 하는 이유가 무엇일까? 직업을 가지고 일을 해야 하기 때문이다. 그렇다면 우리는 앞으로 어떤 사람이 되어야 할까? 바로 '관계Relationship역량'이 높은 사람이 되어야 한다. 관계역량은 인간관계에서 필요한 소통, 협력, 공감, 존중 등의 능력을 말한다.

새로운 아이디어를 나보다 더 열린 태도로 더 호의적으로 받아들이는 사람을 알고 있고, 더 안정적이고 더 외향적인 사람을 알고 있으며, 더 진지한 사람을 알고 있다면 당신은 직업을 얻기 위해 더 노력해야 한다.

세스 고딘은 《린치 핀》에서 이렇게 말한다.

"엑셀 스프레드시트를 더 잘 다루거나 시간 관리를 더 잘하기 위해 노력하는 것은 쉽다. 하지만 그것이 함정이다. 실제 상호작용에 투자하는 것만이 우리에게 보상으로 되돌아온다."

사람과 사람을 연결하고, 다른 사람의 마음을 얻고, 다른 사람과 함께 성장하고자 하는 사람들에게 기회가 있다.

커뮤니티 구출 전략

우리들의 네트워킹은 이래야 한다

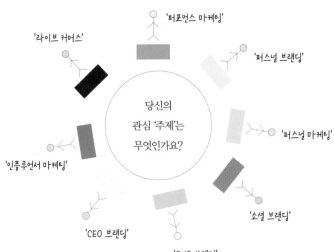

'퍼포먼스 마케팅'

'라이브 커머스'

'퍼스널 브랜딩'

당신의
관심 '주제'는
무엇인가요?

'퍼스널 마케팅'

'인플루언서 마케팅'

'소셜 브랜딩'

'CEO 브랜딩'

'SNS 브랜딩'

해당 분야의 전문가가 되는 것,
연관 분야 전문가와 교류하는 것,
'따로 또 같이!'

퍼스널 브랜딩에서 제일 먼저 고려할 것은 자신을 어떤 분야의 사람으로 포지셔닝할 것인가다. 커뮤니티가 중요한 시대에 당신 스스로 자신을 규정하는 것만큼 중요한 것은 없다. 비슷비슷한 사람끼리 모여 있을 때 당신을 특별하게 만들어주는 것은 바로 특정 분야를 대표할 수 있는 사람인가 아닌가의 차별화된 포지셔닝이다. 비슷하면 까인다. 수천 마리의 펭귄무리에서는 핑크 펭귄만 도드라질 수 있다.

당신의 관심 '주제'는 무엇인가? 공통의 관심 주제로 모인 커뮤니티에서는 특별한 나를 증명할 수 있어야 함께 할 이유가 생긴다.

'당신은 어떤 분야에서 활약하는가?', '당신은 어떤 주제에 열정을 쏟는가?', '당신이 추구하는 것은 무엇인가?', '다른 사람들은 당신이 누구이고 어떤 일을 하는 사람으로 인식하고 있는가?', '당신은 해당 분야의 전문가로 검색되고 있는가?' 질문에 답해 보라.

이런 질문의 답은 [   ] 하면 당신이 떠오를 수 있는 주제로 연결되어야 한다. 해당 주제와 관련한 축적된 온-오프라인 데이터가 당신의 퍼스널 브랜드를 증명한다.

해당 분야의 전문가가 되는 것, 연관 분야 전문가와 교류하는 것! "따로 또 같이"의 힘이 중요한 때다. 퍼스널 브랜딩은 '나는 브랜드다'라는 외침이 아니라 증명 가능한 데이터의 소리 없는 아우성으로 서서히 강력해진다.

6장

퍼스널 브랜딩의 기술

패키징을 하느냐 안 하느냐 그것이 문제로다

"우리 모두가 모종의 패키징을 행한다는 사실을 기억해야 한다. 우리가 말하는 모든 것과 행하는 모든 것, 타인에게 외모를 보이는 방식 등이 모종의 패키지를 창출한다"는 말이다.

'정적'인 무엇
✿ 고객 중심
'그들이 생각하고
느끼는 그 무엇'

Branding ── vs ──▶ Packaging

'동적'인 무엇
✿ 당신과 당신이
하는 일의 중심
(당신이 조합하는 거)

당신의 '브랜드'는 고객이 당신과 당신의 회사에 대해 갖고 있는 [생각과 느낌]의 조합이다. 브랜딩은 그런 브랜드에 이름이나 이미지를 부여하는 작업이다.

"고객의 머리와 가슴 속에 있는 무엇"

패키징은 고객의 머리와 가슴에 브랜드를 각인하기 위해 이용하는 아이디어와 표현, 이미지, 경험 등을 조합하는 작업이다.

"거기에 도달하기 위해 행하는 무엇"

패키징은 제품을 포장하거나 묶는 과정을 말한다. 제품의 판매에 있어서 패키징은 매우 중요한 역할을 한다. 제품의 외관부터 시작하여 제품의 특징, 사용 방법, 안전 수칙 등을 담고 있어야 하며, 소비자에게 제품에 대한 정보를 전달하는 역할도 한다. 또한, 제품의 브랜드 이미지와 인식을 결정 짓는 중요한 요소 중 하나다. 따라서, 제품을 성공적으로 판매하고 브랜드 이미지를 구축하기 위해서는 효과적인 패키징 전략이 필수적이다.

우리는 있는 그대로의 모습을 보여주는 것이 진실하다고 믿고 있다. 하지만 보여지는 모습으로만 우리를 평가한다면 우리는 우리를 제대로 보여주고 있는 걸까?

예를 들어 당신이 부모교육 분야의 전문가라고 가정해 보자. 학부모 200명을 초청한 호텔에서 진행되는 강연에 당신이 초대를 받았다면 당신은 무엇을 준비할 것인가? 훌륭한 강의안을 준비하는 것은 기본이다. 그 외에 의상, 헤어, 메이크업, 구두 등에도 신경을 쓸 것이다. 왜냐고? 당신은 초청받은 학부모들에게 그 분야 최고의 전문가로 보여야 하니까.

바로 이것이 패키징을 해야 하는 이유다. 당신이 그 분야 최고로 보여주기 위해 하는 모든 것이 패키징에 해당한다.

브랜딩 철칙 중 하나는 '잘하는 것도 중요하지만 잘하는 것처럼 보이는 것도 중요하다'는 것이다. 빌 비숍은 《핑크 펭귄》에서 패키징의 중요성에 대해 강조한다. "우리 모두가 모종의 패키징을 행한다는 사실을 기억해야 한다. 우리가 말하는 모든 것과 행하는 모든 것, 타인에게 외모를 보이는 방식 등이 모종의 패키지를 창출한다."는 말이다.

그렇다면 브랜딩과 패키징의 역할은 무엇일까? 브랜딩은 '정적인 무엇'이다. 고객중심으로 '그들이 생각하고 느끼는 그 무엇'으로 완성된다. 당신의 '브랜드'는 고객이 당신과 당신의 회사에 대해 갖고 있는 '생각과 느낌의 조합'이다. 브랜딩은 그런 브랜드에 이름이나 이미지를 부여하는 작업이다.

　패키징은 '동적인 무엇'이다. 당신과 당신이 하는 일의 중심으로 당신이 조합하는 것이다. 패키징은 고객의 머리와 가슴에 브랜드를 각인하기 위해 이용하는 아이디어와 표현, 이미지, 경험 등을 조합하는 작업이다. 패키징은 어떤 면에서 보면 마케팅과 닮았다.

　한 마디로 브랜딩은 고객의 머리와 가슴 속에 있는 무엇이고, 패키징은 거기에 도달하기 위해 행하는 무엇이다.

　액자 없는 그림을 상상해보라. 아무리 유명한 화가가 그렸다 해도 제값 받기는 어려울 것이다. 액자, 조명, 공간 등이 효과적으로 뒷받침되어야 제대로 가치를 인정받을 수 있다. 최고의 바이올리니스트라고 해도 길거리에서 공연하는 모습에 기립박수를 치며 환호하는 관객을 만나는 건 결코 쉽지 않을 것이다. 하지만 모든 것이 완벽하게 준비된 공연장에서의 연주라면 상황은 달라진다.

　격에 맞는 인정과 찬사를 받고 싶다면 그에 걸맞는 패키징이 필요하다. 신은 마음을 보지만 인간은 외모를 보기 때문이다. 성공적인 퍼스널 브랜딩에는 패키징을 하느냐 안 하느냐 그것이 문제가 된다.

미션 : 행사포스터를 만들어라!!

기능디자인	장식디자인
누가, 언제, 어디서, 무엇을, 어떻게, 왜 [무슨] 행사인지 알리는 것	컬러, 상징, 폰트, 크기, 사진 … [있어빌러티]하게 보여주는 것
이성(Benefit)	감성(Feeling)

퍼스널 브랜드 매니지먼트를 하는 엠유가 사랑받는 이유가 있다. '포스터 하면 엠유' 하고 고객의 뇌리에 강하게 박혀 있기 때문이다. 엠유가 만든 포스터는 주목을 받고, 칭찬을 받고, 사랑을 받는다. 왜 유독 엠유가 만든 포

스터가 주목받는 걸까? 이유는 엠유 만의 디자인 프로세스를 가지고 있기 때문이다.

행사 포스터에 필요한 디자인은 기능 디자인과 장식 디자인으로 나뉜다. 기능 디자인은 누가, 언제, 어디서, 무엇을, 어떻게, 왜 즉 6하 원칙에 의거해 '무슨' 행사인지를 알리는 것이 주 업무다. 사실 포스터의 역할은 무슨 행사인지만 알리면 된다. 하지만 정확한 내용을 담은 포스터라도 주목받지 못하면 제 역할을 다하지 못하는 것이다.

그래서 장식 디자인이 필요하다. 장식 디자인은 컬러, 상징, 폰트, 크기, 사진 등을 활용해 '있어빌러티'하게 보여주는 것이다. 정리하면 기능 디자인은 이성에 어필하고, 장식 디자인은 감성에 호소한다.

주목받는 브랜드에는 이런 디자인 프로세스가 있다.
첫째, 전달되어야 할 정보를 우선순위로 정리, 편집한다.
둘째, 의도한 대로 전달할 수 있는 기능 디자인을 고민한다.
셋째, 매력적으로 보이게 할 장식디자인 요소를 생각한다.

주목받는 디자인은 기능 디자인 '전달하고자 하는 것을 쉽게 알아보게 해 주는 것'과 장식 디자인 '매력적으로 보이게 하는 것'의 콜라보로 완성된다. 결국 브랜드란 보이는 방식을 콘트롤하는 것이다.

088

효과적인 브랜딩에는 강력한 커뮤니티가 답이다

효과적인 브랜딩 = 강력한 커뮤니티가 답이다

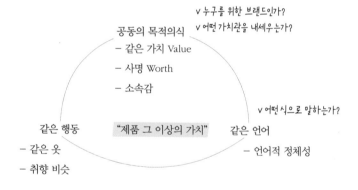

√ 누구를 위한 브랜드인가?
√ 어떤 가치관을 내세우는가?

공동의 목적의식
- 같은 가치 Value
- 사명 Worth
- 소속감

√ 어떤 식으로 말하는가?

같은 행동   "제품 그 이상의 가치"   같은 언어
- 같은 옷   - 언어적 정체성
- 취향 비슷

우리의 고객은 [자기효능감]을 중시하는 사람들이다!

자기주도적 + 성취지향적 + 과정설계적 + 이타적 + 지속가능성

우리의 목표는 [모두의 단골가게] 가 되는 게 아니다

우리를 좋아하는 [커뮤니티의 친구] 가 되는 것이다

많은 브랜드들은 거의 모든 사람들을 대상으로 비즈니스를 한다. 하지만 효과적인 브랜딩을 위해서는 특별한 관계로 연결된 커뮤니티가 핵심이다. 커뮤니티는 공통의 관심사나 목적을 가진 사람들이 모여서 정보나 경험을 공유하고 소통하는 온-오프라인 공간을 말한다.

강력한 커뮤니티를 위해서는 모두를 위한 그 무엇이 아니라 공동의 관심사와 가치로 묶인 특별한 사람들을 위한 그 무엇이 필요하다.

사랑받는 브랜드에는 강력한 커뮤니티가 있다. 커뮤니티는 '같은 언어'를 사용하면서 언어적 정체성을 표현하고, 같은 옷이나 비슷한 취향 등 '같은 행동'을 하면서 같은 가치, 사명감, 소속감으로 표현되는 '공동의 목적의식'을 지닌 사람들이 모인다.

요즘 커뮤니티를 중심으로 새벽에 일어나 책을 읽고, 운동을 하고, 명상을 하는 미라클 모닝이 한창이다. 독도는 우리 땅이라는 것을 알리기 위한 셔플 댄스 커뮤니티도 있다.

당신은 어떤 고객과 강력한 커뮤니티를 만들고 싶은가? 우리의 고객은 '자기효능감'을 중시하는 사람들이다. 자기효능감은 '자기 주도적+성취 지향적+과정 설계적+이타적+지속가능성'의 복합적 결합으로 만들어진다. 일방적인 팬 서비스가 아닌 함께 성장하기를 꿈꾸는 사람들이 모이는 곳이 커뮤니티다.

우리의 목표는 '모두의 단골 가게'가 되는 것이 아니라 우리를 좋아하는 커뮤니티의 친구가 되는 것이다. 성공적인 브랜드를 원한다면 '모두를 위한 그 무엇'에서 '특별한 우리를 위한 그 무엇'이 되어야 한다.

089

어디서나 통하는 여섯 가지 스토리텔링 프레임워크

틱톡에서 통하는 [스토리텔링 프레임워크 6]

틱톡스러운 # 진정성 있는 # 관계형성

'○○게 있어 이야기 효과'

#1 제품의 이야기를 들려주세요

✓ 사용자가 직접 제작한 콘텐츠

✓ 명확한 메시지 전달

✓ 브랜드에 적합한 이미지

✓ 시청자의 클릭유도문안(CTA)으로 마무리

'여기저기효과'

#6 언제 어디서나 곁에 있음을 보여주세요

✓ 제품 사용 모습 노출

✓ 일상 속 판매 중 보여주기

✓ 사용자가 직접 올린 리액션 영상 포함

✓ 자막을 통한 CTA로 마무리

'클라이막스 효과'

#2 결론부터 시작하세요

효능&효과가 궁금해

자막 활용 과정 설명

다른 버전의 결과 또는 엔딩, 명확한 CTA로 마무리

TikTok
Storyteling
Framework

'증거를 보여줘'

#5 일상에 녹아든 제품을 보여주세요

✓ 사용자 직접

✓ 3가지 이상의 환경이나 일상의 루틴공유

✓ 제품의 편리함, 접근성 위해 크리에이터 반응 또는
댓글 활용

'용건만 간단히'

#3 짧고 굵게 메시지 전달해 주세요

✓ 자막 사용으로 주요 메시지 또는 슬로건 강조

✓ 서비스 경험 제시

✓ 빠른 템포의 편집 방식 사용

✓ 놀라움, 즐거움 등 제품에 대한 사용자의
반응 제시, 명확한 CTA로 마무리

'스텝이 중요해'

#4 단계별로 설명해 주세요

✓ 단계별로 전체 과정 설명

✓ 전체 과정을 보여주는 소재 활용

✓ 제품의 효과를 보여주는 사용자의 리액션,
댓글 등과 함께 명확한 CTA로 마무리

✿ 어쨌거나 결론은 명확한 "CTA"(클릭유도문안 : Call To Action)로 마무리하는 것이다.

— 2022 틱톡 인사이트 리포트 중에서

사람들은 언제나 이야기에 귀를 기울인다. 문제는 누구나 이야기를 한다는 데 있다. 너무 많은 스토리 중에서 어떤 이야기에 귀를 기울여야 할까? 틱톡이 〈2022 틱톡 인사이트 리포트〉에서 공개한 클릭을 유도하는 스토리텔링 프레임워크 6을 소개한다.

1. '이야기 효과'를 이용하라. 제품의 이야기를 들려주어라. 사용자가 직접 제작한 콘텐츠, 명확한 메시지 전달, 브랜드에 적합한 이미지, 시청자의 클릭 유도 문안CTA : Call To Action 으로 마무리하라.

2. '클라이막스 효과'를 이용하라. 결론부터 시작하라. 효능 & 효과가 궁금한 고객들에게 자막을 활용하여 과정을 설명하고 다른 버전의 결과 또는 엔딩을 보여주고 명확한 CTA로 마무리하라.

3. '용건만 간단히'를 기억하라. 짧고 굵게 메시지를 전달하라. 자막을 사용하여 주요 메시지 또는 슬로건을 강조하라. 서비스 경험을 제시하고 빠른 템포의 편집방식을 사용하라. 놀라움, 즐거움 등 제품에 대한 사용자의 반응을 제시하라. 역시 마지막은 명확한 CTA로 마무리하라.

4. '스텝이 중요해'를 잊지 마라. 단계별로 설명해 주어라. 단계별로 전체 과정을 설명하라. 전체 과정을 보여주는 소재를 활용하고, 제품의 효과를 보여주는 사용자의 리액션, 댓글 등과 함께 끝은 명확한 CTA로 마무리하라.

5. '증거를 보여줘'를 잊지 마라. 일상에 녹아 든 제품을 보여줘라. 사용자가 직접 3가지 이상의 환경이나 일상의 루틴을 공유하게 하라. 제품의 편리함, 접근성을 위해 크리에이터 반응 또는 댓글을 활용하라.

6. '여기저기 효과'를 기억하라. 언제, 어디서나 곁에 있음을 보여주어라. 제품 사용 모습을 노출하고, 일상 속 판매 중임을 보여주고, 사용자가 직접 올린 리액션 영상 또는 자막을 통한 CTA로 마무리하라.

어쨌거나 결론은 클릭 유도를 위해서는 명확한 '클릭 유도 문안CTA'으로 마무리하는 것이다. 이제는 무엇을 이야기하느냐보다 누가 이야기하느냐가 더 중요하다. 당신이 누구인지 당신의 이야기가 무엇인지 그래서 뭘 어쩌라는 건지를 간결하게 어필하면 된다. 거기다 이미 많은 사람들이 당신을 선택했다고 하는 증거를 보여주면 된다.

그리고 모든 마지막에는 '클릭을 유도하는 문안'으로 마무리하면 된다. 사람들은 질문을 하면 답을 해야 하고 무언가 요청을 하면 움직이도록 설계가 되어 있다. 클릭을 하라고 적극적으로 말해야 비로소 클릭을 한다. 클릭에는 CTA가 답이다.

이 약으로 몸무게 앞자리를 바꾸고 싶다면, 이 책 한 권으로 인생을 바꾸고 싶다면, 이번 강연으로 부자 마인드로 바꾸고 싶다면, 클릭! 하세요. 당신이 원하는 건 뭐든 다 가능하답니다.

'관계맺기'가 서툰 사람이 성공하려면?

정의롭다 vs 정의로워보인다

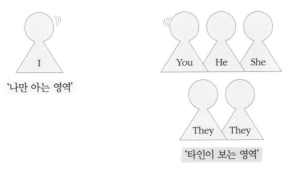

'나만 아는 영역'

'타인이 보는 영역'

-하다	/	-답다	/	-해 보인다 -다워 보인다
ex) 정직하다 능력있다		세무직원답다 전문가답다		정직해 보인다 능력있어 보인다

Personal Identity ⬅ Brand Identity ➡ Branding

※ 브랜딩은 [그런 사람]으로 보이도록 하는 과정이다.

"국세청에 있는 우리는 정의로워야 할 뿐 아니라 정의로워 보여야 한다."

- MBC 〈트레이서〉 시즌 1, 5화

정의롭다는 것은 '나만 아는 영역'이다. 정의로워 보인다는 '타인이 보는 영역'이다. 실제 능력 있는 것도 중요하지만 능력 있는 사람으로 보이는 것도 중요하다. 진짜를 진짜처럼 보이게 하는 것은 주관적 영역을 객관적 영역으로 전환하는 것이다.

한 분야의 전문가가 되는 것은 중요한 문제다. 전문가가 되는 데 필요한 자격을 갖추고, 관련 경력을 쌓으며 진짜 실력을 갖춰야 한다. 그리고 그렇게 되기까지는 긴 시간을 필요로 한다.

하지만 중요한 것은 실력을 갖춘다고 해서 그 일을 잘하는 사람으로 보이는 것은 별개 문제다. 특히 온라인에서 검색결과만으로 사람을 찾는다고 한다면 세상은 어떤 사람으로 보이는 사람에게 기회를 줄 것인가를 생각해 보라.

퍼스널 브랜딩 전문가를 찾는다고 가정해보자. 한 사람의 브랜드를 가치 있게 만들기 위해서는 다양한 분야의 전문성이 더해져야 한다.

- 먹고 사는 문제를 해결하기 위해 자신의 강점이나 장점을 찾아주는 사람
- 강력한 이미지를 보여주기 위해 외적인 비주얼 정체성을 찾아주고 만들어주는 사람
- 효과적인 커뮤니케이션을 위해 스피치, 매너, 보이스 등을 가이드해주는 사람
- 온라인에서 검색되는 사람이 되기 위해 SNS 채널을 활용할 수 있게 도와주는 사람
- 전문성을 극대화할 수 있도록 책 출간을 도와주는 사람
- 자신과 관련된 콘텐츠를 지속적으로 가이드하고 만들어주는 사람

- 디지털 평판을 좌우하는 콘텐츠 생산을 위해 프로젝트를 기획하고 운영해주는 사람 등등.

이 외에도 다양한 영역에서 활약하고 있는 퍼스널 브랜딩 전문가는 얼마든지 있다. 당신은 어떤 조건으로 당신에게 필요한 퍼스널 브랜딩 전문가를 찾을 것인가?

가장 먼저 하게 될 일은 검색일 것이다. 전문분야인 만큼 책을 검색할 것이고, 퍼스널 브랜드, 퍼스널 브랜딩 전문가 등의 검색어로 나오는 데이터를 해석하면서 자신에게 적합한 전문가를 찾을 것이다. 아마도 검색결과를 통해 축적된 이미지를 보며 당신은 스스로 생각하게 될 것이다.

'이렇게 검색되니까 일을 잘하겠지', '유명하니까 잘하겠지.'

하지만 이런 방식으로 당신이 하게 될 선택은 이미 다른 사람들이 경험해보고 직접 남긴 후기를 통해 선택할 확률이 높다. 다른 사람이 선택했다면 그 사람은 이미 좋은 사람이고 훌륭한 사람일 거라는 판단을 하는 게 결정을 하기에 쉽기 때문이다. 그렇게 찾은 전문가가 실제 명성만큼 실력을 갖추고 있는지는 별개다. 어차피 브랜딩이란 것 자체가 실재하는 것이 아니라 있다고 믿게 만드는 과정이기 때문이다.

퍼스널 브랜드가 되고자 하는 당신이 해야 하는 두 가지는 어떤 브랜드가 될 것인지 결정하는 것과 그런 브랜드로 보여지기 위해 노력해야 한다는 것이다. 브랜드 정체성, 즉 '브랜드답다'라고 하는 것은 퍼스널 정체성을 브랜드 기대치에 맞게 브랜딩 할 때 보여지는 그 무엇이다. 브랜딩은 '그런 사람'이라고 믿게 만드는 과정이다. 브랜드는 내가 먼저 만들고 남이 완성하는 것이다.

톰 피터스식 표현의 심리학

요란하게
위대하게

은밀하게
위대하게

간디
마더 테레사 수녀
????

파블로 피카소
볼프강 아마데우스 모차르트
아브라함 링컨
윈스턴 처칠
앤드류 카네기
핸리 포드
잭 웰치
스티브 잡스
도널드 트럼프
빌 게이츠
...
공통점 : 자기영역의 아이콘 ☆

Q : 보이는 능력을 강화시키는 방법

1. 당신의 능력에 대한 자신감을 보여라.

2. 장점에 초점을 맞춰라

3. 자신감을 증명할 성과를 어필하라
그리고
절대, 절대, 절대
[핵심능력]에 대해 겸손함을 피해라

– 잭 내셔 《어떻게 능력을 보여줄 것인가》 중에서

'파블로 피카소, 볼프강 아마데우스 모차르트, 에이브러햄 링컨, 윈스턴 처칠, 앤드루 카네기, 헨리 포드, 잭 웰치, 스티브 잡스, 트럼프, 빌 게이츠.'

이들의 공통점을 아는가? 바로 자기 영역의 '아이콘'이 된 사람들이다. 이 사람들은 그들만의 특별한 보여주기 능력을 발휘해서 지금의 그 위치에 올랐다.

> "세상은 업적 자체보다 업적이라는 겉모습에 보상해줄 때가 더 많다."
>
> – 프랑수아 드 라로슈푸코

사람들은 무엇을 근거로 상대의 능력을 판단하는 걸까? 실제 능력이 아니라 보이는 능력이다. 그렇다면 자기 영역의 '아이콘'이 된 사람들은 어떻게 자신의 능력 있음을 보여준 것일까?

첫째, 그들은 모두 '운명'이 나를 선택했다고 믿게 했다. 이들은 자신의 진로를 두고 고민한 적이 없다. 그가 가려는 길은 이미 정해져 있었으니까. 아무리 피하려 해도 어쩔 수 없이 이 일을 할 수밖에 없었다고 자신 있게 말한다. 과거에 했던 숱한 경험들이 지금의 나를 있게 한 결정적인 매개였다고 어필하는 식이다. 지금 있는 곳에 이르기까지 쭉 뻗은 직선의 오솔길은 천재가 걷는 길의 특징이다.

둘째, 성공을 거둔 이유가 자신의 능력 때문이라는 것을 어필했다.

겸손을 중요시하는 사람들 대부분은 '운'이 좋았다고 답할 것이다. 하지만 자기 영역의 아이콘이 된 사람들은 성공 요인이 오로지 자신의 뛰어난 능력 덕분인 것처럼 행동한다. 이는 실패를 능력의 결핍이 아니라 외적 조건 탓으로 돌리는 것이 중요한 이유다. 유능하다는 인상을 심어주는 것은 매우 중요하다. 유능함으로 자신을 포지셔닝할 줄 아는 이들은 모든 결과를 최선으로 드러나게 만들 수 있다.

셋째, 액자 효과를 적절히 활용했다. 자기 영역의 아이콘이 된 사람들은 자신의 재능이 돋보일 수 있는 모든 장치를 활용할 줄 알았다. 특별한 무대를 만들고, 사람들을 모아놓고, 조명과 마이크를 활용하고, 음향과 배경을 추가해 자신이 돋보일 수 있도록 '보이는 능력'을 연출했다. '우리는 행한 대로 받는 것이 아니라 보이는 대로 받는다'는 말을 기억하자.

이 외에도 보이는 능력이 커지면 실제 능력도 커진다. 능력이 있다는 인상을 풍기면 그에 걸맞은 대우를 받으며, 많은 기회와 연결된다. 그것은 다시 자신의 실제 능력에도 긍정적인 영향을 미친다.

자기 영역의 아이콘이 된 그들이 사용한 기법은 '요란하게 위대하게'다. 잭 내셔는 《어떻게 능력을 보여줄 것인가》에서 보이는 능력을 강화하는 방법을 소개한다.

첫째, 당신의 능력에 대한 자신감을 보여라. 둘째, 장점에 초점을 맞춰라. 셋째, 자신감을 증명할 성과를 어필하라. 그리고 절대, 절대, 절대 '핵심능력'에 대해 겸손함을 피해라.

"자랑하는 법 익히기. 이는 재능에 조명을 비추는 일이다. 각각의 재능에는 유리한 시간이 있는 법이니, 이 시간을 이용해야 한다. 매일 승리하지는 못할 것이므로." 발타자르 그라시안의 말처럼 우리는 우리의 '쓸모 있음'을 효과적으로 자랑할 수 있어야 한다.

현대 경영의 창시자 톰 피터스도 '요란하게 위대하게'를 강조한다. 그가 말

하는 모든 프로젝트는 하나의 키워드로 통한다. '와우WOW!'

'브랜딩은 요란하게, 비즈니스는 위대하게.' 자기 영역의 아이콘이 되고 싶은 당신이 취해야 할 브랜딩 전략이다.

절대 채널을 돌리지 않는 구성의 비법

주목	휴식	주목	휴식
흔들기 →	받기 →	흔들기 →	받기

– 시청자가 피곤하지 않게 하는 TV방송 구조

※ 친숙하고 익숙한 말   흔드는 말   → '그것이' '그것은' '그래서' '그리고' '게다가'

받기 → 가장 강조하고 싶은 말

'흔들기'와 '받기' 구조를 만드는 방법

STEP 1
강조하고 싶은
포인트를 '받기'에
배치한다.

STEP 2
'받기'로 연결시키는
말을 '흔들기'에
배치한다.

STEP 3
적절한
'흔드는 말'을
고른다.

3단계를 통해 완급을 조절한 강조 문장을 만든다.

예) 흔들기 / 시간당 몸값을 100만 원 이상 만들 수 있었던 이유. 그것은!

받기 / 주력분야에서 확실하게 자리잡은 '퍼스널 브랜드' 때문.

– 모토하시 아도 《전달의 법칙》 중에서

왜 TV는 오래 봐도 피곤하지 않은 걸까? 이유는 '흔들기'와 '받기' 구조로 구성이 되어있기 때문이다.

사장이 '전 사원 급여 10퍼센트 인상'이라는 결단을 내린 덕분에 회사는 커다란 성장을 이루었다. 어떤가! 이런 말에 가슴이 뛰고 궁금증이 생기는 가? 회사가 커다란 성장을 이루는 계기가 된 사장의 결단. 그것은 '전 사원 급여 10퍼센트 인상!'

같은 이야기라도 특별한 공식을 활용하면 주목받게 할 수 있다. 모토하시 아도의 《전달의 법칙》에는 지루하지 않게 메시지를 전달하는 공식이 나온다. 절대 채널을 돌리지 않는 구성의 비법은 '흔들기'와 '받기' 구조를 활용하면 된다. 시청자가 피곤하지 않게 하는 TV 방송 구조는 모두 흔들기와 받기 구조로 구성되어 있다.

흔드는 말은 친숙하고 익숙한 말로 시작된다. '그것은', '그것이', '그래서', '그리고', '게다가'로 시작하면서 사람들의 관심을 끄는 것이다. 받기는 가장 강조하고 싶은 말로 채운다.

'흔들기'와 '받기' 구조를 만드는 방법이다. 1단계 : 강조하고 싶은 포인트를 '받기'에 배치한다. 2단계 : '받기'로 연결시키는 말을 '흔들기'에 배치한다. 3단계 : 적절한 '흔드는 말'을 고른다.

위의 3단계를 통해 완급을 조절한 강조 문장을 만들면 된다. 예를 들면 이렇다.

흔들기 : 시간당 몸값 100만 원 이상 만들 수 있었던 이유. 그것은?

받기 : 주력 분야에서 확실하게 자리잡은 '퍼스널 브랜드' 때문.

대부분의 예능도 이런 구조로 만들어진다. 궁금증을 자아내고, 익숙하고 친숙한 언어로 흔들기를 하여 '주목'을 시킨 다음 하고 싶은 말로 '받기'를 한다. 오래도록 주목받는 방법은 시청자를 피곤하지 않게 하는 것이다.

소비자를 사로잡는 기술, 프라이밍효과(Priming Effect)

〈선택의 기로〉

낯선 기억   # 최근의 기억
희미한   # 최신의
오래전   # 친숙한
          ?   B   # 반복노출

프라이밍효과
〈광고〉   제품의 기술적인 장단점 ×   제품의 특정 이미지 부각 ○

고객을 '프라이밍'한다

'프라이밍효과'는 최근에 빈번하게 활성화된 개념이 그렇지 않은 개념보다 머릿속에 쉽게 떠오른다는 것을 나타내는 용어.

특정 [브랜드]하면 먼저 떠오른 개념이 이후에 제시되는 지각과 해석에 영향을 마치는 현상.

심리학, 인지과학 분야에서는 프라이밍을 '점화효과'라 쓰기도 함.

ex) (이미지)   (단어)
피자   → '스파'○○ → 스파게티
라자냐

로마   → '스파'○○ → 스파르타
군인

※ 특정 브랜드에 〈반복노출〉될 경우 쇼핑을 할 때 그 브랜드의 물건을 살 가능성이 커지는 것, 이것이 바로 [프라이밍효과]다.

– 조용민 《언바운드》 중에서

소비자를 사로잡는 기술을 아는가? 선택의 기로에 선 소비자는 가장 최근에 자주 본 듯한 브랜드에 지갑을 연다. 광고가 자주 쓰는 기술, 프라이밍 효과priming effect다.

조용민의《언바운드》에는 소비자를 사로잡는 기술로 프라이밍 효과가 나온다. '프라이밍 효과'는 최근에 빈번하게 활성화된 개념이 그렇지 않은 개념보다 머릿속에 쉽게 떠오른다는 것을 나타내는 용어다. 특정 '브랜드'하면 먼저 떠오른 개념이 이후에 제시되는 지각과 해석에 영향을 미치는 현상으로 심리학, 인지과학 분야에서는 프라이밍을 '점화효과'라 쓰기도 한다.

예를 들어 피자, 라자냐 등을 보여주다가 '스파OO'를 제시하면 비슷한 계열의 단어인 스파게티를 떠올리는 것이다. 로마, 군인 등을 보여주다가 '스파OO'를 제시하면 스파르타를 떠올리는 것도 같은 맥락이다.

그렇다면 소비자를 프라이밍하는 방법은 무엇일까? 광고에서 사용하는 프라이밍 효과는 제품의 기술적인 장단점보다는 제품의 특정 이미지를 부각할 때 주로 사용한다. 낯선 기억, 희미한, 오래전 보았던 것이 아니라 최근의 기억, 최신의, 친숙한, 반복 노출된 그 무엇을 선택할 확률이 높아진다.

물건을 보자마자 사는 경우는 드물다. 하지만 특정 제품에 대한 광고를 반복 노출하게 되면 어디서 본 듯하고 익숙해지고 친숙하다는 느낌이 든다. 고객은 머릿속으로 해당 제품에 대해 이미 알고 있고, 익숙하고 심지어 믿을 수 있다는 착각을 하게 된다. 결국 그 제품의 소비자가 되고 자발적 지지자가 되기도 한다.

특정 브랜드에 반복 노출될 경우 쇼핑을 할 때 그 브랜드의 물건을 살 가능성이 커지는 것, 이것이 바로 '프라이밍 효과'다.

소셜 퍼포먼스 리뷰를 아는가? 소셜 퍼포먼스 리뷰는 내가 올린 콘텐츠에 좋아요, 댓글, 공유, 팔로워를 얻는 것이다. 소셜 퍼포먼스 리뷰 능력이 대학 졸업장보다 유용한 세상이다.

그렇다면 도대체 왜 내가 올린 콘텐츠에는 아무도 반응하지 않는 걸까?

일본 광고회사 덴츠가 2005년 제안한 'AIDMA 모델'은 디지털 환경에서 'AISAS 모델'로 변했다. AIDMA 모델은 주의Attention → 관심Interest→ 욕구 Desire → 기억Memory → 구매Action로 이어지는 모델이다. 일방적인 광고를 보고 물건을 구매하던 시대에 통하는 모델이다.

하지만 인터넷으로 모든 것이 연결된 디지털 환경에서는 광고만 보고 구매를 결정하지 않는다. 광고를 보고 관심이 생기면 즉시 검색을 통해 해당 제품에 대한 구매후기나 평판을 본 후 구매를 한다. 그리고 자발적으로 공유를 하는 시대다.

적극적인 공유가 일어나려면?

〈일본 광고회사 덴츠, 2005년 제안〉

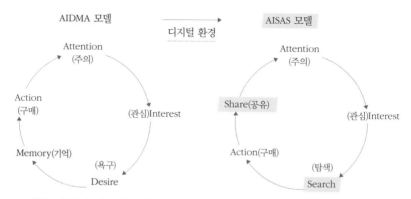

AIDMA 모델 —— 디지털 환경 ——> AISAS 모델

행동경제학자 이타마르 시몬슨 "오늘날의 소비자들은 구매 전 타인들이 공유한 경험정보를 통해 제품의
〈절대가치(Absolute Value)〉'을 알 수 있게 되어, 선택의 실패 위험이 줄어들고
브랜드에 대한 의존도가 낮아졌다."

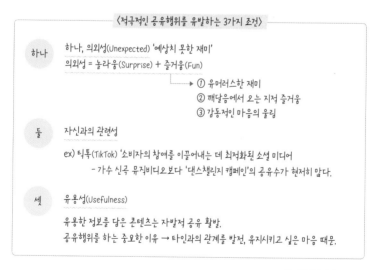

〈적극적인 공유행위를 유발하는 3가지 조건〉

하나 하나, 의외성(Unexpected) '예상치 못한 재미'
의외성 = 놀라움(Surprise) + 즐거움(Fun)
① 유머러스한 재미
② 깨달음에서 오는 지적 즐거움
③ 감동적인 마음의 울림

둘 자신과의 관련성

ex) 틱톡(TikTok) '소비자의 참여를 이끌어내는 데 최적화된 소셜 미디어
- 가수 신곡 뮤직비디오보다 '댄스챌린지 캠페인'의 공유수가 현저히 많다.

셋 유용성(Usefulness)

유용한 정보를 담은 콘텐츠는 자발적 공유 활발.
공유행위를 하는 중요한 이유 → 타인과의 관계를 발전, 유지시키고 싶은 마음 때문.

– 김지헌 《마케팅 브레인》 중에서

AISAS 모델에서는 주의Attenion → 관심Interest → 검색Search → 구매Action → 공유Share가 순차적으로 일어난다.

"오늘날의 소비자들은 구매 전 타인들이 공유한 경험 정보를 통해 제품의 '절대가치absolute value'를 알 수 있게 되어, 선택의 실패 위험이 줄어들고 브랜드에 대한 의존도가 낮아졌다."고 행동경제학자 이타마르 시몬슨은 말한다. 광고의 힘보다 검색의 힘이 더 커졌다는 의미다. 이제 제품이나 서비스와 관련된 일방적인 광고성 메시지에는 아무도 관심이 없음을 기억해야 한다.

김지헌의 《마케팅 브레인》에서는 적극적인 공유 행위를 유발하는 3가지 조건을 소개한다.

하나, 의외성Unexpectedness이다. 놀라움과 즐거움이 더해진 '예상치 못한 재미'에 고객은 반응한다. 유머러스한 재미, 깨달음에서 오는 지적 즐거움, 감동적인 마음의 울림 등에서 의외성을 느낀다.

둘, 자신과의 관련성이다. 틱톡Tictok은 소비자의 참여를 이끌어내는 데 최적화된 소셜 미디어다. 실제로 한 가수의 경우 신곡 뮤직비디오보다 틱톡에서 재미 삼아 했던 '댄스 챌린지 캠페인'의 공유수가 현저히 많음에 주목하자. 이제 단순히 보는 것을 넘어 직접 행한 것을 자랑하는 시대다.

셋, 유용성Usefulness이다. 유용한 정보를 담은 콘텐츠에는 자발적 공유가 활발해진다. 공유 행위를 하는 중요한 이유는 타인과의 관계를 발전, 유지하고 싶은 마음 때문이다. 인스타그램이나 유튜브에 책 소개 콘텐츠나 전문가들의 강의를 편집한 콘텐츠가 유독 높은 좋아요나 공유를 불러일으키는 것은 유용한 콘텐츠를 공유함으로써 좋은 관계를 이어가고 싶은 마음 때문인 것이다.

이제 왜 내가 올린 콘텐츠에 그토록 반응이 없었는지 알겠는가? 의외성이 없거나, 연관성이 없거나, 유용성이 없기 때문이다. 그렇다고 실망할 필요는 없다. 소셜 퍼포먼스 리뷰 능력의 위력은 축적된 데이터 그 자체로도 충분하다. 언제든 필요로 하는 사람이 검색을 통해 '나'를 찾아오게 하는 네비게이션 역할을 하기 때문이다.

우리의 목적지는 모든 사람의 단골 가게가 아니라 내가 속한 분야의 사람들에게 필요한 것만 판매하는 전문가게로 검색되면 그뿐이니까.

마그네틱 마케터의 무기는?

고객의 감정 촉발 요소

- 사람들이 원하는 두 가지 중 하나는 모두가 갖고 싶어하는 어떤 것, 인기있는 무엇
  다른 하나는 갖지 못하게 될 수도 있는 것, 희귀한 무엇, 두려운 그 무엇
- 줄 세우기 전략 : 인기 있고 희소성이 있게 보이는 조치
- 당신의 브랜드가 인기 있고 희소하게 보이도록 만들어야 한다.

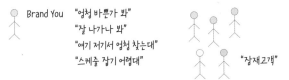

- 무료 서비스라도 제공해서 당신의 상품/서비스/프로그램이 인기가 높다는 인상을 주어야 한다. ⇒ '마중물' 효과
- 나의 시간에 '희소성'을 부여하라. 접촉기회를 제한하면 된다. 비서를 통하거나 이메일 등을 통해 예약 후 만날 수 있게 하라.

"고객을 안달나게 하는 방법" 결론 : 1. 제품이나 서비스가 인기 있다는 인상을 창출하라.
　　　　　　　　　　　　　　　 2. 당신 자신이나 제품/서비스를 너무 쉽게 이용할 수 있도록 만들지 마라. 접촉 기회에
　　　　　　　　　　　　　　　　 제한을 두면 된다. 접촉을 하려면 '약속'부터 잡게 만들면 된다. 당신이 제공하는
　　　　　　　　　　　　　　　　 제품이나 서비스의 공급이 딸릴지도 모른다는 느낌을 가지게 하면 된다.

　　　　　　　　　　　　　　　　　　　　　　　　　　　　　　　　　　 ― 빌 비숍의 《핑크 펭귄》 중에서

인기 있는 식당의 마케팅 비밀이 무엇인지 아는가? 바로 '줄 세우기 전략'이다. 고급 레스토랑이나 유명 셰프가 운영하는 식당은 예약제가 기본이다. 그래서일까? 대부분의 경우 대기명단에 이름을 적고 안에서 호명할 때까지 무작정 기다린다. 하지만 정작 식당 안에는 텅 빈 자리가 남아있을 때가 있다.

도대체 왜 유명한 식당들은 이렇게 하는 걸까? 이유는 인기 있고 희소하다는 것을 눈으로 직접 보여주기 위함이다. 긴 대기줄에도 불구하고 그 식당은 점점 더 인기를 얻고 점점 더 사랑받게 된다.

능력 있는 마케터가 주로 사용하는 무기는 소비자의 감정을 건드리는 일이다. 사람들이 원하는 두 가지 중 하나는 모두가 갖고 싶어하는 어떤 것, 즉 인기있는 무엇이고, 다른 하나는 갖지 못하게 될 수도 있는 희귀한 무엇, 즉 두려운 그 무엇이다.

"요즘 엄청 바쁜가 봐.", "요즘 잘나가나 봐.", "스케줄 잡기 엄청 어렵대."
당신에 대해 이런 이야기가 들린다면 당신은 무척 잘하고 있는 것이다. 사람들의 감정에 당신이라는 브랜드가 인기 있고, 희소성이 있다는 것을 보여주고 있기 때문이다.

사람들은 인기있는 것에 끌리고 사랑받는 것을 사랑한다. 특별한 이유가 있기보다는 언제나 피곤한 우리의 뇌가 그렇게 작동할 뿐이다. 당신이라는 브랜드가 인기 있고 희소하다는 것을 보여주어야 하는 이유다. 그러니 무료 서비스나 재능기부라도 해서 당신의 상품, 서비스, 프로그램이 인기가 높다는 인상을 주어야 한다. 이를 '마중물 효과'라 부른다.

빌 비숍의 《핑크 펭귄》에는 고객과의 심리전에서 이길 전략이 나온다. 고객을 안달 나게 하는 방법을 아는가? 첫째, 제품이나 서비스가 인기있다는 인상을 연출하라. 둘째, 당신 자신이나 제품, 서비스를 너무 쉽게 이용하지 못하게 하라. 접촉 기회에 제한을 두면 된다. 비서를 통하거나 대표번호를 통하거나 이메일을 통해 약속부터 잡게 하라. 접촉 기회를 제한하게 되면 당신이 제공하는 제품이나 서비스의 공급이 딸릴지도 모른다는 느낌을 갖게 할 수 있다.

당신이 '판매자'건, '마케터'건, '소비자'이건 상관없다. 어쨌거나 우리 모두는 각자의 심리전에서 이겨야 한다.

케첩 머스터드 이론을 아니요?

〈페스트푸드〉
맥도날드
버거킹
웬디스
하디스
...

흥분　강력
활력
눈에 잘 띔

Red ＋ Yellow

기쁨
생기

Color message ── "맛있게 먹고 즐겨. 대신 이 자리에서는 빨리 일어나야 해!"

blue ; 식욕억제 효과 → 패스트푸드 매장 파란색 사용 ×

색깔은 잠재의식을 자극해 우리의 기분과 선택은 물론, 남에게 비춰지고 싶은 모습까지 좌우할 수 있다.

"최고의 전략은 색이다!"

색의 사용에는 의도가 배어 있다.

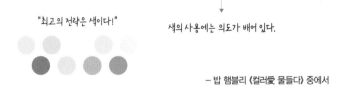

－ 밥 햄블리 《컬러愛 물들다》 중에서

잘나가는 기업들이 쓰는 최고의 브랜딩 전략은 뭘까? 바로 색color이다. 밥 햄블리의 《컬러愛 물들다》에는 잘나가는 기업들의 컬러마케팅 전략이 나온다.

기업을 떠올리게 하는 전략 중 하나는 색이다. 스타벅스는 녹색으로 편안하고 안정적인 느낌을 주며 맛있는 커피에 대해 교육해야 할 사명이 있다는 것을 표현하고, 블루보틀은 시원하면서도 신뢰성을 주는 파란색을 통해 도전과 자유와 같은 미래지향적인 가치를 표방하며, 메가커피는 노란색으로 저렴한 가격과 높은 접근성을 강조하는 컬러마케팅을 하고 있다.

컬러마케팅은 소비자의 구매 욕구를 자극하는 마케팅 기법이다. 컬러는 사람의 욕망과 밀접한 관련을 맺고 있고, 사람은 색채에 민감한 반응을 보이고, 이것이 곧 구매 충동으로 직결된다. 잘 나가는 기업들은 색의 사용에도 나름의 의도를 담는다.

케첩 머스타드 이론을 아는가? 패스트푸드 업체가 주로 사용하는 붉은색과 노란색에는 특별한 컬러 메시지가 담겨 있다. 케첩과 비슷한 붉은색은 눈에 잘 띄고, 흥분, 강렬, 활력을 보여주고, 머스타드와 비슷한 노란색은 기쁨과 생기를 보여준다. 이 두 가지 색은 다음과 같은 컬러 메시지를 담고 있다. "맛있게 먹고 즐겨. 대신 이 자리에서는 빨리 일어나야 해!" 기분 좋게 먹고 테이블 회전 속도를 높여야 하니까 빨리 일어나라는 의미다.
덕분에 맥도날드, 버거킹, 웬디스 등과 같은 패스트푸드점에서는 노트북을 켜 놓고 오래도록 일하는 사람들을 찾아보기 어렵다. 케첩, 머스타드 컬러가 원하지 않는 모습이니까. 한편 식욕 억제 효과가 있는 파란색을 쓰는 패스트푸드 매장도 없다.

색깔은 잠재의식을 자극해 우리의 기분과 선택은 물론, 남에게 비춰지고 싶은 모습까지 좌우할 수 있다. 이처럼 모든 색의 사용에는 의도가 배어 있다. 감성이 중요한 시대에 자신의 정체성과 브랜드 존재감을 드러낼 색은 무엇인가? 강력한 메시지를 전달할 수 있는 가장 쉽고 빠른 방법은 바로 색이다.

그렇다고 함부로 색을 사용하지 마라. 당신이 사용하는 색으로 당신의 의도가 드러나기 때문이다.

사람들은 누군가가 한 말보다 자신이 직접 눈으로 본 것을 오래 기억한다. 시각적 효과 중에 가장 강력한 것은 '색'을 통제하는 것이다.

이랑주의 《위닝 컬러》는 색으로 이기는 방법에 대해 소개하고 있다. 색은 신체, 심리, 사고, 시간을 느끼는 정도에 영향을 미친다. 색에 따라 시간을 느끼는 정도가 달라지는데 따뜻한 색은 시간을 길게 느껴지게 하고 차가운 색은 시간을 짧게 느껴지게 한다.

색으로 인해 시간을 착각하는 정도가 크게는 무려 2~3배가 된다고 일본 색채학자 노무라 준이치는 그의 책 《색의 비밀》에서 밝힌 바 있다.

색채 심리학자인 캐런 할러는 비주얼 커뮤니케이션에서 인간에게 영향을 미치는 가장 기본적인 색인 '심리학적 원색'에 대해 정의했다. 빨강색은 신체에 영향을 미치며, 활동력을 강조하고, 서비스나 제품 등을 돋보이게 할 수 있지만 분노를 자극하기도 한다. 노랑색은 감정에 영향을 미치며, 낙천

당신에게는 '주제색'이 있나요?

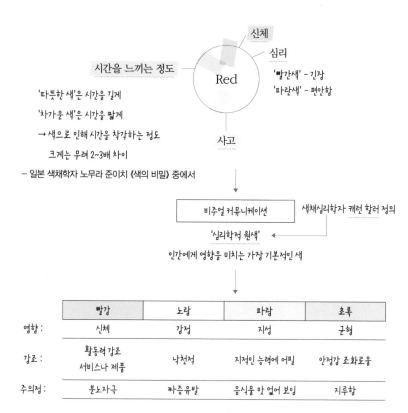

신체

심리
'빨간색' - 긴장
'파란색' - 편안함

시간을 느끼는 정도

Red

'따뜻한 색'은 시간을 길게

'차가운 색'은 시간을 짧게

→ 색으로 인해 시간을 착각하는 정도

크게는 무려 2~3배 차이

– 일본 색채학자 노무라 준이치 《색의 비밀》 중에서

사고

비주얼 커뮤니케이션 ← 색채심리학자 캐런 할러 정의

'심리학적 원색'

인간에게 영향을 미치는 가장 기본적인 색

	빨강	노랑	파랑	초록
영향 :	신체	감정	지성	균형
강조 :	활동력 강조 서비스나 제품	낙천적	지적인 능력에 어필	안정감 조화로움
주의점 :	분노자극	짜증유발	음식물 맛 없어 보임	지루함

☆ 고객에게 기억될 컬러 배합 '황금비율' ☆

바탕색 70%	보조색 25%	주제색 5%
스타벅스 흰색		녹색
이마트 흰색	검은색	노란색
블루보틀 흰색(투명)	커피색	파란색(로고)

∴ 색은 너무 과하지 않게, 본질과 의미를 담아 적절하게!!

– 이랑주 《워닝 컬러》 중에서

적인 것을 강조하지만 짜증을 유발하기도 한다. 파랑색은 지성에 영향을 미치며 지적인 능력에 어필하지만 음식물이 맛없어 보이게 할 수도 있다. 초록색은 균형에 영향을 미치며, 안정감과 조화로움을 강조할 수 있지만 지루함을 주기도 한다.

자신을 대표하는 주제색을 선택할 때는 심리학적 원색이 주는 메시지를 고려하며 신중하게 골라야 한다. 예쁘다고 아무 색이나 무턱대고 사용하면 생각지도 못한 문제에 봉착할 수도 있다.

성공한, 오래 가는 기업에는 사람들에게 기억되는 주제색이 있다. 스타벅스는 '스타벅스 그린', 파리바게트는 '로얄 블루', 이마트는 '쨍한 노랑' 등이다. '주제색'은 바탕색과 보조색의 황금비율이 적용되어야 강력해진다. 오래도록 사랑받는 기업들의 컬러조합은 바탕색 : 보조색 : 주제색의 비율이 각각 70% : 25% : 5%를 지킨다.

색은 너무 과하지 않게, 본질과 의미를 담아 적절하게 사용해야 한다. 메시지는 좁고, 짧고, 단순할 때 강력해진다.

신호등의 빨간색은 멈추라는 의미고, 스키장의 노란색은 초급자용이라는 의미며, 태권도의 검은색은 유단자라는 의미를 가진다. 전 세계 사람들은 공통적으로 '색'으로 소통할 수 있다. 어디를 가도 색이 주는 메시지에는 일관성이 통하기 때문이다.

스키장에서 노랑색은 초급자 코스를 의미하고 검은색은 최고 난이도 코스를 뜻한다. 태권도도 마찬가지다. 초급은 흰색에서 시작해서 점점 어두워지다가 검은색은 유단자를 의미한다.

사람들은 흔히 옅고 밝은 색일수록 쉽다고 느끼고, 짙고 어두운 색일수록 어렵고, 전문적이라고 느낀다.

《사고 싶은 컬러, 팔리는 컬러》라는 책에서 영국 슈퍼마켓 브랜드를 비교한 적이 있다. 연두색은 저가형 슈퍼마켓에서, 녹색은 고가형 슈퍼마켓에서, 검은색은 프리미엄 슈퍼마켓에서 사용한 컬러였다.

처음 본 브랜드가 믿음이 가는 이유

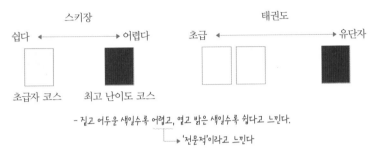

스키장
쉽다 ◄──────► 어렵다
초급자 코스   최고 난이도 코스

태권도
초급 ◄──────► 유단자

- 짙고 어두운 색일수록 어렵고, 엷고 밝은 색일수록 쉽다고 느낀다.
  └─► '전문적'이라고 느낀다

〈사고 싶은 컬러 팔리는 컬러〉라는 책에서 영국 슈퍼마켓 브랜드 비교

저가형
슈퍼마켓

고가형
슈퍼마켓

프리미엄
슈퍼마켓

→ 색의 변화를 통해 '비싸도 살만한 물건'이라는 느낌 극대화

고급스럽게 느껴지려면 '색상'도 중요하지만, '명도(밝고 어두움)'와 채도(진하고 엷음)'가 중요하다. 기본적으로 노란색보다

오렌지색이 더 고급스럽게 보이지만, 어둡고 진한 정도에 따라 노란색이 더 고급스럽게 느껴질 수도 있다.

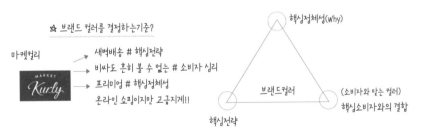

☆ 브랜드 컬러를 결정하는기준?

마켓컬리
MARKET Kurly
→ 새벽배송 # 핵심전략
→ 비싸도 흔히 볼 수 없는 # 소비자 심리
→ 프리미엄 # 핵심정체성
온라인 쇼핑이지만 고급지게!!

핵심정체성(Why)

브랜드컬러

(소비자와 맞는 컬러)
핵심소비자와의 결합

핵심전략

- 신생기업 : 고객과의 경험을 '빨리', '많이' 쌓는 것이 성공비결
  "흐리한 경험 백 번보다 강렬한 경험 한 번이 중요하다."
  소규모 기업일수록, 〈도전적인 색〉을 써야 하고, 자기 소비자들에게 맞는 색을 선택해야 한다.

— 이랑주 《위닝 컬러》 중에서

색의 변화를 통해 '비싸도 살 만한 물건'이라는 느낌을 극대화한 것이다. 고급스럽게 느껴지려면 '색상'도 중요하지만, 명도(밝고 어두움)와 채도(진하고 옅음)도 중요하다. 기본적으로 노란색보다 오렌지색이 더 고급스럽게 보이지만, 어둡고 진한 정도에 따라 노란색이 더 고급스럽게 느껴질 수도 있다.

당신의 브랜드가 신생이라면 어떤 컬러로 소통해야 할까? 이랑주의 《위닝 컬러》에는 만국 공통어인 색으로 브랜드 컬러를 결정하는 기준을 소개한다. 브랜드 컬러를 정하기 전에 기업의 '핵심 정체성+핵심 전략+핵심 소비자'에게 맞는 컬러가 무엇인지를 정의해야 한다.

예를 들어 마켓컬리의 경우 '핵심 전략'은 '새벽 배송'이었고, '핵심 소비자 심리'는 비싸도 흔히 볼 수 없는 '프리미엄'이고 '핵심 정체성'은 온라인 쇼핑이지만 '고급지게'였다. 이 세 가지를 모두 담은 컬러가 '보라색'이었다.

신생기업의 경우 고객과의 경험을 '빨리', '많이' 쌓는 것이 성공비결이다. '흐릿한 경험 백 번보다 강력한 경험 한 번이 중요하다.' 소규모 기업일수록, '도전적인 색'을 써야 하고 자기 소비자들에게 맞는 색을 선택해야 한다.

고객을 빨간 방으로 이끌 것인지, 파란 방으로 이끌 것인지는 당신에게 달렸다. 단, 무난하다는 이유로 하얀 방으로 이끌 수 없다는 것만 기억하면 된다.

당신의 색(Color)은 무엇을 상징하나요?

'새로운 색' → 기존에 없던 색상을 만드는 일 + 색에 이름과 의미부여

ex) '티파니블루'라는 명칭과 히스토리를 입히는 일

↓

브랜딩 전략의 확장판

✿ [브랜딩]이란 내 고객이 나를 계속해서 기억하게 만들고, 나에 대한 신뢰를 높여가는 과정이다

〈Color Story〉

빨강 Red	분홍 Pink	노랑 Yellow	초록 Green
인간이 최초로 사용한 색. 열정, 현대적인 브랜드, 신체반응, 음료, 과자, 의약품 등 먹는 제품 업종	청춘으로 돌아가게 하는 색. 여성의 색, 뷰티, 미용, 란제리 등 브랜드, 장미빛 '로즈(Rose)'라 부름.	행복과 약속을 뜻하는 색. 긍정적 느낌, 밝은 햇빛의 느낌, 피트니스산업, 육체 활동관련 업종	성장하는 모든 것들의 색. 고유브랜드, 현대에는 웰빙, 친환경, 긍정을 상징 오징, 괴물의 색
파랑 Blue	보라 Purple	검정 Black	하양 White
지적능력을 상징하는 색. 차가운 느낌, 이성적 미래지향적 브랜드, IT, 금융 분야	고급스럽고 자유로운 색. 왕족의 색, 신비로움, 고귀한, 예술성, 희소성 상징, 프리미엄, 러셔리, 고급화 전략	어둠과 빛, 양면을 다 가진 색. 정직함, 깨끗함, 간결함, 고급, 지적, 독립적, 창조적, 인플루언서, 패션브랜드	치유와 회복의 색. 흰색과 검은색은 쓰임새 동일, 블랙 앤드 화이트처럼 상징 비슷, 의료분야

– 이랑주 《워닝 컬러》 중에서

'남과 비슷해지고' 싶지만 격렬하게 '남과 다르고 싶다'는 외침은 나를 비롯한 대부분의 사람들이 갖는 진심이다.

사람들은 자신을 특별하게 여기게 하는 경험을 찾고, 그 경험을 증명할 수 있는 증거를 가지고자 한다. '다양성'의 시대에 나만의 특별함을 증명할 그 무엇이 없다면 브랜딩은 실패한 것이다. 주목을 받을 수 있는 컬러 커뮤니케이션에 주목을 해야 하는 이유다.

이랑주는 소비자들의 구매를 빠르게 하려면 심박수를 높이라고 말했다. 기분이 좋고 들떠야 지갑이 열린다는 뜻이다.

인간의 뇌가 기억할 수 있는 최대한의 색의 수는 3개이다. 가장 강하게 기억될 '단 하나의 색'을 고르는 게 컬러 커뮤니케이션의 기본이다. 나를 기억하게 할 '주제색'이 중요한 이유다.

'티파니 블루'하면 어떤 색이 떠오르고 어떤 느낌이 떠오르는가?

세상은 기존에 없던 '새로운 색상'을 만들고 색에 이름과 의미를 부여하면서 브랜딩을 하는 것에 익숙해졌다. 그렇게 만들어진 색상마다 나름의 스토리가 존재한다.

브랜딩이란 내 고객이 나를 계속해서 기억하게 하고, 나에 대한 신뢰를 높여가는 과정이다. 아는 만큼 보이고, 축적된 만큼 강력해진다. 이제 컬러 커뮤니케이션은 브랜딩 전략의 핵심이 되어간다.

퍼스널 브랜딩을 하는 방법은 얼마든지 있다. 하지만 어떤 사람이라도 피해 갈 수 없는 반드시 성공하는 퍼스널 브랜딩에는 3가지 규칙이 있다.

첫째, 자기 정체성을 '결정'하라.

당신은 어떤 분야의 최고인가? 현재의 나AS-IS에 머물면서 결과인 미래의 나TO-BE를 향해서가 아니라 결과에서 출발해야 한다. '이미 그 사람(브랜드)인 것처럼!' 생각하고 행동하는 게 핵심이다. 이미 '퍼스널 브랜딩 분야의 최고가 된 당신의 기분은 어떠한가'를 물어야 한다. 생각은 의식적인 마음이고, 기분은 잠재의식에서 나온다.

둘째, 과정을 '시각화'하라.

당신이 해당 분야의 최고라는 것을 증명할 수 있는 온-오프라인 증거물들을 데이터로 전환해야 한다. 당신의 직업 정체성을 담은 브랜드 바구니와 관련된 다양한 결과물들로 바구니를 채울 수 있어야 한다. 책, 방송, 홈페이지, 토크쇼, 강연, 프로젝트 등 어떤 것이든 좋다. 시각화 된 글, 사진,

반드시 성공하는 퍼스널 브랜딩 3가지 규칙

첫째, 자기 정체성을 '결정'하라. Determine!

생각 : 의식적인 마음
기분 : 잠재의식

AS-IS → TO-BE

'내 기분은 어떨까?'

Excellence in _____ !
퍼스널 브랜딩 분야 최고

결과(TO-BE)를 향해서가 아니라 결과에서 출발해야 한다. "이미 그 사람(브랜드)인 것처럼" 생각하고 행동하라.

둘째, 과정을 '시각화'하라

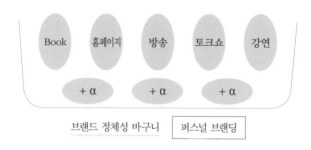

Book　홈페이지　방송　토크쇼　강연

+α　+α　+α

브랜드 정체성 바구니　　퍼스널 브랜딩

셋째, 프로그래밍하라, 규칙과 규율을 준수하라

개인브랜딩방정식 = {지성　+　감성　+　마음} X 타임 X 타이밍

Knowledge　느낌　의지
Skill　기분
Attitude

'해당분야'

Personal Brand = {Talent　+　Training　+　Talk} X Time X Timing

영(혼)
마음
육체
v 자기와의 소통
v 타인과의 소통
v Offline
v Online

이미지, 영상들은 당신이 잘나간다는 사실을 다른 사람들의 뇌에 각인시키는 강력한 무기가 된다.

셋째, 프로그래밍된 공식을 따라라.

개인 브랜드 방정식에도 공식이 있다. 지난 10년 이상 이 공식은 기업이나 개인들의 브랜드 구축에 수많은 성공사례를 만들며 명확한 가이드 역할을 수행했다. '무조건 열심히'가 아니라 규칙과 규율을 준수해야 성과를 만들 수 있다.

개인 브랜드 방정식 5T= {Talent + Training + Talk} × Time × Timing

–조연심, 《나는 브랜드다》

당신의 재능은 무엇인가? 어떤 훈련법을 가졌는가? 어떤 사람들과 소통하는가? 멈추지 않고 지속하게 하는 힘은 무엇인가? 어떤 수준까지 만들 것인가?

당신이라는 브랜드는 타고난 재능을 찾아 훈련하고 사람들과 소통하면서 긴 시간을 견디면 비로소 당신의 때와 만날 수 있다.

지난 15년의 시간 동안 무명이었던 내가 '퍼스널 브랜딩 계의 시조새, 조연심'이라는 유명으로 살게 된 것도 학연, 지연의 힘이 아닌 프로젝트와 포트폴리오의 힘으로 살 수 있었던 것도, 놀고, 먹고, 글 쓰며 살고 싶다는 나의 꿈 대로 살 수 있었던 것도 바로 퍼스널 브랜딩의 세 가지 규칙대로 살았기 때문이다. 이제 당신 차례다.

나를 증명하는 가장 확실한 방법!
하루 하나 브랜딩

무언가를 알고 있다고 생각하는 것과 실제로 그 원리를 아는 것은 차이가 있다. 생성형 AI가 무엇이든 알려주는 시대에 필요한 것은 직접 실행해보고 알게 된 경험적 지식이다.

경험적 지식이란 내가 무엇을 알고 무엇을 모르는지 아는 것이고, 필요한 능력은 내가 모르는 것을 배우기 위해 무엇을 어떻게 하면 되는지를 아는 것이다. 자신의 분야에서 전문성을 키우기 위해서는 이론과 실전 경험이 더해진 지식과 지혜가 쌓여야 하고, 그 과정을 공개하면서 자타공인 성과가 담긴 포트폴리오가 완성된다면 자신만의 주력 분야를 찾을 수 있다.

당신다움을 위해 애쓰는 당신을 위한 문장을 소개하고 싶다.
하루 하나 [   ]
'블랭크'라 쓰고 하루 하나 '브랜딩'이라 읽는다.

퍼스널 브랜딩을 너무 어렵게 생각하지 않았으면 좋겠다. 이 분야에 관해서 아무런 지식도 경력도 없던 내가 학연, 지연의 힘이 아닌 스스로 책을 읽고, 사람을 만나고, 직접 글을 쓰면서 관심 분야를 주력 분야로 바꾸는 과정이 퍼스널 브랜딩이었다는 것을 알려주고 싶다.

지금 시대는 무작정 공부부터 하는 '학습자' 말고 관심 분야와 관련된 아웃풋 '생산자'가 되면 새로운 게임의 룰을 만들 수 있다. 수많은 핑계를 극복하고 자신만의 그 무언가를 창조하려는 노력이 당신을 당신답게 만든다.

참조

간다 마사노리 《스토리씽킹》 | 권민 《자기다움》 | 김지헌 《마케팅 브레인》 | 노무라 준이치 《색의 비밀》
데일 카네기 《인간관계론》 | 도널드 밀러 《무기가 되는 스토리》 | 모토하시 아도 《전달의 법칙》 | 문영호 《팬을 만드는 마케팅》
박창선 《팔리는 나를 만들어 팝니다》 | 밥 햄블리 《컬러愛 물들다》 | 빌 비숍 《핑크 펭귄》 | 사토 오오키 《넨도의 문제해결연구소》
조나선 하이트 《행복의 가설》 | 세스 고딘 《린치핀》 | 송길영 《그냥 하지 말라》 | 수지 웰치 《하버드비즈니스리뷰》 편집장
신인철 《나는 하버드에서 배워야 할 모든 것을 나이키에서 배웠다》 | 신정철 《메모 습관의 힘》
에밀리 헤이워드 《미치게 만드는 브랜드》 | 오바라 가즈히로 《프로세스 이코노미》
오히라 노부타카 《게이른 뇌에 행동 스위치를 켜라》 | 유니타스브랜드 《브랜딩 임계지식 사전》
이랑주 《위닝 컬러》 | 잭 내셔 《어떻게 능력을 보여줄 것인가》 | 제임스 마르시아 《자아 정체감》 | 조나선 하이트 《행복의 가설》
조연심 《과정의 발견》 | 조연심 《나를 증명하라》 | 조연심 《퍼스널 브랜드 대학》 | 조연심 《퍼스널 브랜딩에도 공식이 있다》
조용민 《언바운드》 | 최장순 《의미의 발견》 | 최종엽 《오십에 읽는 논어》 | 폴린 브라운 《사고 싶게 만드는 것들》
호리에 다카후미 《제로》 | 황양밍, 장린린 《심리학이 불안에 답하다》